W0382148

LE GUIDE DE

LE IENE

Grazie a: Guia Ciceri, Giovanni Serpelloni, Giuseppe Coppola, Roberto Boffi, Matteo Trimarchi, Valentina Graziosi, Osvaldo Verri, Marco Ricci, Giuseppe Longinotti, Max Ferrigno, Roberto Marcanti, Nicola Remisceg, Fabrizio Montagner, Riccardo Festinese, Franco Stradella, Mauro Pilay, Luca Panichi, Viola Parenti, Riccardo Spagnoli, Matteo Martinez, Giorgio Romiti, Marco Fubini, Lorenzo Maiello, Alessandra Frigo, Marco Occhipinti, Cristian Paraskevas, Fabrizio Arioli, Nicola Barraco, Alessandro Sortino.

Editore: Fivestore
Da un'idea di Davide Parenti
Testi: Andrea Bempensante
Consulenza editoriale: Sonia Vaccaro
Grafica e impaginazione: Zampediverse
Foto di copertina: Frezza La Fata, Vincenzo Di Cillo per Teo Mammucari
Stampa a cura di Rotolito Lombarda S.p.A.
ISBN 978-88-97453-71-0

©2013 Fivestore-RTI S.p.A.
1ª edizione: marzo 2013

DROGA

LA DROGA FA MALE - LA DROGA FA MALE

LE IENE

PERCHÉ CI SONO STRADE IN CUI TI PUOI PERDERE

fivestore

INDICE

PERCHÉ QUESTO LIBRO?

Oggi 2 miliardi di persone bevono alcol. E una su mille ne muore. Un miliardo di persone fuma tabacco. E una su due ne muore.
Più della metà dei letti d'ospedale è occupata da gente che usa una di queste sostanze. O tutte e due.

E sono solo le due droghe più diffuse, con un giro d'affari di 2 mila miliardi di euro. A cui vanno sommati i 400 miliardi del mercato delle droghe illegali, come cocaina, ecstasy, ketamina, PCP e altre ancora.
È un business pazzesco. I venditori di droga hanno un giro d'affari così grande che se fosse il PIL di una nazione li piazzerebbe al ventesimo posto, subito dopo la Svizzera.

Insieme a petrolio e armi, la droga è la più ricca industria del pianeta. Più della tecnologia, più del gioco d'azzardo, più del sesso.
È un'industria che ha costi enormi per la società. Per fare la guerra alla droga, polizie ed eserciti di tutto il mondo spendono circa mille euro al secondo. E ci sono da aggiungere i costi di processi e carcerazioni, le spese per le cure mediche e la miseria di tutte quelle famiglie la cui vita ruota intorno alla droga.

Oggi la droga è un flagello sociale. Ma non è sempre stato così. E non sarà sempre così.
Anche per questo abbiamo provato a scrivere il libro che avete in mano, mettendo in fila tutte le cose che sappiamo sulle droghe dopo sedici anni di "Iene".

È un percorso di conoscenza iniziato migliaia di anni fa, quando il primo uomo ha provato per la prima volta la prima droga e ha raccontato – per la prima volta – quella strana esperienza a un altro uomo.

Anche noi oggi ci siamo fatti raccontare da amici, ragazzi, tossici, genitori, medici, poliziotti e scienziati le loro esperienze, tutto quello che sapevano sull'argomento. Abbiamo letto ricerche scientifiche, manuali, libri di storia e saggi di antropologia; sfogliato le cronache dei giornali, cliccato migliaia di collegamenti Internet. E messo un po' insieme le cose. Per sapere da dove arrivano, come funzionano, perché queste e non altre, cosa c'è dentro e soprattutto che effetti hanno le droghe che si incontrano ogni giorno. Perché spesso nuove generazioni di ragazzi scoprono una sostanza, ma non sanno che quella stessa droga è già stata usata in passato e con effetti molto dannosi.

Per esempio, il PCP viene fumato nei licei americani già negli Anni '70 col nome di Angel Dust, polvere d'angelo. E già allora causa dipendenza, aggressività e gravi danni mentali. Poi, quando si capisce che fa male, passa di moda.
Dopo quarant'anni questa droga è tornata in giro. Nuove generazioni fumano erba spruzzata con PCP, sniffano polveri e mangiano pastiglie che sono tagliate con PCP.
E molto spesso i giovani consumatori non lo sanno neanche, perché i nomi cambiano: Hog, Elephant, Peace Pill... E le cose che sembrano nuove si diffondono ancora più in fretta.
Ma la sostanza chimica non è cambiata. È sempre PCP e causa ancora dissociazione, insensibilità, violenza e gravi danni mentali.

Le sostanze chimiche che agiscono sul cervello sono le stesse da sempre, cambiano solo le mode, gli stili, i prodotti e i nomi. E spesso, come vedremo, sono proprio le ultime elaborazioni a fare i danni peggiori.[1]

Oggi è il momento nella storia in cui è disponibile il maggior numero di droghe e tecniche di assunzione. È il momento in cui le droghe in circolazione sono più pericolose che mai.
Forse, però, questa escalation non durerà per sempre. Soprattutto se le nuove generazioni iniziano a sapere quello che fanno, quali droghe

stanno prendendo e che effetti hanno sul corpo.

Il tabacco, per esempio. Ha conquistato il mondo solo negli ultimi cinquecento anni, ma in Occidente, dove è nato e ha cominciato la sua diffusione, oggi è in declino.
Il numero dei fumatori non è crollato, sta solo diminuendo, ma la cosa fondamentale è che è cambiato lo status sociale del fumatore: in negativo. Per sempre.
L'informazione ha permesso questo cambiamento. Il tabacco è visto ora come una droga nel senso peggiore del termine e i fumatori sono considerati dipendenti dalla nicotina.
E in effetti, oggi, chi fuma preferisce definirsi schiavo delle sigarette e giustificare il fumo come una dipendenza piuttosto che una scelta libera, un piacere personale, come si faceva una volta.[2]

Quando i pacchetti di sigarette saranno tutti uguali (come stanno proponendo in alcuni Paesi e come già accade in Australia dal dicembre 2012), la dipendenza sarà ancora più evidente e scoraggiante.
Perché uno non comprerà più la sua marca preferita o quella che lo faceva sentire figo, ma una scatola, con sopra le foto dei danni al corpo e dentro delle sigarette anonime.
È la stessa cosa che sta succedendo già con le sigarette elettroniche. I fumatori rinunciano alla sigaretta di marca e, per placare le crisi di astinenza, succhiano da un tubetto di ferro o di plastica i vapori di nicotina liquida. È un'abitudine recente che forse evita i danni ai polmoni causati dalla combustione, ma non quelli cardiovascolari causati dalla nicotina.

Grazie alla corretta informazione, l'immagine delle sigarette è cambiata: solo pochi anni fa erano un simbolo di seduzione, un'abitudine sociale. Ora sono una cosa da sfigati e i fumatori consumano da soli, fuori da uffici e ristoranti, la loro dose di nicotina.

Anche eroina e cocaina stanno seguendo questo percorso. Nei primi del '900 erano droghe per i ricchi, consumate con siringhe e cucchiaini d'oro alle feste della bella società.[3]

Oggi vengono iniettate o sniffate su fogli di carta stagnola nei cessi o nei parcheggi delle discoteche.

COSA SONO LE DROGHE?

Le droghe sono sostanze psicoattive, sostanze cioè che alterano il funzionamento del sistema nervoso centrale. E fin qui sono tutti d'accordo.

Poi comincia la discussione: le industrie che producono e vendono alcol e tabacco dicono che non sono droghe; i paladini della marijuana non la considerano una droga, ma una pianta ricreativa e medica; i masticatori di foglie di coca in Sudamerica e quelli di betel in Asia non possono capire come una foglia stimolante, che loro considerano un dono di dio, sia contro la nostra legge e possa mandarti in galera.[1]

Questo casino nasce da tre idee diverse che si confondono l'una con l'altra.

La prima è l'idea di effetto sul sistema nervoso. E qui siamo nel mondo della chimica, che divide chiaramente le droghe in tre categorie: stimolanti, sedativi e psichedelici.
In questo senso non c'è alcun dubbio che alcol, sigarette e bevande energetiche alla caffeina, molto diffuse soprattutto fra i giovani, sono droghe che funzionano sul cervello in un modo per certi versi simile a quello di cocaina o anfetamine. E quindi sono droghe.

La seconda idea è quella che si è sviluppata solo negli ultimi cento anni, quando la parola droga, che prima era neutra, è diventata una cosa negativa, da evitare e soprattutto illegale.
In questo senso sono le leggi di ciascun Paese in ciascun momento storico a definire le sostanze: in Italia la cocaina è una droga, l'alcol no; l'eroina sì e il caffè no.

La terza idea è quella che giudica una sostanza in base all'uso, all'intenzione e all'approvazione sociale.
Il solvente che un pittore usa per pulire i pennelli non è una droga, ma sniffato dal ragazzino sì.
Il protossido di azoto usato per montare la panna no, ma lo stesso gas (che poi sarebbe il famoso gas esilarante) inalato da un palloncino a un rave sì.
La marijuana usata per ridurre il glaucoma agli occhi non è una droga, quella fumata al parchetto con gli amici sì.

Se fosse per la chimica, non ci sarebbe un problema nel tirare una riga tra cosa sono le droghe e cosa non lo sono. Ma finché è la società a valutare ed etichettare la droga, non ci sarà mai un confine fisso, così come non c'è stato in passato.

LA NOSTRA DEFINIZIONE

Nelle prossime pagine consideriamo droga qualsiasi sostanza che ha un effetto sul sistema nervoso centrale.
Perché nella storia dell'uomo, leggi e usi cambiano in tempi e luoghi diversi, mentre gli effetti no. Sono sempre quelli.

E quindi **chiameremo volgarmente "droghe" tutte quelle sostanze che hanno un effetto sul nostro cervello**. Sia quelle illegali come cocaina ed eroina, sia quelle legali come caffè, alcol e tabacco o come alcuni farmaci, venduti con prescrizione medica.

PERCHÉ L'UOMO SI DROGA?

Nessuno cerca un ictus pippando cocaina. Nessuno si coltiva un bel tumore ai polmoni con le sigarette. Nessuno vuole schiantarsi in macchina ubriaco. Eppure in molti continuano a pippare, fumare e bere.

È così da sempre: in ogni epoca e in ogni parte del pianeta l'uomo ha usato droghe.
Per cercare piacere, sollievo dal dolore, rilassamento, allegria, rivelazioni mistiche, estasi, fuga dalla realtà, stati di coscienza alterati, eccetera. Insomma, **per sentirsi diverso. E non è l'unico animale a farlo**.
È una molla che agisce con tale forza ed efficacia che può essere considerata una spinta simile a fame, sete e sesso. Anzi, proprio perché agisce anche su fame, sete e sesso, la droga ha un valore ancora più potente.[1]

Questa ricerca dell'intossicazione è parte naturale del nostro essere uomini: usare le droghe per cambiare come ci sentiamo. Per diminuire il dolore, avere più energia, espandere la percezione. È questo desiderio che crea la domanda per le droghe. Una domanda a cui, in epoche diverse, sono state date risposte diverse.

UNA DOMANDA, TANTE RISPOSTE

Prima di tutto, infatti, per capire perché l'uomo si droga bisogna capire cosa significa drogarsi. È un vizio, un crimine o una malattia?

Se drogarsi è un vizio può essere tassato, se è un crimine può essere punito, se è una malattia può essere curata.

La risposta che diamo a questa domanda quindi è fondamentale. Perché è la risposta che influenza il nostro atteggiamento verso le droghe.

E fa lo stesso anche su una scala più grande: indirizza la società e i governi in una direzione o in un'altra.

In effetti, nei secoli, tutte queste risposte sono state adottate in modi diversi e in nazioni diverse. Anche combinati tra loro.
Monopoli di Stato, tasse, educazione nelle scuole, controlli medici, proibizionismo, liberalizzazione e criminalizzazione sono tutti tentativi di regolare l'uso delle droghe.

Un uso che nel tempo ha avuto mille sfumature: la birra era un premio per gli operai egiziani che costruivano le piramidi.
Durante le cerimonie azteche, migliaia di vittime per i sacrifici umani e anche i sacerdoti stessi che le scannavano erano sotto l'effetto di funghi allucinogeni.
I colonizzatori spagnoli davano foglie di coca agli schiavi nelle piantagioni e nelle miniere per farli lavorare di più.
L'oppio era un ingrediente comune in medicine brevettate e gli sciroppi per la tosse a base di eroina sono stati venduti per anni nelle farmacie.
Caffè e tè erano il pranzo e la cena degli operai della Rivoluzione Industriale.
I fanti della prima guerra mondiale si ubriacavano di grappa prima di uscire dalle trincee e andare alla carica verso morte certa.
I piloti delle guerre moderne bombardano giorno e notte rimanendo svegli grazie alle anfetamine.
E oggi, in California, i pazienti in chemioterapia controllano la nausea con tisane e biscotti alla marijuana.[2]

Insomma, **è difficile identificare un solo perché. E la differenza che si fa ancora oggi tra uso medico e uso ricreativo non può durare a lungo.**

Oltretutto alcuni farmaci moderni, legali, hanno una formula chimica molto vicina a quella dell'ecstasy e di anfetamine che invece sono ancora classificate come illegali. Sono sostanze a cavallo tra medicina e droga e servono per curare malattie moderne come l'ansia o la poca autostima. Problemi che una volta non erano considerati malattie vere e proprie, ma facevano parte dei brutti momenti della vita.[3]

Ecco: questa sovrapposizione tra droga e medicina, secondo alcune teorie, c'è sempre stata, anche in passato. Ed è forse proprio per questo che l'uomo si droga: per affrontare i momenti difficili della vita.

CHI SI DROGA?

Di solito chi si droga ha iniziato da giovane. Facciamo allora finta di poter dividere tutti gli adolescenti in tre tipi.

- Quelli che vogliono essere premiati: sono desiderosi di aiutare e compiacere gli altri, sono calorosi, comprensivi e attenti alla socialità.

- Quelli che evitano il dolore: sono prudenti, un po' rigidi, timidi, si stancano e si preoccupano con facilità.

- Quelli che cercano la novità: sono impulsivi ed esploratori, facili a nuovi interessi. Però trascurano i dettagli, si annoiano e si distraggono facilmente.

Sono archetipi in cui è possibile collocare tutti i ragazzi che conosciamo. Ovviamente non è un giudizio di valore.
Sono solo "tipi" diversi e l'umanità ha bisogno di tutti e tre: sin dalla Preistoria servono quelli che vogliono essere premiati e tengono insieme i gruppi, quelli che evitano il dolore e dicono "fermiamoci qui che va bene" e quelli che cercano la novità e si domandano cosa c'è oltre la montagna. E vanno a vedere.

Ecco, tendenzialmente, **l'adolescente che si avvicina alle droghe appartiene a quest'ultimo tipo di persone, quelle che cercano la novità.** Sanno che è dannoso, sanno che potrebbe finire male, ma provano lo stesso. Sperimentano. E tra questi, solo una piccola parte ci rimane sotto e diventa *drogato*.

QUANTI SONO QUELLI CHE SI DROGANO?

Nel mondo, circa 230 milioni di persone usano droghe illegali. Un terrestre su trenta.

Circa 10 milioni usano eroina, 13 milioni oppio, 15 cocaina, 17 ecstasy, 25 anfetamine e 150 preferiscono la cannabis, che è ovunque nel mondo la droga illegale più popolare.

Ma chi c'è dietro a questi numeri? Chi usa la droga?

In sedici anni di "Iene", anche noi ci siamo fatti un'idea. Nelle nostre interviste abbiamo fatto centinaia di volte questa tripletta di domande:

Mai fatto una canna?
Mai pippato cocaina?
Altre droghe?

E così, facendo un ragionamento molto poco scientifico, quasi tutti gli intervistati hanno ammesso di aver fumato almeno una volta una canna. Su cocaina e altre droghe, solo il 5% ha fatto parziali ammissioni cacciando una battuta che poteva far pensare di aver sperimentato anche questo o quello. È una percentuale sicuramente un po' bassa, soprattutto perché stiamo parlando di cantanti, attori, politici e gente di spettacolo.

Quando abbiamo provato a fare un test antidroga (a loro insaputa) a un campione dei nostri parlamentari, i risultati sono stati molto diversi: uno su tre aveva assunto nelle ultime 24-36 ore cannabis, cocaina,

oppiacei o anfetamine.
E quando abbiamo provato a fare un esperimento simile in una discoteca di Milano, i risultati sono stati ancora più impressionanti: uno su due aveva fatto uso di sostanze psicoattive.

LE SIGARETTE GIÀ FATTE

È ridicolo ripensare oggi a quanto mi sono sentita stupida a 16 anni! Avevo sentito parlare di droghe, ma non sapevo bene come funzionasse la faccenda e chiederlo mi imbarazzava un po'.
Un giorno come tanti ero in piazza con gli amici, al solito nostro muretto in zona Portuense, ovviamente a Roma. Alcuni ragazzi della compagnia vicina alla nostra iniziarono a prepararsi alcune sigarette da soli. E io chiesi, bella fresca: «Scusate, ma non esistono quelle già fatte?». Seppellita da una risata esagerata dei miei amici, capii che m'ero persa qualche passaggio. E da allora, quando incontro quelli della mia vecchia compagnia, parte sempre la presa in giro: «'A Ila, e le sigarette già fatte?!?».

Ilary Blasi

ANCHE GLI ANIMALI SI DROGANO?

Di solito gli animali mangiano le piante tossiche per sbaglio. Capita quando si trovano in zone che non conoscono, con vegetazione e pericoli che ignorano. Oppure quando il sovraffollamento spinge gli individui a mangiare per fame piante che non hanno mai mangiato prima.

In tutti i casi di intossicazione, l'animale capisce subito che qualcosa non funziona e il suo istinto è quello di allontanarsi dal gruppo, anche nelle fasi iniziali dell'avvelenamento, quando i sintomi fisici non sono ancora evidenti.[1]
È una cosa così comune che allevatori e veterinari prestano sempre molta attenzione agli animali che si isolano dal resto del gruppo, anche se apparentemente stanno bene.
È una cosa che dovremmo imparare a riconoscere noi tutti: quando qualcuno si isola dal gruppo, spesso è perché ha un problema.

Altre volte non è uno sbaglio: gli animali cercano volontariamente l'intossicazione, proprio per i suoi effetti di sballo.

IN NATURA

Le colline di Hollywood si chiamano così perché ci sono tantissime bacche (*holly* in inglese) di agrifoglio. Gli uccelli migratori, a migliaia ogni anno, fanno tappa lì per intossicarsi di bacche e si comportano come ubriachi: cadono a terra disorientati, confusi, sbattono contro muri, macchine e finestre. È una scena pazzesca.
Però nessun uccello muore per colpa delle bacche, che causano solo disorientamento. Dopo qualche ora gli effetti passano, gli uccelli ri-

prendono la rotta e continuano la migrazione. Per molti di loro è solo un momento di sballo: i pochi che si fanno male vengono investiti dalle auto o vanno a sbattere troppo forte contro i vetri delle finestre oppure ancora rimangono a terra frastornati e vengono catturati da gatti, cani e bambini.

Non c'è una spiegazione scientifica convincente per questo comportamento. È un delirio tollerato dall'evoluzione della specie, un'occasione troppo breve per diventare abitudine e mettere davvero in pericolo le migrazioni stagionali, troppo radicate per essere modificate da un rave sulle colline di Hollywood.

Però il dubbio sul perché gli animali si drogano rimane. Osservando i comportamenti in natura, non si riesce a capire quale sia lo scopo funzionale ed evolutivo. Forse semplicemente anche loro, come gli uomini, vogliono sentirsi diversi dal solito.
Le api, dopo aver assaggiato il nettare di certi fiori, cadono a terra stordite e poi però tornano a prenderne ancora.
I gatti impazziscono per l'erba gatta: hanno tutta una serie di rituali di avvicinamento alla pianta e poi, per alcuni minuti, inseguono oggetti immaginari, ci giocano e sono sessualmente eccitati e disponibili all'accoppiamento.
Anche le mucche mangiano certi tipi di erbe tossiche, tremano, inciampano, rimangono inebetite e poi tornano a masticare quelle erbe.

Tutti gli animali della foresta si ubriacano quando i frutti grossi e zuccherosi iniziano a marcire. La fermentazione produce alcol e si scatena una vera e propria battaglia gerarchica tra gli animali per consumare questa droga naturale prima degli altri.
Gli elefanti con la proboscide, le scimmie e altri animali che si arrampicano riescono a prendere i frutti quando iniziano a marcire sul ramo. Tutti gli altri combattono a terra e di solito vince la tigre. È così ghiotta di certi frutti fermentati, che aspetta che i contadini li raccolgano e

poi li aggredisce quando trasportano le ceste dalla giungla al villaggio. Il contadino scappa e le tigri si fermano a mangiare tutta la frutta già raccolta per prendersi una sbronza colossale.[2]

Anche gli animali più piccoli si sballano, perfino insetti organizzati ed efficienti come le formiche usano la droga. E fanno anche questo in modo sistematico: allevano, si prendono cura e nutrono nel loro formicaio piccoli coleotteri che producono dall'addome una sostanza stupefacente che le formiche leccano per stordirsi. Infatti, poi, vanno in giro disorientate per qualche minuto.
È un'abitudine così importante che, quando il formicaio viene aggredito, il coleottero è una delle prime cose messe in salvo.

IN LABORATORIO

Non solo in natura, ma anche in laboratorio: se lo scienziato mette a disposizione degli animali le droghe, loro le usano autonomamente, per tanti motivi diversi come curiosità, depressione, stimolazione contro la noia o perché sono stressati dall'ambiente.

Altre volte invece, negli esperimenti, l'assunzione è forzata. E le droghe vengono mischiate all'acqua e al cibo o pompate attraverso cateteri, piccoli tubi, direttamente nel sangue o nello stomaco dell'animale.
E mentre in natura non sono conosciuti casi di dipendenza dalle droghe, in laboratorio è il contrario. Tutti i singoli esperimenti hanno una cosa in comune: dimostrano che **la potenza delle droghe moderne e dei metodi di assunzione ha effetti letali su tutti gli animali.**

Gli effetti ovviamente dipendono dall'animale, dal tipo di droga e dalla dose. Però è possibile stabilire effetti comuni. Il più chiaro è che le droghe non migliorano le capacità di sopravvivenza.

Le termiti non sanno più dove andare, non comunicano tra di loro i

segnali di pericolo e vengono mangiate facilmente dagli uccelli.
Le lumache non hanno le gambe, quindi non possono perdere l'equilibrio. Però, quando sono intossicate, i muscoli del loro piede si contraggono in modo convulso e inefficace e così non riescono ad arrampicarsi in verticale.
Gli animali con un sistema nervoso più avanzato sono ancora più confusi dalle droghe. I topi non riescono a uscire dal labirinto anche se hanno già imparato il percorso giusto. Cani e gatti sono facilmente distratti da luci e suoni e di fronte al pericolo si immobilizzano.

Fortunatamente per loro, gli animali non coltivano né fabbricano droghe. Non sniffano, non si bucano. Quindi l'intossicazione può avvenire solo in modo naturale (mangiando la droga) e secondo i ritmi delle stagioni, che rendono disponibili molte sostanze psicoattive solo per brevissimi periodi all'anno. Per tutti loro, la droga non è mai stata un problema.[3]

COME SI PRENDE LA DROGA?

Ci sono cinque modi per prendere la droga.[1]

INGESTIONE

Quando viene bevuta o mangiata, la droga passa attraverso esofago, stomaco e intestino, dove viene assorbita dai capillari che la portano al fegato.
È qui che il corpo cerca di neutralizzarla. Infatti, il fegato è uno degli organi che si spacca per primo quando si abusa di droghe. Dal fegato la droga arriva al cuore, che la pompa poi a tutto il resto del corpo.
L'ingestione **è il modo più primitivo e sicuro di prendere la droga perché, a parità di dose, consente al tuo corpo di ridurre in qualche modo gli effetti.** Sia perché il corpo scompone la droga attraverso acidi digestivi, enzimi e il lavoro del fegato. Sia perché non si ha una botta immediata: gli effetti arrivano dopo circa trenta minuti, quando la droga, in parte metabolizzata, entra nel sangue e raggiunge il cervello.

ASSORBIMENTO

Quando la droga viene polverizzata e sniffata dal naso, oppure succhiata e tenuta in bocca tra la gengiva e la guancia, è assorbita attraverso le mucose del naso e della bocca, zone ricche di capillari superficiali che la mettono in circolazione direttamente nel sangue.

Con l'assorbimento **la droga evita il giro attraverso l'apparato digerente e il fegato. Non viene metabolizzata subito e così arriva più rapidamente e in modo più potente al cervello** e a tutti gli altri organi. Gli effetti quindi si sentono prima, dopo solo tre minuti.
Attraverso le mucose del retto, come nel caso di una supposta, ci vuole

un po' più tempo affinché la droga entri in circolo: circa dieci minuti.

RESPIRAZIONE

Quando viene respirata, come nel caso delle sigarette, la droga entra nei polmoni. Questi sembrano piccoli, ma se si potessero srotolare, ricoprirebbero il pavimento intero di un appartamento di 70 metri quadrati. Tutta quest'area è ricchissima di capillari, perché serve a ripulire il sangue e a riempirlo di ossigeno. Quando i polmoni si riempiono di fumo, tutti questi capillari, insieme all'ossigeno, portano la droga direttamente al cuore, dove viene pompata nel resto del corpo.
Anche in questo modo, la droga aggira acidi digestivi, enzimi e fegato e quindi arriva più potente al cervello e a tutti gli altri organi.
Visto che i capillari nei polmoni sono molti di più di quelli delle mucose, la respirazione è il metodo più veloce. **Gli effetti si sentono subito, dopo appena dieci secondi. E in questo caso la botta c'è.**

Un'altra caratteristica di questo metodo di assunzione è che, sentendo subito gli effetti, si può regolare facilmente la quantità di droga che si sta prendendo. Cioè, dopo qualche tiro di spinello, uno capisce più o meno quanto è forte la droga che sta fumando. E può decidere se continuare a stonarsi o se gli basta così.
Cosa che non potrebbe accadere se gli effetti si sentissero dopo molti minuti, come nel caso dell'ingestione o dell'assorbimento.

INIEZIONE

È il metodo più pericoloso perché combina una serie di condizioni molto critiche.
Innanzitutto, anche in questo caso la droga arriva subito al cuore e da lì entra in circolo saltando il processo di metabolizzazione.
Iniettando direttamente la droga nel sangue, non c'è limite alla dose

che si può assorbire nello stesso momento (uno si può iniettare in un colpo solo l'equivalente di dieci dosi). Inoltre con l'iniezione, tutta la droga usata entra in circolo. Quando si fuma una droga, invece, come nel caso dello spinello, solo il 40% del principio attivo contenuto nella marijuana raggiunge effettivamente i polmoni. Il resto viene distrutto dalla combustione.

La velocità con cui la droga arriva al cervello produce in circa cinque secondi una sensazione molto intensa sia mentale che fisica.
Tutti questi elementi insieme rendono iniettarsi la droga la botta più potente di tutte. Quella che crea maggiore dipendenza.

Scavalcare le difese naturali del corpo **è molto pericoloso sia perché la siringa può essere infetta sia perché si iniettano direttamente nel sangue, oltre alla droga e a tutte le schifezze con cui è stata tagliata la droga, anche altre cose** come batteri, virus, epatite C, HIV, malaria, sifilide, eccetera.

CONTATTO

Quando la droga è assorbita attraverso la pelle, entra nel corpo nel modo più lento possibile. A seconda della droga, gli effetti si iniziano a sentire da una a ventiquattro ore dopo l'applicazione. È un metodo totalmente inefficace per avere una botta, infatti nessuno lo usa per andare fuori.

Però è il modo più giusto per assorbire la droga in modo continuo. Ed è il più usato **quando serve rilasciare una sostanza in un tempo lungo, come nelle terapie contro il dolore o per ridurre i sintomi delle crisi di astinenza** (tipo i cerotti alla nicotina per provare a smettere di fumare in modo graduale).
Anche i cerotti contro il mal di mare o la nausea contengono droga

che viene rilasciata lentamente. È la scopolamina e deriva dalla stessa famiglia di allucinogeni a cui appartengono stramonio e belladonna (*vedi pag. 207*).

COSA ACCADE SE LA DROGA ENTRA IN CIRCOLO?

Se la droga passa subito dal fegato, questo prova a metabolizzarla, cioè ad alterare la struttura chimica rendendola meno attiva o completamente inerte. A quel punto, una parte va comunque nel sangue e l'altra viene espulsa attraverso urina, feci, sudore e alito.

In base al metodo di assunzione, comunque, una parte della droga prima o poi entra nel sangue e si muove dentro i globuli rossi o dentro il plasma oppure ancora facendosi trasportare da molecole di proteine.
Il sangue arriva ovunque e così anche la droga entra in contatto con tutti gli organi, i fluidi e i tessuti del corpo causando effetti diretti o indiretti.[1]

A sua volta, ciascun organo può accumularla o trasformarla in varianti chimiche della droga originale e anche queste possono avere effetti psicoattivi, cioè in grado di alterare l'attività mentale.

Ovviamente, **perché abbia il suo effetto principale, la droga deve riuscire a entrare nel cervello**, il nostro organo più importante e quindi il meglio protetto dal corpo.
Anche il cervello, però, deve essere nutrito dal sangue e infatti ci sono tantissimi capillari che lo raggiungono. Sono capillari speciali, con le pareti ricoperte da cellule che lasciano passare solo certe sostanze e non altre. Portano al cervello ossigeno, glucosio e amminoacidi e portano via biossido di carbonio e altri rifiuti.
Di solito le sostanze pericolose per il cervello come tossine, virus e batteri non riescono ad attraversare questa barriera che riveste i capillari.
Le droghe sì. Alcune, come marijuana e nicotina, lo fanno attraverso

il grasso. Altre, come la cocaina, attraverso l'acqua. Quelle che sono solubili sia nell'acqua che nel grasso, come l'alcol, usano entrambi i metodi.[2]

Questa barriera, che in qualche modo difende il cervello, ci mette un paio di anni a formarsi. Ed è per questo che **se una donna prende droghe quando è incinta, il feto è particolarmente vulnerabile.** La placenta lo difende parzialmente dalle droghe solubili in acqua, ma quelle solubili nei grassi, che sono la maggior parte, lo colpiscono direttamente.
Anche quando una donna allatta non deve fare uso di droga perché attraverso il latte la fa mangiare al neonato.
Quindi se la mamma usa droghe, le usa anche il bambino, con effetti molto più devastanti, perché è più piccolo e meno protetto.[3]
E questo vale per tutte le sostanze che chiamiamo droghe in queste pagine, anche quelle legali come alcol, sigarette e caffè.

PERCHÉ LA DROGA FA MALE?

Tutti sanno che la droga fa male. Anche chi la usa. **Per capire perché fa male, dobbiamo capire prima per quale motivo funziona e viene presa.**
Almeno all'inizio, infatti, l'azione della droga sul sistema nervoso ottiene l'effetto desiderato. Per esempio: se uno sniffa una riga di cocaina, prova una botta di energia. Punto. Ma non è la polverina che contiene l'energia extra. Non è come mangiare un uovo sbattuto: il corpo non riceve energia in più. Proprio per niente.

La cocaina strizza solo il cervello. Gli fa ignorare i segnali di fatica e lo costringe a dare fondo alle energie già presenti e immagazzinate nel corpo. Spinge cervello e corpo al massimo delle loro possibilità.

La stessa cosa vale anche per le droghe più diffuse e comuni. Alla mattina una fetta di pane con burro e miele dà energia. Ma una tazzina di caffè no.
Quello che succede è che la caffeina sballa il sistema nervoso, aumenta i livelli di adrenalina. Fatte le dovute proporzioni, è proprio come quando si prende uno spavento o si sniffa cocaina. E quindi il corpo reagisce aumentando il battito cardiaco e l'afflusso di sangue ai muscoli, pronto per combattere o scappare.
Però non riceviamo maggiore energia da una tazzina di caffè. Anche in questo caso, **la droga serve solo a strizzare il corpo delle energie** accumulate durante la notte. E anche in questo caso si crea tolleranza e dipendenza.
Quando uno è abituato a bere il caffè per svegliarsi alla mattina, dopo un po' ne ha bisogno sempre. E se prova a saltarlo si sente giù, stanco, nervoso e deconcentrato. È una crisi di astinenza. E infatti si dice: ho bisogno di un caffè.

Nel caso degli eccitanti, la droga dà effettivamente una botta di energia. Però funziona solo perché sfrutta, prosciuga e consuma le naturali riserve di energia dell'organismo.
E queste riserve che tutti abbiamo si rigenerano solo attraverso il sonno, l'esercizio fisico e la buona alimentazione. Con uno stile di vita sano e rilassante. È un meccanismo naturale: è normale che le riserve di energia vengano create, usate e rigenerate.
Se una scimmia è spaventata da un predatore, la botta di adrenalina che si libera nel cervello le permette di usare tutte le sue energie per combattere o scappare e mettersi in salvo. Poi si riposerà e mangerà, rigenerando così una nuova riserva da usare la prossima volta che si presenterà l'occasione.

La droga funziona perché scardina questo meccanismo. Ma il corpo paga un prezzo. E con alcune droghe e alcuni metodi d'uso è un prezzo altissimo.

COME SI DIVENTA DROGATI?

Salute individuale, personalità, grandezza della dose, metodo di assunzione, frequenza d'uso, aspettative, ambiente... sono tantissime le variabili che influenzano uso e abuso delle droghe.

Gli studiosi identificano tre stili. Come tre tappe di un percorso che va da irregolare a regolare, da occasionale a continuo. Da qualche volta con gli amici a sempre, anche da solo.

SPERIMENTAZIONE

Si inizia sempre così. Lo stile è principalmente motivato dalla curiosità, dal desiderio di sperimentare effetti che uno già si immagina o di cui gli hanno parlato gli amici o che ha visto da qualche parte.
Siccome le droghe sono sostanze tossiche, la primissima volta può non essere piacevole, ma di solito queste esperienze non si fanno da soli. E il gruppo aiuta a gestire meglio la situazione, a superare l'iniziale riluttanza, i momenti di ansia. E ti porta a casa quando vomiti per strada.
Ognuno reagisce diversamente alla sperimentazione.
Ognuno ha la sua storia.[1]

Le cose che possono andare male in questa fase sono di due tipi.
Ci sono i danni fisici, come nel caso si usino dosi troppo massicce o reazioni allergiche alla droga e alle sostanze con cui è tagliata. Oppure il peggioramento di malattie fisiche o mentali se uno le ha già.
E poi ci sono i guai con la legge. Visto che molte droghe sono illegali, già in questa fase ci sono da mettere in conto tra gli effetti negativi i problemi legali se si viene accusati di uso o detenzione di sostanze proibite.

ABITUDINE

È la seconda fase. Questo stile è un vero e proprio modello di consumo. L'uso della droga non è più sperimentale, anzi, viene presa proprio perché si conoscono già gli effetti. E sono quelli che si desiderano.
Come lo studente che beve caffè per rimanere sveglio a ripassare; il manager che si rilassa con un sigaro; il donnaiolo che beve un bicchiere di un buon vino rosso a una cena romantica.
In questa fase la droga si usa con altre persone che la pensano nello stesso modo e la vedono come piacevole, oppure può essere un'abitudine solitaria. Che sia uno spinello al parco con i compagni di scuola o una riga di cocaina per il camionista che deve guidare più a lungo, questo è ancora uno stile volontario.

L'abitudine può essere mantenuta per anni. Per tutta la vita. Ma **tra tutti quelli che pensano di potersi fermare a questo stile, qualcuno ce la fa,** altri passano alla terza e ultima fase.

ABUSO

Questo stile è la dipendenza dalla droga. **L'uso è sfuggito al controllo ed è diventato continuo. Nonostante le evidenti conseguenze negative** su tutto quello che viene in mente: salute fisica e mentale, relazioni famigliari e sociali, aspetti lavorativi ed economici.
Si iniziano a fare cose pericolose, si è consapevoli che tutto va male per colpa dell'abuso di droga, ma si continua a prenderla. Si prova a smettere e non si riesce a farlo.
Anzi, si toglie tempo alla vita precedente per dedicarsi alla droga. Il drogato smette di vedere certe persone e ne cerca altre con cui sa di poterla condividere. Smette di andare in certi posti per andare in altri in cui sa che potrà usarla.

Altre caratteristiche dell'abuso sono il continuo aumento delle dosi per ottenere gli stessi effetti iniziali, le crisi di astinenza e il bisogno della droga per iniziare la giornata e affrontare le attività quotidiane. Anche per sentirsi normali.

È il caso di chi fuma un pacchetto di sigarette al giorno, della casalinga disperata che va avanti a tranquillanti, del cocainomane duro.
La droga non viene più presa per ottenere il piacevole effetto iniziale provato le prime volte. **Viene presa soprattutto per evitare le forti sofferenze fisiche e psicologiche che colpiscono chi prova a smettere.** Viene presa per non stare male.[2]

NELLA MIA SOCIETÀ IDEALE LA DROGA NON ESISTE

A 20 anni ero solo come un cane. I miei tre amici dell'adolescenza mi annoiavano, quelli che potenzialmente sarebbero potuti diventare i miei nuovi amici mi evitavano e, riguardando le mie fotografie dell'epoca, oggi, dandogli ragione, ho capito perché. Mi aggregai a certi che si facevano spesso le canne.

Per sentirmi in una qualche comunità, per quattro o cinque volte me le feci anch'io, superando problemi ciclopici.

Il primo era quello legato all'orrore della canna che, una volta fatta, passava di bocca in bocca e alla fine arrivava a me schifosa di saliva di tutti. Il secondo riguardava l'atteggiamento di chi si faceva le canne: quell'aria furtiva da carbonari del vizio, quella prosopopea da eroi dell'eccesso, quelle estasi radiocomandate mi hanno sempre puzzato di scorciatoia e di fasullo.

Aggiungo che l'effetto fisico della canna su di me era quello che si ha leggendo in auto sui tornanti delle Tre cime di Lavaredo: nausea e vomito. Che raggiunse il massimo quando arrivai all'eccesso: la quinta e ultima volta che mi feci 'ste benedette canne, visto che non volevo fare la solita finta di essere "fuso", volli eccedere veramente per vedere l'effetto che fa.

Fumai una canna, bevvi del vino e aggiunsi il Cointreau. L'effetto fu che non capii più niente, non avevo più il controllo di me stesso, fui preso dal panico e per poco non morii d'infarto. La più brutta sensazione mai provata in vita mia.

Non provai più nessuna droga perché la cosa peggiore è perdere il controllo di se stessi. Mentre credo sia doveroso essere perennemente vigili e razionali, col kalashnikov carico col colpo in canna.

Negli Anni '80 ho visto tante persone morire di eroina.

La loro scomparsa mi riempiva di dolore, ma anche di rabbia perché, in

molti casi, pensavano di morire da eroi in esperienze che a loro sembravano rivoluzionarie e d'avanguardia. Non avevano compreso che l'unico valore esistente è quello della vita, che va difesa e protetta, perché se non c'è più la vita, non ci sono commemorazioni, non ci sono traguardi dopo morti, non c'è l'amore di qualcuno né la felicità. C'è il Nulla, cioè niente. Nella mia società ideale, la droga non esiste. Detesto chiunque scherzi sulla droga, chiunque tenda a normalizzarne l'uso, chiunque faccia allusioni scherzose al suo uso personale, chiunque si presenti alterato da droghe pensando di suscitare ilarità e simpatia. Anche se comprendo che una volta ogni tantissimo uno possa farsi uno spinello, detesto chiunque faccia un uso seriale di qualsiasi tipo di droga.
Se capisco che uno si droga, già non mi interessa più come persona. Perché, tra l'altro, penso che ogni volta che va a comprarsi la sua simpatica roba arricchisca qualche panzone mafioso che l'ha importata chissà da dove. La droga modaiola, sia che arrivi dal becerume fascistoide e qualunquista tipico di questi ultimi anni che dalla puzza radical chic finto alternativa, per me è un marchio indelebile sulle persone da evitare. Perché ho notato che chi ne fa uso ha così tante lacune e difetti, che solo con quella pratica pensa, illudendosi, di potersi riabilitare con un'aurea da vissuto agli occhi degli altri.
Le rarissime persone meravigliose che ho incontrato nella mia vita dicevano e facevano cose meravigliose che mi hanno stupito, spiazzato, commosso, divertito, arricchito e migliorato. Erano talmente sconvolgenti che le ho sempre fissate attentamente nelle pupille per capire se erano drogate. Ma non lo erano.

Enrico Lucci

PERCHÉ SOLO ALCUNI DIVENTANO DROGATI?

Un saggio di Howard S. Becker, intitolato *Becoming a Marihuana User* (*Come si diventa consumatori di marijuana*), viene pubblicato sull'*American Journal of Sociology* nel 1953, quando tra i jazzisti di New York si diffonde l'uso di fumare l'erba.
Becker, sociologo amante del jazz, è amico e conoscente di molti di loro e, osservando le dinamiche di quel gruppo, capisce che ci sono tre passaggi ben precisi con cui si comincia a fumare marijuana.

Secondo il suo modello, **innanzitutto si impara la tecnica per drogarsi:** quanta erba usare, come si sminuzza, come si rolla uno spinello, come inspirare e trattenere il fumo nei polmoni senza farsi prendere da attacchi di tosse. Non è facile. È una cosa che si apprende solo con l'esperienza. Ma questo non è abbastanza, molta gente che ha fatto solo qualche tiro di spinello, ricorda di non aver sentito un granché la prima volta. E infatti è qui che si fermano molte sperimentazioni.

Sempre secondo il modello di Becker, **la seconda fase della tossicodipendenza è fondamentale per continuare l'uso della droga** e consiste nel percepire e riconoscere gli effetti della droga: il giramento di testa, le gambe molli, la fame. Tutte quelle sensazioni che un fumatore di marijuana conosce e riconosce bene. Ma una volta che si impara a percepire gli effetti, non è detto che vengano giudicati piacevoli, anzi, spesso sono fastidiosi e possono spaventare.

Per questo c'è **la terza fase del modello di Becker: provare piacere per quegli effetti.** E questa è una cosa che può essere fatta solo dentro un gruppo, una cultura, in cui quegli effetti sono condivisi e giudicati in modo positivo. La leggerezza della testa porta alle chiacchiere e alle risate stupide, la fame a condividere cibo a orari improbabili e i momenti di ansia o paranoia vengono affrontati e sdrammatizzati dalle battute del gruppo.

È quindi quest'ultima la fase fondamentale per diventare drogati. Perché in molti casi **gli effetti all'inizio sono spiacevoli e sarebbero percepiti come tossici se non fossero dentro una cultura** o subcultura che li valuta positivamente.

Il modello di Becker, osservato per la prima volta sui consumatori di marijuana, è stato applicato da allora anche ad altri tipi di droghe, perché perfino le più comuni non sfuggono a questo percorso d'iniziazione: il primo bicchiere di vino, il primo tiro di sigaretta, la prima tazzina di caffè non sono mai piacevoli per nessuno.

Anche più avanti, quando si "imparano ad apprezzare" gli effetti della droga, spesso è un divertimento che rimane "dentro l'intossicazione", come sa chiunque che da sobrio ha accompagnato a casa tre amici ubriachi. Loro si divertono, ma visti dall'esterno, da chi non sta condividendo la loro sbronza, appaiono solo confusi, chiassosi e un po' molesti.

Oggi è una cosa che può sembrare scontata, ma a suo tempo questo modello ha cambiato il modo di valutare la droga, che per la prima volta è stata giudicata in base all'ambiente sociale del consumatore.

Secondo questo modello, il fumatore di marijuana non è più un criminale deviante, ma una persona inserita in una comunità che la condivide. E la gente che rifiuta la marijuana lo fa soprattutto perché non prova piacere: non c'è vantaggio, non c'è la situazione in cui goderne.[1]

DAL CAPOGIRO IN POI

Prendiamo il capogiro: un effetto comune a moltissime droghe, a partire dall'alcol. Se è accompagnato da nausea è fastidioso, ma senza nausea può essere piacevole.
E infatti è il primo modo per andare fuori che ha imparato l'uomo primitivo. In moltissimi riti di iniziazione si gira e si balla in cerchio per ore e ore per produrre stordimento, trance e visioni.

Non è solo una forma di divertimento delle società del passato, è ancora oggi la prima intossicazione scoperta da quei bambini, tutti, che imparano a girare su se stessi per procurarsi questa strana sensazione.
Un desiderio che rimane anche da giovani e adulti: molte giostre e attrazioni da luna park sono da sempre progettate per indurre la stessa sensazione di stordimento eccitante.

Il capogiro, quindi, da sensazione fastidiosa, diventa piacevole in un certo contesto. La cultura della droga ha fatto lo stesso. Il desiderio di stimolazione, sedazione e alterazione ha convertito la percezione di molte sostanze da velenose a piacevoli.[2]

PERCHÉ SI DIVENTA DIPENDENTI?

Ognuno ha la sua storia, ma nella dipendenza, ci sono almeno quattro aspetti di cui bisogna tenere conto: la genetica, l'ambiente, i meccanismi del corpo e il tipo di droga.

È COLPA DEL DNA

Nei fenomeni di dipendenza dalla droga, **la genetica causa una particolare vulnerabilità in quasi la metà dei casi.** A seconda degli studi, è una percentuale che va dal 40% al 60%.

Per quanto incredibile, considerando la variabilità umana, le alterazioni dei geni che controllano il recettore D2 della dopamina (DRD2A1) sono presenti nella maggior parte dei casi di dipendenza, di qualsiasi tipo. Questa variante genetica ce l'ha solo il 20% dei non alcolisti, ma appare nel 70% degli alcolisti gravi e nel 50% di mangiatori, fumatori, cocainomani e giocatori compulsivi.

Le persone in cui, per motivi genetici, questo recettore funziona meno, sviluppano quindi più facilmente una dipendenza, sia alle sostanze sia ai comportamenti.[1]

È COLPA DELL'AMBIENTE

Poi ci sono le influenze ambientali, che nelle varie ricerche e teorie raggruppano eventi traumatici dell'infanzia. Come la mancanza di affetto e di qualcuno che si occupa di te oppure l'abuso fisico, soprattutto di quello di tipo sessuale.

Già nella pancia il feto riceve infatti influenze che ne determineranno la sua futura capacità di fronteggiare situazioni stressanti: più la madre è sottoposta a violenze e disagi, più il figlio sarà fragile di fronte alle difficoltà della vita.

Per ambiente si intendono anche i condizionamenti sociali e culturali che influenzano e permettono l'uso della droga. Da cose che riguardano proprio l'individuo, come le abitudini dei genitori, il quartiere in cui si cresce da piccoli, i compagni di scuola. Fino a quelle che riguardano un'intera generazione, come le leggi in vigore, i modelli proposti dai mass media, le scoperte scientifiche del momento e le conseguenti innovazioni nel consumo.

L'importanza dell'ambiente, inteso anche semplicemente come luogo fisico, a volte è sottovalutata. La ricerca dello psicologo canadese Bruce K. Alexander ci fa capire quanto l'ambiente possa influenzare anche in senso positivo.
Alexander inizia con i classici esperimenti coi topi chiusi in gabbia. Davanti a loro solo una vaschetta con cibo secco, una con acqua normale e una con acqua ed eroina. I topi ci mettono poco a diventare dipendenti. I risultati di questi esperimenti iniziali, quindi, non sono diversi da quelli di altri ricercatori: la droga crea dipendenza e fa male.

Alexander, però, è uno psicologo, non un chimico, quindi non va avanti a sperimentare sulla droga, ma prova e variare le condizioni ambientali, migliorando semplicemente il luogo in cui vivono i topi.
Costruisce uno spazio il più possibile confortevole e naturale. Ci mette ruote, palline e altri giochi. Il pavimento è ricoperto di corteccia aromatica e c'è tanto spazio per socializzare e fare il nido. L'aria è ventilata. Temperatura e luce sono regolati in modo naturale. E anche qui ci sono tre vaschette: cibo fresco, acqua fresca e acqua con eroina.
Gli effetti di questo nuovo ambiente stimolante sono impressionanti.
I topi drogati che dalla gabbia normale vengono spostati nel parco non

cercano più la droga come prima. Ne usano un ventesimo rispetto ai loro compagni nella normale gabbia da test di laboratorio.[2]

L'esperimento del parco dei ratti dimostra che i risultati dei normali test da laboratorio sono influenzati dallo stress inflitto agli animali durante l'esperimento stesso.
Immagina di essere preso e rasato, che ti infilino elettrodi nel cervello e un catetere in qualche altra parte nel corpo. Rinchiuso in una gabbia piccola e fredda, dove la luce va e viene improvvisamente. Da solo o con altri topi conciati come te.
In una situazione del genere, è probabile che diventi un topo drogato, soprattutto se hai la consapevolezza di essere in quella situazione. È una cosa che può dare sollievo quando non si trova una via di miglioramento o di fuga.
Gli esperimenti non raccontano quindi solo la forza della droga. Raccontano anche il tentativo degli animali da laboratorio di sopportare lo stress dell'esperimento stesso.

Anche per gli uomini è così: un ambiente strutturato, organizzato, dove si vive bene probabilmente ti tiene lontano dalla droga, ma **un ambiente famigliare presente e attento sicuramente aiuta più di ogni altra cosa.**

Il dottor Gilberto Gerra, consulente dell'Onu per le tossicodipendenze, in una ricerca fatta su gruppi di ragazzi omogenei, a rischio di tossicodipendenza, ha scoperto una cosa semplice, quasi stupida.
Basta che il padre chieda al figlio «ma tu la sera, quando esci, dove vai?» per abbattere del 40% il rischio che suo figlio diventi un tossicodipendente. E non importa che lo faccia con amore o complicità, ma che lo faccia e basta. Ogni giorno. Così come gli viene.
Tutti noi vogliamo avere qualcuno che ci dia valore, che ci ami e che ci faccia capire che si occupa di noi.

È COLPA TUA

Un altro meccanismo che porta all'abuso di droga è la tolleranza. È una cosa naturale, è inevitabile e si sviluppa con qualsiasi sostanza.
Con alcune si nota molto chiaramente, con altre meno. Ma **ogni droga obbliga il corpo a cambiare, a adattarsi, per sopportare l'uso continuo.** Il risultato è che il tuo corpo deve prendere dosi sempre maggiori per ottenere lo stesso effetto iniziale.

Ci sono tre modi in cui il corpo sviluppa tolleranza.
Può accelerare la metabolizzazione della droga per eliminarla più in fretta. Però così si stressano gli organi. È il motivo per cui il fegato dei drogati si spappola.
Oppure con l'uso continuo, le cellule nervose diventano meno sensibili agli effetti della droga o producono altre sostanze che la contrastano.
E alla fine c'è la tolleranza inversa, quando il corpo, nella difesa estrema, si comporta all'opposto. Diventa ipersensibile e quindi meno capace di tollerare la droga e anche quantità minime hanno effetti pesantissimi. Come gli alcolisti all'ultimo stadio a cui basta un goccino per ubriacarsi.

È COLPA DELLA DROGA

Ovviamente uno dei motivi per cui si sviluppa la dipendenza è la droga stessa. Alcune sostanze non sono abbastanza potenti da portare all'abuso. Altre, anche se potentissime, smettono di funzionare se prese troppo spesso. Perdono la loro efficacia e quindi non si riesce a usarle continuamente. Ma **la maggior parte ha un'azione molto rapida e sviluppa una forte tolleranza. E con queste è facilissimo diventare dipendenti.**

Non è solo questione di sostanza, dipende anche da come la si prende. Perché modi di assunzione differenti hanno impatti differenti.
Usando la stessa droga e la stessa dose, la regola generale è: più forte è la botta al cervello, più forte è la dipendenza.
Quindi **i metodi che mettono in circolo grandi dosi e velocemente sono i più pericolosi.** Iniettarsi direttamente la droga nelle vene è più pericoloso di fumarla, che è più pericoloso di sniffarla, che è più pericoloso di mangiarla.

Incrociando le varie droghe con i metodi d'uso più comuni, ne esce un elenco sorprendente, che spiega quali abitudini danno più velocemente dipendenza. Eccole in ordine di pericolosità crescente:

- mangiare pejote
- mangiare LSD
- mangiare MDMA
- bere caffè
- fumare marijuana
- bere alcol
- mangiare tranquillanti
- mangiare anfetamine
- mangiare oppiodi
- sniffare cocaina
- iniettarsi metanfetamine
- fumare o iniettare eroina
- fumare o iniettare cocaina
- fumare tabacco.[3]

IL TABACCO È LA DROGA CHE DÀ PIÙ DIPENDENZA?

No, è quella con la quale la dipendenza si sviluppa più rapidamente. Più di ogni altra droga conosciuta.

Almeno un quarto di quelli che provano le sigarette diventa fumatore abituale. Uno su quattro è una percentuale altissima. Tenuto conto che l'altra droga più diffusa, l'alcol, rende consumatore abituale solo uno su dieci.

E questi sono solo i dati più consolidati, quelli dei manuali ufficiali. Ci sono studi recenti, ancora in corso, secondo i quali la percentuale è molto, molto più alta. Una ricerca inglese rileva come tra i ragazzi che hanno provato la prima sigaretta due anni fa, il 90% stia ancora fumando.

L'età della prima sigaretta è ancora il migliore indicatore per capire se una persona fumerà abitualmente anche da adulto. Scientificamente è dimostrato che chi prova la nicotina tra gli 8 e i 12 anni da grande avrà cinque volte più probabilità di abuso e dipendenza dalle sigarette.

Il tabacco crea questa dipendenza, non perché è una droga migliore delle altre, ma perché sin da subito compaiono i sintomi di astinenza. All'inizio sono così impercettibili che nessuno se ne accorge. Anzi, non vengono proprio scambiati per sintomi di astinenza e alimentano sin da subito quell'ambiguità che porta all'abitudine al fumo.

Funziona così: durante la notte il livello di nicotina nel sangue diminuisce. Con la prima sigaretta schizza a un picco che non raggiunge più nel resto della giornata. Ed è per questo che la prima sigaretta del giorno è la più buona, quella che ha l'effetto maggiore.

Per il resto del tempo la nicotina in circolo nel corpo dipende dal metabolismo e dalle abitudini del fumatore. Ognuno trova il suo livello e quando non lo raggiunge il corpo soffre. Ma soffre anche se lo supera: qualsiasi fumatore incallito, anche quello da più di un pacchetto al giorno, se fuma troppo ha nausea e mal di testa.
È proprio questo livello di nicotina da mantenere nel corso della giornata la causa principale del continuare a fumare.
Appena si scende sotto una certa quantità, il corpo inizia a provare nervosismo e desiderio che si placano solo con un'altra sigaretta. È questo il vero piacere del fumatore.

La sensazione di sollievo non è quindi legata agli effetti piacevoli della droga sul cervello, come nel caso di altre sostanze. **La sigaretta procura rilassatezza e benessere solo perché risolve per qualche minuto i sintomi di astinenza. E poi si ricomincia.**
Non è un'abitudine veramente piacevole. È come prendere una malattia (la dipendenza dalla nicotina) e continuare a prendere una medicina (la sigaretta) che contemporaneamente cura e continua a farci ammalare. È una cosa assurda, e se non fosse per la forza con cui la nicotina crea dipendenza, nessuno la farebbe.

Infatti l'80% dei fumatori vorrebbe smettere e un altro 10% vorrebbe ridurre le sigarette, ma non tutti ci riescono: **il tabacco è ancora oggi la causa principale di tutte le morti che si possono prevenire. Danneggia ogni organo del corpo e uccide la metà di quelli che fumano.** Uno su due. Iniziare a fumare con un amico è come andare a fare un viaggio insieme e sapere che uno di voi due non tornerà mai a casa.

QUAL È IL FATTORE PRINCIPALE DELLA DIPENDENZA?

Abbiamo letto i risultati di tante ricerche e una cosa ci ha impressionato molto: l'importanza dell'età a cui si fa la prima esperienza.
Più si è giovani quando si prova più è sicuro che si abuserà della droga. È un concetto fondamentale e sembra inevitabile. E l'età si sta abbassando sempre di più. Non è difficile trovare chi beve, fuma o si fa le canne anche alle scuole medie.

È una cosa molto preoccupante, soprattutto perché una volta si pensava che il cervello maturasse più in fretta. A 15 anni i ragazzini erano considerati adulti.
Oggi si è capito che, nonostante le apparenze e nonostante i ragazzi sembrino adulti, la capacità di valutare le informazioni che provengono dai sensi e la capacità di ragionare maturano molto più tardi.
Ci vuole tempo, ci vogliono venticinque anni interi, perché il cervello sia pienamente funzionante e usi tutte le sue possibilità. Venticinque anni in cui le interazioni a casa, a scuola, nella vita, creano costantemente ogni giorno milioni di nuove connessioni, memorie, capacità di analisi e decisione. E le droghe scombussolano questo processo.
Cioè, detta male: il cervello sta imparando a ragionare. Le droghe sballano. Il cervello diventa più vulnerabile e prende decisioni sbagliate, tra cui quella di usare altra droga. Che scombussola ancora di più il cervello. Che quindi va avanti a drogarsi e così via.

E questo vale per tutte le droghe, che normalmente vengono provate in

quest'ordine: alcol, tabacco, marijuana e poi altro.
Dopo dieci anni, l'83% di chi si è ubriacato si ubriaca ancora, l'85% di chi ha provato una sigaretta sta ancora fumando e il 76% di chi ha provato marijuana si fa ancora le canne.[1]

Per molto tempo la marijuana è stata indicata come una droga leggera ma pericolosa perché porta all'uso di altre droghe, più pesanti.
Gli studi più recenti, però, indicano invece che gli spinelli sono già un anello di una catena che è iniziata con alcol e sigarette. E non è detto che siano un anello indispensabile, perché spesso si passa direttamente a cocaina e altre droghe chimiche, saltando completamente la marijuana.

Secondo una ricerca della Columbia University, più del 60% dei ragazzi che iniziano a bere prima dei 15 anni prova anche una droga illegale.
Se un adolescente beve regolarmente, ha venti volte in più la probabilità di provare marijuana e cinquanta volte in più la probabilità di usare cocaina rispetto a un coetaneo astemio.

Lo ripetiamo: è l'età della prima esperienza che influenza più di ogni altra cosa la probabilità di diventare dipendente.

Il problema è che quasi nessuno aspetta fino a 25 anni. Chi vuole provare, di solito prova prima.
E non prova solo quello: l'80% degli studenti che usano droghe fa già sesso, il doppio rispetto a chi non si droga.[2]

IL CERVELLO DELL'ADOLESCENTE

Si chiama adolescenza ed è quel periodo della vita in cui la corteccia prefrontale del cervello cambia più drasticamente. È la zona che controlla cose importanti come il processo decisionale e la pianificazione del futuro. Inibisce il comportamento inappropriato, ci ferma cioè quando stiamo per dire o fare qualcosa di veramente scortese o stupido. Ed è anche la zona che guida l'interazione sociale, la comprensione degli altri e l'autoconsapevolezza.

Una cosa interessante, che spiega alcuni tipici comportamenti adolescenziali, è che in questa fase diminuisce l'attività della zona che consente di mettersi nei panni degli altri e di provare empatia per loro. Attraverso test di laboratorio, durante i quali vengono scansionate le aree di attività del cervello, si è visto che gli adolescenti riescono malissimo negli esercizi in cui devono dare indicazioni agli altri, guardando le cose dalla loro prospettiva. Non è colpa dei ragazzi, è che quella zona del cervello, in questo particolare periodo della vita, è meno attivata. Per cui, in effetti, quando un ragazzo si lamenta che un genitore non lo capisce o un professore non lo capisce ha perfettamente ragione: c'è un problema di comunicazione. Però non è l'adulto a non capire l'adolescente, è esattamente l'opposto: è il cervello del ragazzo che in quel momento dello sviluppo non gli permette di capire il punto di vista dell'adulto.

Un discorso simile vale per la propensione al rischio tipica dell'adolescenza, soprattutto quando si è con gli amici. È una cosa che nasce in quella parte del cervello chiamata "sistema limbico", che è coinvolto nell'elaborazione delle emozioni e dei meccanismi di ricompensa. Normalmente è controbilanciato dalla corteccia prefrontale, che ci impedisce di prendere rischi eccessivi, ma durante l'adolescenza è ancora in fase di formazione. E così **prevale la sensazione gratificante di fare cose divertenti e rischiose. Il brivido del pericolo.**[3]

Quindi i rischi eccessivi, lo scarso controllo degli impulsi e il mettersi sempre al centro delle cose non sono semplici capricci, ma manifestazioni che riflettono i cambiamenti che stanno avvenendo all'interno del cervello degli adolescenti.

DA DOVE ARRIVANO LE DROGHE?

Tutte le droghe conosciute e usate dall'uomo ancora oggi derivano in qualche modo dalle piante o sono una copia sintetica. Funzionano perché piante e uomo sono cresciuti insieme sulla Terra. E quando un animale, oggi come milioni di anni fa, incontra una pianta se la mangia.

Le piante, però, cercano di difendersi. Possono usare difese fisiche, barriere come spine, foglie dure e barbette fastidiose da masticare. Altre piante, per non essere mangiate, si nascondono nell'ombra del sottobosco oppure cercano di assomigliare a piccoli sassi. Altre ancora, come le piante carnivore, sono loro stesse in grado di mangiare insetti e animali che si avvicinano troppo. Perfino topolini.

La difesa più comune, però, è quella chimica. Si trova ovunque, dal funghetto velenoso alle grandi piante, alberi veri e propri.
Sostanze diverse hanno effetti diversi. È proprio la grande varietà di questo tipo di difesa che è all'origine della grande varietà delle droghe che conosciamo (e che non conosciamo, visto che ci sono circa 4 mila piante con sostanze psicoattive che ancora non sono state studiate).

Queste difese chimiche sono distribuite soprattutto nelle zone più esterne della pianta, come le foglie, dove ce n'è più bisogno, perché sono quelle aggredite più spesso dagli animali. La loro produzione e gestione sono regolate da meccanismi molto sofisticati. Per esempio: se un insetto morsica una foglia, le normali sostanze chimiche che difendono la pianta si concentrano immediatamente nella zona colpita in quantità tali da renderla molto meno appetibile. Di solito questo basta a fermare l'insetto. Ma se non bastasse, dopo un secondo morso, la pianta è in grado di moltiplicare la quantità di veleno nella zona attaccata e mantenere le difese attive anche per ore.[1]

BUONE, MA NON TROPPO

Molte piante, però, hanno bisogno degli animali. Sia perché devono essere impollinate sia perché, quando un animale mangia un frutto, poi si allontana e fa la cacca.
È il modo geniale con cui le piante usano gli animali come giardinieri che distribuiscono in giro i semi. Praticamente li piantano a terra dentro un blocchetto di fertilizzante. In questo caso, l'obiettivo della pianta non è solo respingere un attacco, ma è più complesso. Deve farsi mangiare così l'animale porta in giro i semi, ma non farsi mangiare troppo per continuare a sopravvivere.
In pratica, **la pianta deve essere buona a piccole dosi ma velenosa in grandi quantità.** Per questo ci sono sostanze come i tannini che danno un sapore astringente e amaro alla foglia. E ti passa la voglia di mangiarla.
Come se non bastasse, i tannini, una volta ingeriti, continuano a danneggiare l'animale dall'interno, perché hanno un effetto negativo sulla digestione, bloccando enzimi, minerali, carboidrati, proteine e vitamine.

Oppure ci sono i flavonoidi e i terpenoidi, che da una parte servono a colorare e profumare i fiori per attirare gli insetti che devono impollinare la pianta, ma dall'altra possono causare dermatiti, vomito e molti altri disturbi, fino alla morte.

Queste difese chimiche sono così efficaci che molti insetticidi ancora oggi in commercio sono ottenuti dalle piante.

Alcune sostanze, una volta assorbite dall'animale, gli rompono i globuli rossi del sangue. Altre producono ormoni di giovinezza che mantengono

l'animale bambino. Così, non diventando adulto, non può riprodursi e la pianta è sicura che non le crescano intorno altri parassiti.
Anche la comune margherita è letale per alcuni insetti. Contiene una sostanza chimica sensibile alla luce. Se un animale ne mangia troppa, questa sostanza si scalda col calore del sole e brucia il corpo dell'animale dall'interno.

Ci sono anche sostanze che hanno effetti diversi su animali diversi, in base ai bisogni della pianta.
La caffeina, per esempio, colpisce il sistema nervoso degli insetti parassiti. A basse dosi ritarda crescita e riproduzione, a dosi più alte paralizza e uccide. Però sulle oche, da cui la pianta di caffè dipende per disperdere i suoi semi, la caffeina ha un effetto stimolante e infatti ne sono ghiotte.[2]
Anche la capsaicina, che rende piccante il peperoncino, uccide gli insetti nocivi. Mentre gli uccelli non lo sentono irritante, anzi, lo mangiano volentieri e poi volano via disperdendo i semi.

Tra queste armi chimiche non ci sono solo veleni, ma anche sostanze che alterano la percezione. Se mangi una bacca di *Gymnema sylvestre*, per esempio, non senti più il sapore del dolce: un'arancia matura sembra un limone acerbo. È una cosa che ti rovina il gusto per qualche tempo e ti fa passare la voglia di cibarti del tutto.
C'è anche l'esempio opposto: le bacche del *Synsepalum dulcificum* non sono buone, ma dopo che le hai mangiate tutto è più dolce: un limone acerbo sembra un'arancia matura. Così gli animali mangiano la pianta, per dare un sapore migliore a quello che mangeranno dopo. Anche se è solo un'illusione.[3]

E lo fanno anche gli uomini. Magari è difficile trovare le bacche, ma le pastiglie si comprano su Internet. Ovviamente non sono una droga, si possono comprare liberamente. Basta scioglierle in bocca per cambiare il senso del gusto per un'oretta.

Noi ci abbiamo provato e non è una cosa che ti sballa, va bene per una lezione di chimica o per mangiarsi una torta dietetica e sentirla dolcissima.

COME ABBIAMO SCOPERTO LE DROGHE?

La strategia dei primi uomini era mangiare tutto quello che sembrava mangiabile e vomitare, se facevano in tempo, quello che non era buono. Secondo alcuni studiosi, il risultato di questa selezione naturale ci ha fatto diventare quello che siamo oggi e le droghe hanno avuto un ruolo fondamentale.

Queste teorie spiegano che **nella mente dell'uomo primitivo non c'è differenza tra cibo, spezia e droga. Crescono tutte sullo stesso albero.**[1]
In molte lingue primitive spesso si usano le stesse parole per dire sia mangiare che bere, che fumare.
L'uomo vive in un mondo pericoloso e sconosciuto. Nessuna difesa da intemperie, malattie inspiegabili, predatori carnivori sempre in agguato e altri uomini primitivi da cui difendersi. Non è facile.
Però scopre che **mangiando certe piante riduce l'ansia, la paura e il dolore fisico. Mangiandone altre ha meno fame e riceve anche una botta di energia. Con altre ancora cura le malattie,** prova piacere e si avvicina alle sue divinità.[2]

Sin dall'inizio, l'uomo vuole andare giù, diminuire cioè ansia e dolore. L'altro effetto molto ricercato è andare su, cioè aumentare attenzione, energia e movimento, qualità fondamentali per la caccia. Ma all'uomo primitivo piace anche andare fuori: aumentare e distorcere la sua capacità cognitiva. In pratica, vuole le stesse cose dell'uomo di oggi. Infatti le droghe si dividono ancora oggi in tre categorie: sedativi, stimolanti e psichedelici.

L'uso di sedativi e stimolanti ha un chiaro vantaggio evolutivo perché se da una parte consente all'uomo di controllare il dolore, dall'altra gli permette di cacciare meglio, aumentando così anche le riserve di cibo a disposizione della comunità.

Però è l'uso del terzo tipo di droghe, quelle psichedeliche, quelle che mandano fuori, che secondo alcune teorie ha migliorato la capacità di elaborare informazioni e ha fatto nascere linguaggio e religione.

Non sono cose da poco. Sono quelle che rendono l'uomo un animale diverso dagli altri animali.

LA MIA PRIMA VOLTA

Ricordo che dentro quella pallina di carta stagnola c'era della roba sbriciolata. Non era bianca, ma nemmeno marrone, una via di mezzo, simile all'ambra direi.

«Oh, Matteo, questa è buona, te lo dico io. L'abbiamo provata con i ragazzi ed eravamo fuorissimi...»

Pensai: «Ok, stavolta non mi tiro indietro».

Sono passati molti anni da quel giorno e ho dimenticato il nome di quel ragazzo. Ricordo però che, mentre preparava il tutto, lo guardavo con un misto di ammirazione e sospetto. Era più grande di me, cavolo, aveva 14 anni e andava già in motorino. In pratica era un semidio.

«Toh, fuma.»

Feci un tiro e attesi una manciata di secondi. Ne feci un altro, più profondo e mi concentrai. Sensazione strana... non mi sentivo trascinare da nessun gorgo sensoriale. Lo spazio attorno a me non si era affatto dilatato e non c'era nessun drago verde che volava nei dintorni.

«Ehh? Ehh? Forte, eh?»

Pensai che no, non lo era, ma che probabilmente dipendeva dal fatto che non ero capace. Tirai di nuovo. Più volte e a pieni polmoni. E dopo pochi minuti mi ritrovai per terra, con la mia guancia destra che assorbiva il piacevole fresco del pavimento di granito.

Sentivo una sensazione strana allo stomaco e ridevo... avevo fatto un qualcosa che i bambini non fanno, qualcosa di figo e lo avevo fatto assieme ai più grandi. Era una bella sensazione e poi, da quell'angolatura, la stanza era buffissima e sproporzionata.

Anche gli altri ridevano, ridevano forte e mi indicavano.

Forse la droga mi aveva cambiato il viso, forse mi era venuta un'espressione da matto sballato! Evidentemente sì, perché i ragazzi continuavano a guardarmi e a ridere... e di riflesso anch'io.

Su quel pavimento su cui ero sdraiato nacque la mia prima opinione in merito: era veramente una figata.
Poi, d'improvviso, quella parola: «Coglione».
Non c'entrava proprio nulla con lo spirito di quel momento, e c'entrò ancor meno quando me la ripeterono tutti, scompisciandosi dalle risate.
«Ah, ah, ah... sei un cazzo di coglione. Ah, ah... coglione! Sei proprio un coglione!»
Solo qualche giorno dopo uno di loro mi confessò che cosa realmente mi avevano dato da fumare.
Resina di pino.
L'avevano grattata con un coltellino da uno degli alberi su cui solitamente ci arrampicavamo per passare le domeniche di agosto. Mi fecero vedere anche il punto esatto.
Venni preso per il culo per circa un anno, fino a che non gli dimostrai di essere veramente un uomo facendo a pugni in classe.
Adesso, che di marijuana vera ne ho fumata, capisco perché non spacciano resina di pino.
Ventitré anni dopo ho realizzato un servizio su un tizio che sosteneva di spacciare, da anni, pastiglie contro il raffreddore. Le riduceva in polvere, andava in Corso Como, a Milano, e le rifilava ai fighetti del sabato sera.
Mi ha raccontato che nessuno, ma proprio nessuno, in due anni, era mai tornato da lui accusandolo di averlo fregato. Il sapore che rimaneva in gola era amarognolo e, dopo aver pippato, il naso tendeva a colare, proprio come con la cocaina. Per il resto ci pensava la loro mente bacata. Questa gente pagava quel mucchietto di paracetamolo a peso d'oro, anzi, molto di più! Novanta euro al grammo e per molti di loro, considerando che erano diventati suoi clienti fissi, erano soldi ben spesi.
La ciliegina sulla torta di questa storia è che se la polizia l'avesse beccato non poteva fargli nulla: spacciare pastiglie contro il raffreddore non è reato. Un genio.
Quello che io ho capito della droga è che ti condiziona la mente ancor prima di esserti entrata in circolo. Fa parte di un cliché che si ripete

generazione dopo generazione, un mezzo che, come altri, risponde a quell'impulso ancestrale che ti porta a metterti in punta di piedi per vedere cosa c'è oltre il muro della normalità.

Il punto è che tra dare una sbirciata e buttarsi dall'altra parte c'è una bella differenza.

Solo un matto può infilarsi un ago in un braccio. Solo uno sfigato può pippare cocaina e solo uno stupido può mettersi alla guida dopo aver fumato marijuana. Detto questo, solo un governo stolto può approvare una legge che, sostanzialmente, abolisce ogni distinzione tra droghe leggere, quali la cannabis, e droghe pesanti, quali eroina o cocaina.

E, omologando il livello di rischio, spinge le persone a usare quelle più "forti" che sono anche le più pericolose per la salute e la vita... perché chi le usa lo sa che *non* sono uguali.

Matteo Viviani

COME FUNZIONANO LE DROGHE?

Le droghe funzionano sul cervello. E il modo più semplice per immaginarlo è vederlo composto da due parti: il vecchio cervello e il nuovo cervello.

Quello vecchio è comune a tutti gli esseri viventi e svolge le funzioni di sopravvivenza base: regola battito cardiaco, respirazione, temperatura, movimenti muscolari e rilascio di ormoni.
Prova anche delle emozioni, quelle essenziali come rabbia, paura, fame, sete, lussuria, dolore e piacere.
Ed è in grado di ricordare cose semplici, ma fondamentali: questo frutto rosso è buono, questo odore cattivo significa non commestibile.
Funziona così: quando vedi un pericolo, il vecchio cervello registra la paura, innesca il desiderio di fuga, manda un messaggio alle gambe e inizi a scappare. Sono cose semplici, ma sono già sufficienti a condurre un'esistenza felice.

Il nuovo cervello, invece, avvolge il vecchio cervello e permette elaborazioni più complesse. Infatti non è uguale in tutti gli animali e più si sale nella scala evolutiva, più è grande e complesso. Quello dell'uomo, in proporzione, è il più grande di tutti.
Per rimanere sull'esempio di prima: dopo aver visto il pericolo, il vecchio cervello spinge a correre via. Quello nuovo è in grado di sviluppare una strategia diversa, a volte migliore.

Il vecchio cervello reagisce istantaneamente: è quattro volte più veloce del nuovo cervello. Che però è quello che ci permette di pensare, ricordare, creare, parlare e poi agire.

La droga agisce direttamente sul vecchio cervello e quindi il sollievo dal dolore e la ricerca di eccitazione e piacere sono impulsi molto potenti.[1]
Forze che il nuovo cervello, con i suoi ragionamenti logici, come "la droga fa male" o "costa troppo", non riesce a controllare.

QUESTIONE DI CERVELLO

Quando calpesti una scheggia, un segnale velocissimo parte dal piede e raggiunge il vecchio cervello, che ti fa sollevare la gamba. Ma non è finita qui.
Dentro il cervello, in ognuna delle sue parti, stanno avvenendo tantissime altre cose: una zona localizza l'area colpita, un'altra zona valuta l'intensità del danno, un'altra la causa che lo ha provocato e un'altra ancora elabora una strategia di azione.
Questi scambi avvengono lungo i nervi, con scariche elettriche che viaggiano a 400 chilometri all'ora e quindi tutto questo succede in una frazione di secondo. Però, **se il nostro sistema nervoso fosse solo elettrico, le droghe non avrebbero tanto effetto sul cervello.**
In realtà, il sistema nervoso è un po' elettrico e un po' chimico. La parte elettrica viaggia lungo i nervi, quella chimica tra un nervo e l'altro.
I nervi infatti non si toccano direttamente tra loro, ma presentano piccole sacche alle estremità. Tra la sacca terminale di un nervo e la sacca con cui inizia il nervo successivo c'è uno spazio sottilissimo, appena 0,000025 millimetri.
Quando il segnale elettrico del nervo arriva alla sacca, questa emette piccole molecole, piccoli messaggeri chimici, chiamati neurotrasmettitori. Questi galleggiano nello spazio infinitesimale tra i due nervi e prima o poi vengono agganciati dai recettori sulla sacca del nervo successivo.
È grazie a questo scambio chimico che il segnale elettrico riparte lungo il nervo. E così via, di nervo in nervo e di sacca in sacca.

Anche **le droghe agiscono in quello spazio microscopico. Influenzano gli scambi chimici,** simulano, ingannano o stravolgono i neurotrasmettitori prodotti dal corpo e i loro recettori sulle sacche.
Questo significa che non possono creare qualcosa di totalmente nuovo, cioè che **tutte le sensazioni che si provano usando le droghe sono la versione più potente e più veloce di sensazioni che l'uomo è già in grado di provare** normalmente, quotidianamente.[2]
Per esempio, un forte spavento produce una botta di adrenalina simile alla cocaina. Rimanere svegli a lungo può causare allucinazioni, attraverso la stessa chimica alterata dai funghi allucinogeni.
Anche la corsa prolungata rilascia nel cervello endocannabinoidi simili a quelli della marijuana, che non solo hanno gli stessi effetti euforici e rilassanti, ma danno anche tolleranza e dipendenza.[3]
Un corridore che si allena tanto non può smettere di farlo senza soffrirne. E chi corre tanto lo sa.

CHE EFFETTI HANNO LE DROGHE SUL CERVELLO?

Gli effetti delle droghe **cambiano da persona a persona, da sostanza a sostanza e da dose a dose.**
Volendo fare un discorso generale, ci sono alcuni meccanismi che sono simili per quasi tutte le droghe.[1]

IL PIACERE

La parte del cervello che controlla il piacere è il *Nucleus accumbens*. Viene identificato nel 1954 con un esperimento poi diventato storico: alcuni scienziati impiantano un elettrodo nel *Nucleus accumbens* di un topo e la cavia viene messa davanti a un interruttore con cui può dare una piccola scossa in quella parte del cervello, cioè stimolarla.
Il topo inizia a schiacciare il bottone e non smette più. Lo schiaccia fino a 5 mila volte all'ora, praticamente un clic al secondo. Di fila, senza smettere mai. Non mangia più, non beve più, non dorme più e continua a schiacciare il bottone.
Con gli umani lo stesso esperimento dà gli stessi risultati. Anche gli uomini vanno avanti a schiacciare e schiacciare il bottone. **Avendo la possibilità di stimolare direttamente il *Nucleus accumbens*, l'uomo decide di non fare altro. È il centro che regola il piacere** e le droghe che agiscono su questa parte del cervello causano un desiderio potente e incontrollabile.[2]

L'ESPERIENZA

Nel momento in cui nasciamo, ma anche prima, il cervello inizia a registrare le nostre esperienze, sotto forma di memorie.
Sono emozioni, sensazioni, colori, forme, suoni e odori. E tutto questo ricordare le esperienze passate serve per guidare le nostre azioni. Ma non è una cosa astratta. È molto, ma molto fisica.
Sembra strano a dirsi, ma i ricordi sono oggetti solidi, piccoli pezzi di proteina impiantati nel nostro cervello.
Immaginate un groviglio di rovi con i rami che all'inizio sono completamente lisci. Ogni volta che riceviamo uno stimolo, si forma una piccola spina, che infatti si chiama proprio spina dendritica.
In un cervello adulto, queste spine sono tantissime, più di 10 trilioni e si formano e riformano continuamente, ogni giorno ne cambiamo più del 20%.
Ovviamente una spina singola memorizza uno stimolo singolo. Da sola non significa molto, ce ne vuole un migliaio per formare il ricordo di un'esperienza. E ogni memoria è intrecciata e collegata, nel vero senso della parola, a molte altre memorie.

Più un ricordo è emotivo, più è forte, più la spina è grossa e più è collegata ad altre memorie. Un brutto incidente, una litigata coi genitori, la prima esperienza sessuale: nel nostro cervello sono tutti grovigli belli spinosi.
Anche le droghe possono suscitare memorie molto potenti. È raro che qualcuno si dimentichi la prima sigaretta, la prima sbronza o la prima iniezione di eroina. E infatti le spine che si formano quando si prende droga sono grosse e ben collegate ad altre che registrano quella stessa esperienza.[3]

La cosa si complica anche perché più un'azione è ripetuta, più il ricordo è forte: dalle tabelline agli esercizi di pianoforte, si sa che l'uso continuo rafforza la memoria. Con la droga è lo stesso: ogni volta che si usa,

il groviglio di memoria legato alla droga si rafforza.
Questo non vale solo per ricordi singoli, vale anche per alcuni ragionamenti e azioni, certe scorciatoie che regolano i nostri comportamenti come capire cosa ci fa stare bene, cosa ci dà sollievo dal dolore sia fisicamente che emotivamente. Più siamo stati premiati e abbiamo provato piacere in passato quando abbiamo compiuto una certa azione, più la ripeteremo quando ci troveremo in una situazione simile.
Però non c'è sempre la garanzia che il nostro cervello faccia la scelta migliore per tutto l'organismo, in alcuni casi fa quella che ci fa stare meglio nell'immediato, la più comune o la più facile.

L'ISOLAMENTO

Se c'è abbastanza spazio, l'isolamento **è la strategia scelta da tutti gli animali drogati. Pesci, piccioni, topi, tutti si allontanano dalla comunità.** A volte rimangono da soli, a volte invece gli animali drogati formano sottogruppi, rimanendo vicini tra loro, ma ignorandosi, anzi. Forse stanno vicini proprio perché in quel sottogruppo di simili è più facile essere ignorati e isolati.

La droga riduce le interazioni sociali, soprattutto perché non le facilita. Le capacità di combattere, corteggiare, accoppiarsi, costruire il nido, allevare i piccoli, difendere il territorio e sfuggire ai predatori sono molto compromesse.[4] Insomma, gli animali drogati non riescono a fare in modo efficace le cose che servono per sopravvivere.

Se non c'è abbastanza spazio e non riescono a isolarsi, il loro comportamento irrita la colonia.
Nei topi, il caracollare stordito o l'iperattività dei soggetti drogati sono spesso causa di combattimenti.
E anche nei pacifici pesci che nuotano tutti sincronizzati succede la stessa cosa. Gli esemplari drogati di solito si isolano e vengono ignorati.

Però se per mancanza di spazio nuotano insieme agli altri, il loro sbattere continuamente di qui e di lì impedisce il coordinamento di tutto il gruppo, che non riesce più a nuotare in modo efficace. E allora i pesci drogati vengono aggrediti e isolati con la forza.[5]

Quando, invece, è il gruppo intero di animali a essere sotto gli effetti della droga, il disinteresse di tutti per tutto è totale. E se viene introdotto un nuovo animale, questo può andarsene in giro indisturbato e con libero accesso al territorio e alle riserve di cibo.

CHE DROGHE CI SONO?

Ci sono tantissime droghe e tantissimi modi di classificarle. Forse il più giusto è dividerle in base ai motivi per cui vengono prese: andare giù, andare su e andare fuori.

Le sostanze per andare giù ***(vedi pag. 68)*****, per placare ansia e dolore, sono i sedativi.** La mamma di tutte le piante in questa categoria è il papavero, da cui si ricavano morfina, eroina, oppiacei e oppioidi in pastiglie e sciroppi. Poi ci sono l'alcol e i vari tipi di tranquillanti creati dall'uomo.

Le sostanze per andare su ***(vedi pag. 109)*** **sono gli stimolanti, le droghe più usate nel mondo.** Ce ne sono di tantissimi tipi diversi, ma arrivano principalmente da queste piante: coca, tabacco, caffè, tè, efedra, qat, betel nut e yohimbe.

Se gli eccitanti sono le droghe più diffuse e i sedativi quelle più antiche, **le droghe che ti mandano fuori** ***(vedi pag. 144)*** **sono le più numerose.**
A differenza delle altre due categorie, queste non provocano solo una botta che ti manda su o giù, ma alterano anche la percezione esterna e interna e provocano illusioni e allucinazioni.
Appartengono a questa categoria marijuana, funghetti magici, le centinaia di altre piante con effetti psichedelici e tutte le molecole create e modificate in laboratorio negli ultimi cento anni.

La marijuana è la sostanza illegale più diffusa, viene usata dal 75% dei consumatori di droga.

Se ti interessa solo quella, forse ti sei fatto troppe canne. È il momento di andare per ordine. Fai un bel respiro e parti dall'oppio. È la prima droga moderna. E ha una storia interessantissima. Che spiega abbastanza bene come siamo arrivati fino a questo punto.

QUALI SONO LE DROGHE CHE FANNO ANDARE GIÙ?

Oppio

L'oppio e i suoi derivati sono il più antico gruppo di droghe in questa categoria. Vengono usati soprattutto per alleviare il dolore, fermare la diarrea e calmare la tosse.
Tutto parte dalla resina bianchiccia e collosa del papavero che nei secoli l'uomo ha trattato in modi diversi per ottenere sostanze sempre più potenti ed efficaci. E funzionano davvero, perché il dolore esiste solo quando è il cervello a sentirlo.

FUNZIONA COSÌ

Quando il corpo viene danneggiato lo segnala al cervello attraverso il dolore, trasmesso lungo i nervi dall'elettricità. E tra un nervo e l'altro da un neurotrasmettitore chimico ben preciso, chiamato sostanza P. È questa la sostanza che ci fa provare dolore e serve a spingerci all'azione per evitare conseguenze peggiori.
Se appoggiamo la mano su una piastra rovente, il dolore ci farà alzare il braccio di scatto, evitando così di ustionarci del tutto.
E non finisce qui: anche se l'abbiamo già tolta, la mano continuerà a farci male perché il corpo vuole che ce ne prendiamo cura fino a quando è guarita ed è ritornata alle sue normali condizioni.

Nel cervello ci sono quindi zone che producono la sostanza P e altre zone che la ricevono e capiscono quanta ne sta circolando. Più ce n'è,

più il dolore è intenso. E viceversa: se qualcosa elimina la sostanza P, i segnali tra un nervo e l'altro rallentano e il dolore smette.
Quando il danno è troppo grave e il dolore troppo forte, il corpo stesso elimina la sostanza P, bloccando la sensazione di dolore che ha appena creato. Per esempio, vittime di ferite molto gravi non provano niente nei secondi prima di perdere conoscenza. È merito della botta di endorfine che il cervello spruzza per azzittire la sostanza P e tutti i segnali che causano uno shock troppo doloroso.

Ecco: in questo meccanismo biologico, che funziona da milioni di anni, una droga come l'oppio si inserisce perfettamente. Perché agisce proprio come le sostanze già prodotte dal corpo per bloccare il dolore intenso: limita la produzione della sostanza P e blocca i recettori che, non ricevendola più, non sentono il dolore.
L'oppio e i suoi derivati hanno anche un effetto depressivo su tutto l'organismo: abbassano la pressione sanguigna, rallentano i battiti cardiaci, la respirazione e i movimenti, ritardano il ciclo mestruale, diminuiscono il testosterone e il desiderio sessuale.
Potenza ed effetti variano tantissimo in base alla sostanza usata, alla dose e al metodo con cui viene inserita nel corpo. Da una lieve euforia alla sedazione, fino a veri e propri viaggi extracorporei.
Quelli che sono sopravvissuti a incidenti terribili, quando il cervello viene inondato da sostanze che lui stesso produce per bloccare il dolore, descrivono la sensazione di galleggiare sopra il proprio corpo e vederlo da fuori. Sono storie molto simili a quelle che racconta chi usa potenti droghe sedative. Anche in questo caso la sensazione più comune è quella di galleggiare fuori dal proprio corpo.[1]

UNA CURA CHE NON CURA

L'oppio è da sempre usato anche come rimedio contro la tosse, ma non la cura per niente, nemmeno un po'.

In realtà quello che fa è spegnere il centro della tosse nel cervello, quello che segnala un'irritazione nel tratto respiratorio. Non sentendo più quel segnale smettiamo di tossire e dare grattini con la gola, ma ovviamente non siamo guariti.
Anche il suo effetto sulla diarrea non è curativo. Viene usato come rimedio da migliaia di anni perché anche in questo caso agisce su aree del cervello che bloccano le secrezioni gastriche e rallentano l'attività dei muscoli intestinali. Addormentando l'intestino, si crea costipazione e si blocca la diarrea.

DAL PAPAVERO AL CERVELLO

L'oppio si raccoglie dal *Papaver somniferum*, una pianticella alta 90-150 centimetri con fiori bianchi, rossi o viola. Quando i quattro petali cadono, la base del fiore inizia a gonfiarsi fino a diventare un baccello verde-grigio scuro grande circa 5 centimetri. Al suo interno ci sono i semi e una sostanza lattiginosa che serve a difenderli dagli insetti.
È una pianta generosa: in ogni baccello ci sono circa 30 mila semi che, se mangiati crudi, sono ricchi di sostanze nutrienti, ma vengono anche schiacciati per fare l'olio o polverizzati in farina per fare tortine o zuppette. Ma ovviamente, **da sempre, l'uso principale del papavero è ricavarne l'oppio.**

La raccolta si fa ancora oggi con una tecnica perfezionata dai Romani. Due settimane dopo che i petali sono caduti, le piante vengono esaminate. Se il baccello è gonfio e le punte sono alzate come una corona, si procede con la raccolta.
Scegliere il momento giusto è fondamentale: il liquido viene prodotto in un periodo di circa dieci giorni e contiene una ventina di sostanze alcaloidi conosciute. Le più importanti sono morfina (15% del liquido) e codeina (2% del liquido) e la loro intensità raggiunge un picco che rimane alto per un solo giorno. Azzeccarlo può fare la differenza tra un

buon raccolto e uno normale.
Il baccello viene inciso con un coltellino che ha tre piccole lame. Si fanno così tanti piccoli taglietti verticali, paralleli, tutto intorno al baccello, non troppo profondi, non troppo superficiali.
L'oppio, liquido e biancastro, inizia a colare dai tagli e a formare una gomma appiccicosa e marroncina. Si lascia riposare durante la notte e la mattina dopo, quando si è un po' indurita, si gratta via con un altro coltellino e si asciuga al sole per formare una pallina morbida, di color marrone.
Il lattice e le sue sostanze chimiche servono a proteggere i semi. Infatti uccelli e topi cercano di mangiarli prima che il baccello si gonfi.

Gli animali più piccoli, come gli insetti, evitano il papavero. C'è però un'eccezione: il tonchio, un parassita così ghiotto di questa pianta che il Dipartimento antidroga americano (DEA) lo libera sulle piantagioni illegali per distruggerle.[2]

LA PRIMA DROGA DI SUCCESSO

"Oppio" viene dal greco *Opos*, che vuol dire "succo". Infatti all'inizio e per migliaia di anni è stato masticato e mangiato, oppure sciolto in vari liquidi e bevuto. Non c'era la possibilità di prenderne troppo, perché ha un sapore amaro, sgradevole e una bassa concentrazione di ingredienti attivi che vengono in parte metabolizzati dal corpo. Una volta ingerito, arriva al cervello in 20-30 minuti.

L'oppio viene usato già 12 mila anni fa per calmare i bambini e tenere tranquilli i malati di mente. Ma ben presto le sue capacità di sopprimere dolore, tosse e diarrea e le sue proprietà tranquillanti ed euforiche lo rendono una pianta indispensabile.
Insieme all'orzo e al grano è una delle coltivazioni principali delle prime società umane.

Egizi, Greci e Romani lo usano e sanno già che crea dipendenza.
Ippocrate, il padre della medicina, lo prescrive per conciliare il sonno e sedare i pazienti durante le operazioni.
Plinio lo consiglia agli infermi e agli anziani per porre fine alle loro sofferenze. Annibale si uccide con l'oppio. E anche quando Socrate si suicida, non beve solo cicuta, ci aggiunge oppio per sopportare il dolore dell'avvelenamento. Agrippina lo usa per avvelenare Britannicus, il figlio di Claudio, e fare ereditare così l'impero a Nerone.
Insomma, come aveva capito già allora Pedanius Dioscorides, l'oppio a differenti dosi ha differenti effetti. Galeno, il più famoso medico romano, elenca tutti gli usi per cui è consigliato: avvelenamenti e morsi velenosi, mal di testa cronico, vertigini, sordità, epilessia, diminuzione della vista, perdita della voce, asma, tosse di tutti i tipi, mancanza di fiato, coliche, itterizia, problemi urinari, febbre, dolori mestruali, melanconia e altri disturbi dell'umore.
Era una medicina così diffusa che, **nel 300 dopo Cristo, solo a Roma c'erano ottocento negozi che vendevano l'oppio e i suoi preparati.** Le tasse su questa droga costituivano il 15% degli incassi totali ricavati dalle imposte. Una percentuale altissima.[3]

Dopo il crollo dell'Impero romano, l'oppio viene usato molto meno fino a che, nel '500, il chimico svizzero Paracelso torna dai suoi viaggi in Oriente con la ricetta del laudano: oppio, alcol, succo di stramonio, polvere di perla, corallo, ambra, muschio, spezie e oli essenziali.
In pratica è un "superalcolico", con un po' d'oppio e altri ingredienti per migliorarne il sapore e potenziarne l'effetto. È una cura per tutto, una droga che toglie il dolore e ti fa sentire euforico.
Paracelso diventa famoso grazie a questo mix di droghe e il suo nome è conosciuto ancora oggi. Però non diventa ricco. I soldi veri li fa un suo collega: Thomas Sydenham, un altro dottore, conosciuto ai suoi tempi come lo Shakespeare della medicina.

L'idea di Sydenham è molto semplice, al limite del furto. Mentre Paracelso

variava la sua ricetta in base al paziente, aggiungendo ingredienti anche stravaganti, lui semplifica tutto: 50 grammi di oppio sciolto in mezzo litro di vino rosso o porto, 20 grammi di zafferano, 4 grammi di chiodi di garofano e 4 grammi di polvere di cannella. Mescolare bene e lasciare evaporare per tre giorni. Tutto qui.
È un passaggio fondamentale perché **per la prima volta la droga viene fatta in serie. È un prodotto forte, concentrato, economico e di facile consumo. Perfetto per il mercato di massa.** Una droga che non ha più bisogno di essere prescritta, venduta e somministrata dal medico.
E così, per due secoli, il bottiglione di questo medicinale è esposto bene in vista nelle farmacie di tutto il mondo. Va a ruba per ogni malanno come coliche, tosse, diarrea e mal di denti, ma è soprattutto un sedativo per i mali moderni che iniziano a nascere con la Rivoluzione industriale.

Il laudano ha un incredibile successo e gente di ogni classe sociale lo usa e ne abusa. Per esempio, lo fanno scrittori come Samuel Coleridge, Charles Baudelaire, Lord Byron, John Keats, Thomas De Quincey, Edgar Allan Poe. Ma sono le donne a consumare la maggior parte dell'oppio, perché viene loro prescritto contro menopausa, anemia, angina, depressione ed esaurimento.
L'oppio è perfetto anche per tenere calmi i bambini di giorno, quando vengono lasciati con qualche sorella più grande, e per farli dormire di sera, quando le madri devono riposare per poi tornare il giorno dopo in fabbrica a lavorare.
Gli sciroppi, però, non sempre sono preparati e somministrati in modo uniforme e questo li rende pericolosi, soprattutto per i bambini, che passano facilmente dal sonno alla morte.

È Thomas Dover, un ex pirata diventato medico, che dalle sue scorribande nel nuovo mondo trova il modo di risolvere il problema.
Dover ha un'intuizione geniale: polverizzare l'oppio, mescolarlo con la liquirizia per renderlo più buono e aggiungere l'ipecacuana, una pianta

sudamericana che provoca il vomito. In questo modo, se qualcuno ne prende troppo, rigetta ed evita così l'overdose.
Mentre il laudano era venduto solo in farmacia, la polvere in scatola di Dover, già pronta per l'uso privato, si trova sugli scaffali di qualsiasi negozio, anche il più sperduto nel mondo.[4]
Sydenham e Dover sono i marchi più famosi, ma nell'800 ci sono ormai centinaia di tonici e medicine a base di oppio: pillole, cristalli, polveri, sciroppi per bambini, vini, oli e anche clisteri.

ARRIVA IL FUMO

Fino alla scoperta dell'America, nessuno in Europa aveva mai fumato niente. Gli Indiani invece non avevano la ruota, non avevano la polvere da sparo, non avevano l'alcol. Però fumavano.
Con la scoperta dell'America, l'Occidente scopre anche il tabacco e la pipa usati dagli indigeni. Il tabacco ha una storia a sé, ma la pipa viene subito impiegata per fumare qualsiasi cosa sia fumabile, tra cui l'oppio.
Fumare una droga permette di prenderne di più, evitando il cattivo sapore e la possibilità di vomitarla. Ma soprattutto ne intensifica l'effetto.
La botta di oppio produce un senso di euforia, rilassamento e benessere maggiore e ne incoraggia l'abuso. Inizia a diffondersi l'uso ricreativo.
In realtà non viene fumato col tabacco, ma vaporizzato delicatamente. Una piccola pallina di oppio, scaldata nell'acqua, diventa una pastella appiccicosa, viene infilzata con uno spillo e scaldata leggermente. Il fumo si respira in un solo, lungo tiro.

LA PRIMA GUERRA PER LA DROGA

Per capire come le droghe abbiano influenzato il destino e la fortuna delle nazioni e trasformato il mondo così come lo conosciamo, possiamo considerare la prima guerra per la droga, quella tra Inghilterra e Cina.
Nel 1600 i commercianti olandesi portano il tè in Europa e all'inizio è

un medicinale raccomandato dai dottori come un tonico per il fegato e i reni: consigliano di berne tanto, anche cento tazze al giorno.

Il tè diventa popolare soprattutto tra gli Inglesi, che lo importano direttamente dalla Cina e lo usano come stimolante sia a colazione sia nell'arco della giornata.
I consumi esplodono: le importazioni passano in cinquant'anni da 100 a 500 mila chili. Il boom porta anche al mercato nero. A Londra, metà del tè in commercio è falso o tagliato con prugnola e biancospino e colorato con sostanze tossiche come blu di Prussia e verderame. Sin dall'inizio del commercio i trafficanti di droga non si sono mai fatti troppi scrupoli per la salute dei consumatori. Allora come oggi, non è cambiato un granché e le droghe vengono tagliate con qualsiasi sostanza, senza troppo curarsi delle conseguenze.

La dipendenza degli Inglesi dal tè da una parte arricchisce la regina perché ci sono tasse altissime sull'importazione, ma dall'altra la impoverisce perché i Cinesi vendono il tè solo in cambio di argento, che esce dalle casse del regno a tonnellate per finire in Cina.

Anche l'oppio è pagato in argento e così gli Inglesi decidono di buttarsi in quel business. E fanno le cose in grande: organizzano piantagioni di papavero nelle loro colonie in India e le trasformano in enormi fattorie modello, con un sistema avanzato di coltivazione e raccolto.
Affidano la distribuzione dell'oppio a ditte private che hanno una sede a Londra e una copertura in Cina. I più famosi sono Jardine & Matheson, che vanno avanti e indietro con la scusa di vendere bibbie.[5]
Le loro barche sono famose nel mondo perché sono velocissime. Un po' come i motoscafi dei narcotrafficanti di oggi.
L'oppio inglese invade il mercato cinese passando da 13 a mille tonnellate. In pochi anni, tutto l'argento che esce dall'Inghilterra per colpa del tè rientra moltiplicato con il traffico dell'oppio. **C'è un solo problema: l'oppio in Cina è illegale.**

L'imperatore all'inizio tollera il traffico, ma quando gli Inglesi cercano di corrompere funzionari governativi, nomina il commissario speciale Lin Zexu, che falcia un po' di teste di funzionari corrotti, arresta i trafficanti e sequestra 700 tonnellate di oppio inglese. È una quantità enorme. Quasi un anno di lavoro.

Il commissario speciale cosparge l'oppio con sale e limone e lo butta nel porto per renderlo inutilizzabile. Poi scrive una bellissima lettera alla regina Vittoria in cui spiega come l'oppio sia un veleno per il suo popolo e le chiede di interrompere il traffico.

In risposta, la regina manda una flotta che rade al suolo il porto a cannonate. **Inizia così la guerra per il libero commercio, come la chiamano gli inglesi, o guerra dell'oppio, come la chiamano tutti gli altri.**

Dura solo due anni e nel 1842 i Cinesi si arrendono, cedono l'Isola di Hong Kong agli Inglesi e liberalizzano il commercio di oppio che diventa diffusissimo in ogni strato sociale.

Un Cinese su tre diventa consumatore abituale. È una droga per ogni occasione: dai riti sofisticati dei nobili alle fumerie d'oppio di massa, in cui si stordiscono i poveri.

E da allora nonostante fosse usato da migliaia di anni in tutto il mondo, l'oppio nell'immaginario collettivo è legato alla Cina, che con questa sconfitta si riduce a una semicolonia inglese.

L'Inghilterra, invece, che ha il monopolio della produzione di oppio in India e ha aperto con la forza l'enorme mercato cinese, prende il vantaggio sui rivali Portoghesi e Spagnoli e diventa la nazione più potente del mondo. Anche grazie all'oppio.

ARRIVA IL DROGATO

È in questi anni che si crea l'immagine del drogato come la conosciamo oggi. La dobbiamo al pupillo di Coleridge, il giovane De Quincey, anche lui scrittore e anche lui dipendente prima dal laudano e poi da

massicce dosi di oppio in granuli.
Nel 1821 De Quincey pubblica a puntate sul *London Magazine*, un giornale dell'epoca, le sue *Confessioni di un mangiatore d'oppio*. È un caso editoriale e un successo di pubblico straordinario. Le *Confessioni* vengono subito raccolte in un libro tradotto in molti Paesi. E aprono gli occhi anche alla comunità scientifica, che continua a prescrivere l'oppio come rimedio per tutto, senza particolare attenzione alle conseguenze del suo uso prolungato.

L'immagine del drogato creata da De Quincey arriva fino a oggi. **È il primo che racconta nei dettagli il modo in cui la droga si insinua nel corpo e nella mente** attraverso i meccanismi del desiderio, della tolleranza, della dipendenza e dell'astinenza. Spiega come la droga, che inizialmente dava sollievo, diventa causa di dolori atroci. Come da cura, diventa lei stessa una malattia.

LE PRIME RICERCHE

Se c'è una cosa comune a tutte le droghe moderne è l'entusiasmo con cui vengono accolte all'inizio.
La storia della droga è piena di sviste, errori grossolani, superficialità e spregiudicati interessi economici che ne hanno imposto il consumo nella nostra società.

Le farmacie dell'800 vendevano liberamente e abbondantemente tutte quelle sostanze che cento anni dopo sarebbero diventate droghe illegali: preparati alla cannabis per insonnia e mal di testa, rimedi a base di oppio e cocaina per ogni tipo di disturbo.

Quando l'oppio si diffonde come rimedio da banco, nessuno compie seri studi scientifici. Il primo a farlo è il medico francese Pierre-Alexandre Charvet che nel 1826 pubblica ***Proposition sur l'action de l'opium***

***chez l'homme et les animaux,* un testo in cui racconta gli effetti di questa droga sugli animali.** È il primissimo libro di psicofarmacologia sperimentale moderna e anche il primissimo libro che analizza gli effetti della droga sugli animali.

Gli esperimenti di Charvet dimostrano che l'oppio produce gli stessi effetti che causa nell'uomo: rilassamento, sedazione, paralisi e morte. È il primo a scoprire i vari fattori da cui dipende l'intossicazione, come il metodo di somministrazione, la storia passata dell'individuo e la tolleranza per la droga.[6]
Scoperte importanti perché dimostrano ai contemporanei che l'oppio non è una cura per tutti i mali, come veniva proposto dalle case farmaceutiche di allora.

I test sugli animali chiariscono due aspetti delle droghe fino a quel momento sottovalutati. Uno: le crisi di astinenza negli animali, che si manifestano con ululati, contorsioni, vomito, debolezza muscolare, perdita di peso, stress respiratorio e insonnia. Due: il desiderio spontaneo per la droga. Dopo le prime iniezioni, che devono essere fatte con la forza perché l'animale morde e graffia, le successive sono più facili, anzi. È sempre lui che torna volontariamente nei luoghi in cui ha ricevuto l'iniezione.
I piccioni aprono le ali eccitati e bisticciano su chi deve essere il primo a farsi di oppio. Animali più evoluti, invece, come cani e gatti, vanno verso il dottore affettuosi e gli saltano in braccio, leccandogli la mano in attesa della nuova dose. Per la prima volta si dimostra che **il rapporto con la droga non riguarda solo il consumatore e la sostanza, ma coinvolge emotivamente sia altre persone sia strumenti** (come siringhe e aghi) oppure luoghi associati all'esperienza.[7]

ARRIVA LA LEGGE

L'oppio è quindi la prima droga a diffondersi nelle farmacie di tutto il mondo, ma anche la prima droga a diventare illegale. È tutto merito dei Cinesi.
I missionari cristiani, che al tempo sono la fonte principale delle informazioni che arrivano dalla Cina, raccontano che l'oppio ha conquistato la nazione. L'élite lo usa in modo ricreativo, i poveri per sopportare la fame e la miseria e gli anziani per tenere duro e accompagnarsi alla morte. Agli occhi dei missionari, i Cinesi sono in preda alla febbre dell'oppio. Le piantagioni di papaveri occupano terreni in cui i contadini muoiono di fame e migliaia di ex lavoratori passano le giornate a fumare e si riducono come zombie.

Siccome sono gli Europei a vendere la maggior parte della droga, è proprio in Europa che **alla fine dell'800 nascono le prime associazioni che per motivi etici e medici vogliono sopprimere il commercio di oppio.**
La campagna contro la droga si alimenta anche di istinti meno nobili. È in quel momento infatti che iniziano a nascere nei porti e nei bassifondi d'Europa le prime comunità cinesi. E il popolo è diffidente.

Da Charles Dickens a Jack London, da Fu Manchu e le sue decine di imitazioni a Ming di *Flash Gordon*, la letteratura e i giornali sono pieni di riferimenti a pericolosi criminali gialli che nei romanzi pulp drogano le donne bianche e le riducono in prostitute e in quelli di fantascienza come minimo vogliono distruggere il mondo.
Anche in America, infatti, si pone lo stesso problema. Decine di migliaia di lavoratori cinesi sono state portate lì per costruire le ferrovie e scavare nelle miniere d'oro e di rame. Ora che hanno finito i lavori, sono concorrenti a buon mercato dei lavoratori bianchi americani.
Il risentimento razziale cresce e viene alimentato dai molti giornali

controllati dal miliardario William Randolph Hearst, che inizia una campagna diffamatoria basata sul pericolo giallo.
La droga è rappresentata come una scimmia gigante che divora manciate di uomini e donne indifesi oppure come un serpente che con le sue spirali avvolge e stritola gente, palazzi e città intere.[8]

È in questo clima di paura che **nel 1875 viene introdotta la prima legge contro il consumo di oppio nelle fumerie, proprio a San Francisco,** dove i Cinesi, che avevano costruito le ferrovie, abitano a quel tempo la chinatown più grande nel mondo occidentale. Nella stessa città, che un secolo dopo sarà la culla della rivoluzione psichedelica, nasce il proibizionismo. E da lì si diffonde in America ed Europa.

Se in Occidente si vieta l'oppio per il pericolo giallo, in Oriente succede la stessa cosa ma per motivi opposti, perché l'oppio viene identificato con l'uomo bianco che l'ha venduto per anni e ha avvelenato la nazione.
Nel 1900 la Cina, anzi, la Repubblica Cinese, com'era appena diventata, taglia i legami con tutti i simboli del passato: capelli corti al posto di codini, pantaloni al posto di vestiti lunghi e sigarette al posto dell'oppio.

LE PRIME INVENZIONI SCIENTIFICHE

All'inizio dell'800 Friedrich Sertürner, un apprendista farmacista tedesco, inizia una serie di esperimenti che cambiano per sempre la storia della droga. Per alcuni anni cerca di ridurre l'oppio alla sua componente principale, producendo sostanze che prova su stesso e su altri.

Dopo quindici anni di esperimenti, isola un composto in forma di cristalli chiari. Li scioglie in un bicchiere d'acqua, beve e perde conoscenza per molte ore. **Chiama la sostanza "Morfina", da Morfeo, il dio greco del sonno.**
È un momento storico: per la prima volta una pianta non viene usata

come essenza o miscuglio, ma dà vita a una sostanza nuova. Racchiusa in un cristallo, la forma migliore sia per isolare il composto attivo sia per conservarlo, perché riduce contaminazioni da altre sostanze.

La morfina non dipende dalla qualità del raccolto e quindi per la prima volta si possono somministrare dosi esatte. **È dieci volte più potente dell'oppio e quindi più efficace come antidolorifico. E ne serve meno. All'inizio viene venduta in pastiglie, supposte o boccettine da bere.** I profitti di questa rivoluzionaria medicina sono altissimi e hanno creato la fortuna delle compagnie farmaceutiche del tempo, che sono poi le stesse di oggi.

Ma è **proprio in quegli anni che si diffonde l'uso di un'altra invenzione scientifica che cambia la faccia della droga per sempre: la siringa.**

Finché le droghe venivano ingerite, infatti, il tempo di attesa, le difese del corpo, la possibilità di espellerle, eccetera ne limitavano gli effetti e la possibilità di abuso.

Iniettarle direttamente nel sangue, invece, ne potenzia terribilmente l'effetto e sviluppa più dipendenza fisica. È la siringa a spingere le droghe nell'era moderna.

I primi tentativi di introdurre sostanze nel corpo vengono fatti con una penna d'oca appuntita, attaccata a una vescichetta riempita di liquido. Poi, a metà '800, si sviluppa la siringa come la conosciamo adesso, ma è di vetro e iniettarsi la droga all'inizio è solo una cosa per i ricchi, gli unici che possono permettersi di comprare siringhe tanto costose e delicate. Solo con l'invenzione della plastica e delle siringhe usa e getta, bucarsi diventerà una cosa per tutte le tasche e per tutte classi. E trasformerà i derivati dell'oppio come l'eroina, in veri e propri flagelli sociali.

Messe insieme, siringa e morfina sono una combinazione terribile per la società dell'epoca. I primi morfinomani sono quelli che hanno libero accesso alla sostanza e agli strumenti: medici, infermieri e i loro compagni. Lo stesso Alexander Wood (che ha inventato la siringa) e sua moglie diventano dipendenti.

E il mercato si espande. La morfina viene subito usata nella guerra di Crimea, che fa quasi un milione di morti e milioni di feriti tra Russia ed Europa, ma è usata soprattutto nella guerra civile americana.
Come scoprono presto i soldati feriti in battaglia, la botta di morfina iniettata nel corpo durante le cure mediche crea assuefazione e dipendenza. E così decine di migliaia di reduci, usciti dagli ospedali, diventano morfinomani.

ARRIVA L'EROINA

Dopo laudano e morfina, **gli scienziati di quegli anni continuano a lavorare l'oppio per estrarne una sostanza ancora più concentrata e potente.** L'idea di fondo è che se tratti l'oppio, eliminando tutto quello che c'è dentro, tranne quello che ti toglie il dolore, elimini anche i problemi di dipendenza. L'obiettivo è trovare una sostanza abbastanza forte, ma completamente sana.
Il dottor Charles R. A. Wright, in un ospedale di Londra, altera la morfina in diacetilmorfina, una sostanza che penetra meglio la barriera grassa del cervello e ha un effetto cinque volte più forte. Però non ne è convinto: è una droga fortissima, ma non risolve il problema della tolleranza e della dipendenza.

Nel 1897 anche Heinrich Dreser, il capo farmacologo alla Bayer, si trova sul tavolo questo nuovo composto a base di morfina, ma molto più potente. Dreser non è uno sprovveduto, anzi, è uno dei primi della sua epoca a testare i nuovi farmaci sugli animali.
È così bravo come chimico da non avere uno stipendio fisso e da essere pagato in percentuale sui profitti delle medicine che inventa. Più vengono vendute, più lui guadagna.[9]

E a lui, questa nuova, potente sostanza lo convince molto. Sono i commenti stessi degli operai, su cui la sperimenta, a suggerirgli il nome. Dicono di sentirsi più eroici. E lui chiama questo nuovo prodotto "Eroina". Quindi **"eroina" non è un nome scientifico, ma è il nome di un prodotto di marketing che poi è diventato di uso comune.**

Ancora una volta l'uomo occidentale si butta a testa bassa su una sostanza appena inventata. L'eroina, in pochissimi anni, diventa un successo planetario, esportato dalla Bayer in ventitré Paesi nel mondo.
È una fantastica cura contro la tosse. Disponibile in tutte le forme: pastiglie, sciroppi, sali solubili in acqua, elisir.
L'eroina viene prescritta e venduta anche come sostituto sano e sicuro della morfina, per curarne la dipendenza. E la cosa assurda è che almeno all'inizio la cura funziona davvero, perché il morfinomane smette volentieri con la vecchia sostanza per dedicarsi a questa nuova, ancora più potente. Però ovviamente non sta guarendo, peggiora solo la sua condizione, da morfinomane a eroinomane.

Il mondo ci mette più di dieci anni a capire il disastro e ammettere che l'eroina è più pericolosa della morfina. Nel 1913 la Bayer smette di produrla, ma nel frattempo Dreser ha sviluppato anche l'aspirina, con cui la Bayer occupa subito la maggior parte del mercato delle pastiglie per il mal di testa, coperto fino a quel momento dagli oppiacei.
E per inciso: anche l'aspirina è solo la versione chimica di una sostanza naturale che c'è nella corteccia del salice, l'acido acetilsalicilico.
Copiando gli animali, che mangiavano la corteccia quando stavano male, l'uomo ne aveva scoperto gli effetti benefici già migliaia di anni fa. I Sumeri, gli Egiziani e gli Indiani d'America usavano infatti infusi di corteccia per alleviare dolori muscolari, reumatismi, mal di testa e per abbassare la febbre.
La Bayer non ha fatto altro che isolare il composto e metterlo sul mercato, inventando un farmaco che ancora oggi è il più venduto del suo catalogo.

Dreser, con i diritti sulle prime vendite di eroina e aspirina, diventa ricchissimo e si ritira a vita privata. Si dice che anche lui sia diventato dipendente dall'eroina.

L'EROINA E LA PAURA

Le droghe sono tante e diverse, con effetti più o meno devastanti per il fisico, ma ce n'è una fra tutte che mi terrorizza, che mi blocca, mi paralizza. Ancora oggi.

Si chiama eroina. E con il passare degli anni ho capito anche perché mi impaurisce tanto.

Quando ero piccolina, negli Anni '80, c'era stato un vero e proprio boom dei tossici da buco.

Chi non ha vissuto quegli anni difficilmente comprende la portata del fenomeno. I parchi giochi erano invasi da un'infinità di siringhe buttate nell'erba, conficcate nei tronchi degli alberi e ancora sporche di sangue. Già solo a scriverne mi viene caldo allo stomaco, perché da piccola era diventata una vera ossessione. A scuola le maestre e a casa i genitori non facevano altro che ripeterci di non toccare le siringhe, non prenderle in mano, stare lontano dai ragazzi che si bucavano. Quei poveri ragazzi che, forse senza rendersene conto, stavano entrando nel periodo più buio della loro esistenza. E ai tempi se ne vedevano davvero tanti. Si mettevano dietro ai muretti a scaldare nel cucchiaino la loro dose di eroina, con quei siringhini corti e sottili se la iniettavano nelle braccia, nei piedi, nelle gambe, nel collo, dove trovavano una vena ancora disponibile.

Ne ho visti tanti da piccola di questi ragazzi, che si trascinavano per le strade, con gli occhi persi nel vuoto e la grattarola... quanto si grattavano, con il senno di poi credo dipenda dal fegato. Ai tempi non si sapeva esattamente quali fossero le conseguenze sul fisico, che creasse tanta dipendenza, che con lo scambio di siringhe si potesse trasmettere l'HIV.

Sono tante le immagini che ho in mente di quel periodo e di questa droga, ma una più di tutte è significativa. La prima volta in cui davvero mi sono resa conto quanto fosse devastante, la prima volta in cui l'ho vista da vicino. Avevo 10 anni e mia madre mi aveva accompagnata a casa di una compagna di classe da cui andavo spesso a fare i compiti e che abitava vicino al centro storico di Brescia. Noi si arrivava direttamente in macchina, facevamo un piccolo tratto a piedi e per far prima si poteva passare da quella che tutti chiamavano "la montagnola", una specie di collinetta dove c'erano dei giardini pubblici.

Mia madre non passava mai di là, e anzi, mi raccomandava di non farlo, per nessuna ragione al mondo, anche se la strada era più breve. Beh, quel giorno non avevo voglia di fare il giro largo e allora salii per il viale in ghiaietto con la testa china, presa dai miei pensieri da bimba, e arrivata davanti a una fontanella mi ritrovai in mezzo a una quindicina di persone, accalcate per prendere l'acqua. Misi a fuoco le facce: sembravano anziani, avevano la faccia rovinata, scavata dalle rughe, senza denti. Ma non erano vecchi, erano i famosi "tossici", tutti con la loro siringa in mano: chi la stava pulendo, chi stava preparando la dose, chi se la sparava nel braccio. Sentii le vertigini: ero finita dentro a una compagnia di eroinomani di vecchia data, veterani, che si ritrovavano lì per farsi tutti insieme. Non erano affatto minacciosi: mi guardavano, senza volermi fare del male; mi osservavano semplicemente perché ero fuori luogo.

Cosa ci faceva lì una bimba?

Iniziai a correre, terrorizzata, con impressa nella testa l'immagine di quella miseria, quelle facce, quella disperazione difficile da comprendere fino a quando non te la trovi davanti.

Nadia Toffa

LA DROGA CHE UCCIDE

L'eroina provoca durissime crisi di astinenza, quando il corpo cerca di ritornare alla normalità troppo velocemente. Crisi che possono durare settimane: dolore di stomaco, crampi, gambe che scalciano, insonnia, vomito, sudore e delirio. Durante queste crisi **la gente fa cose assurde, tipo impiccarsi o iniettarsi la propria urina nella speranza che ci sia ancora dentro qualche traccia di eroina.**

L'uso cronico di eroina riduce anche l'abilità del corpo di produrre dopamina, il neurotrasmettitore che ci fa sentire bene. In questo modo il drogato è incapace di provare piacere. Questa sensazione di disagio e inutilità aumenta ulteriormente il desiderio di usare ancora la droga. La dipendenza dei tessuti si amplifica ogni volta che la droga viene tolta al corpo per qualche giorno e poi somministrata ancora. In pratica, ogni volta che un eroinomane smette di drogarsi per un po' di tempo e poi ci ricade non solo indebolisce la sua forza di volontà ma, a tutti gli effetti, fisicamente, aumenta la sua dipendenza.

Anche **il fatto di poterla iniettare rende l'eroina una droga molto pericolosa.** All'inizio tutti cominciano con le vene dell'incavo del braccio, che sono le più esposte e facili da trovare. Ma poi, l'uso eccessivo le fa collassare e le distrugge e così si passa a quelle di piedi, gambe, collo, fino a quelle del pene.

Iniettarsi è anche il modo più facile per andare in overdose. Anche perché dentro l'eroina non c'è solo eroina. Chi commercia la droga ha interesse a fare il massimo profitto, quindi l'eroina pura viene mischiata con altre polverine prima di essere venduta. È un processo artigianale, che varia da partita a partita e molte volte è frutto di tagli diversi fatti in momenti diversi della catena di distribuzione.

Di solito si usano sostanze inerti come amido, destrosio, lattosio, talco, bicarbonato, acido borico. Oppure altre che hanno un sapore amarognolo, simile a quello dell'eroina, come aspirina, caffeina, procaina, lidocaina, chinina o stricnina.[10]

Ed è per questo motivo che si va in overdose. Non sono tanto le sostanze con cui è tagliata che sono pericolose, è il fatto che, proprio a causa dei tagli, non si sa mai con certezza la quantità di eroina che ci si sta iniettando davvero.

Le analisi della droga di strada hanno trovato valori diversissimi tra loro, con una purezza che varia dal 2% al 90%.

È una differenza troppo grande. Come se uno ordina una tazzina di caffè espresso e solo dopo averlo bevuto, scopre che è forte come 45 tazzine di caffè.

È facile rischiare l'overdose e due eroinomani su cento muoiono in questo modo ogni anno.

L'OVERDOSE

Quando si va in overdose, la respirazione rallenta e diventa lieve e irregolare, la pelle diventa bluastra, la pressione sanguigna crolla e il drogato sviene, entra in coma, smette di respirare e muore.

Si può anche morire per edema polmonare: le arterie che vanno ai polmoni si riempiono di sangue che il cuore non riesce più a pompare. Batte troppo debolmente. La pressione allora spinge il sangue nei capillari e da lì cola nei polmoni, che si riempiono. E così anneghi nel tuo stesso sangue.

Alcuni muoiono durante l'iniezione stessa, con la siringa ancora infilata nella vena, appesa al braccio. Il fatto che la morte avvenga durante e non dopo qualche ora fa pensare più a una reazione fatale alla droga, piuttosto che a una dose eccessiva.

Di solito le overdosi avvengono anche mischiando l'eroina con altre droghe come alcol e tranquillanti.

Oppure quando si ritorna a usarla dopo un lungo periodo di astinenza, come quando uno esce di prigione. Siccome il corpo si è ripulito e la tolleranza si è ridotta, se si prende una dose troppo alta può essere fatale. Per questo motivo vengono già date dosi di eroina ai detenuti che stanno per uscire e sono consapevoli che, una volta liberi, torneranno a bucarsi. In pratica, iniziano a iniettarsi la droga in carcere, così migliorano la loro tolleranza e quando escono rischiano meno di andare in overdose.[11]

LA STORIA DI UNA EROINOMANE

In sedici anni di "Iene" abbiamo incontrato tantissime persone che ci hanno raccontato la loro storia.
Tra loro ci è rimasta impressa **Rossella, una ragazza di 26 anni che vive a Scampia,** un quartiere molto problematico nei pressi di Napoli. Ecco come ha risposto alle nostre domande.

«Hai avuto un'infanzia felice?»
«Molto.»
«Quando è cominciato il tuo problema?»
«Quando ho cominciato l'università.»
«Perché?»
«Paradossalmente quando mi sono sentita più libera ho sentito il bisogno di legarmi a qualche cosa e mi sono legata alla sostanza.»
«Come hai iniziato?»
«Pensavo fosse tutto un gioco e poi quando mi ci sono trovata dentro non ho potuto più farne a meno.»
«Come è stata la prima volta?»
«Bella. Volevo continuare a farlo e non capivo perché gli altri dicevano che era qualche cosa di brutto.»
«Dove trovavi i soldi per pagarti l'eroina?»
«A quell'età la pagavo con i miei soldi.»
«Dove te la facevi?»
«Riuscivo a farlo ovunque.»
«Ogni quanto tempo?»
«2-3 ore.»

«Questa cosa ti ha molto cambiata?»

«Sì.»

«Cos'era Rossella prima e cos'è oggi?»

«Prima Rossella era una persona che lottava per portare avanti i suoi interessi e adesso Rossella vive per la sostanza, non ho più bisogno di niente, solo di quello.»

«Per quanto tempo ti sei drogata senza che nessuno se ne accorgesse?»

«Per poco tempo perché non ho mai negato la mia realtà.»

«Come la assumi?»

«Fino a sette mesi fa fumavo solo eroina e da sette mesi a oggi ho incominciato a bucarmi.»

«Che differenza c'è?»

«Quando fumi senti una sensazione che sale molto lentamente, di benessere. Quando te la fai in vena senti un brivido che sale veloce dai piedi al cervello, una sensazione molto forte che ti prende tutto il corpo.»

«Come andavi a scuola?»

«All'università benissimo.»

«Chi dei tuoi famigliari ha scoperto che ti drogavi?»

«Mia mamma ha scoperto che fumavo perché mia sorella ha trovato carta argentata ed eroina.»

«Tu cosa hai fatto?»

«Per sei mesi ho smesso e ho riempito la mia vita di altre cose. Non ho fatto più uso di sostanze. Poi sono tornata a Bologna a studiare, lontano dalla mia famiglia e lì ho ricominciato.»

«A che età hai incominciato?»

«20 anni.»

«Per quanti anni ti sei drogata?»

«Sei anni.»

«Quante volte hai smesso?»

«Un paio di volte.»

«Perché poi ci sei ricascata?»

«Perché non ci credevo abbastanza.»

«Cos'è che ti aveva fatto smettere?»

«La presenza di persone che mi facevano notare l'importanza della vita.»
«Cosa ti ha fatto ricominciare?»
«La passione per la droga.»
«Eroina e cocaina che effetto hanno?»
«Mentre la cocaina ti dà un colpo al cuore, l'eroina è più subdola, ti appanna, ti dà tranquillità...»
«È vero che l'eroina è tornata di moda tra i giovani?»
«Sì, soprattutto per il metodo di assunzione... adesso si fuma.»
«Hai conosciuto qualcuno che è morto per eroina?»
«Qualche giorno fa è morta una persona davanti ai miei occhi.»
«Perché davanti ai tuoi occhi?»
«Perché ci stavamo facendo insieme. Non era un mio conoscente, ma la cosa che mi ha sconvolto di più è che mentre lui moriva gli altri continuavano a farsi. Nessuno ha fatto nulla, nessuno ha chiamato aiuto, né le ambulanze, niente.»
«Vi siete accorti che stava morendo?»
«Sì, perché è diventato viola, ha perso il respiro... poi alla fine è arrivata un'ambulanza, ma era troppo tardi e i soccorritori... io non ricordo bene, ci hanno detto di andare via perché sarebbero arrivati i carabinieri e in quel momento la stanza si è svuotata. Forse allora un po' di lucidità c'era per capire che quella persona stava morendo, ma siamo andati via solo per paura della polizia, quando c'era bisogno di chiamare l'ambulanza nessuno ha fatto nulla.»
«Questo ragazzo che è morto era solo?»
«Era accompagnato dal cognato e il cognato è andato via. Il ragazzo mi è caduto davanti ai piedi... io non ero abituata, lui che si gonfiava davanti a me e io che non capivo e non facevo nulla.»
«Il cognato è andato via?»
«Sì, mi ha chiesto: cosa dico a mia sorella che è morto suo marito?»
«Eravate tutti inebetiti?»
«Sì.»
«Conosci qualcuno che è riuscito a uscirne?»
«Sì, due persone.»

«Come hanno fatto?»
«Hanno cambiato completamente vita.»
«Quelli con cui ti fai sono tuoi amici?»
«Sono amici quando si fuma insieme. Li odi o ti sono indifferenti quando sei in astinenza.»
«Com'è la giornata tipo di un tossicodipendente?»
«Se hai soldi trovi tutte le forze per alzarti e per arrivare dal primo spacciatore. Se è mattina presto, ti prendi il primo "pacco" (cioè una fregatura). Allora cerchi qualcos'altro, ti fai. Prima di incominciare pensi che sia la prima e l'ultima della giornata. Invece poi ti fai... trovi le energie e ricominci a fare la stessa cosa. Ancora e ancora. E va avanti così per tutta la giornata. Eroina e cocaina fino alla sera. Per trovare i soldi c'è chi si prostituisce, chi ruba, chi spaccia...»
«Tu cosa facevi?»
«Inizialmente rubavo in casa. Poi ho cominciato a scappare, andavo a Napoli anche senza soldi e lì c'erano persone che come me si drogavano e magari volevano che stessi con loro in cambio di droga. Per me quella era prostituzione.»
«L'eroina si assume insieme ad altre droghe?»
«Soprattutto insieme ad altre droghe. Di solito come calmante per la cocaina. Molte persone usano l'eroina anche per contrastare l'effetto down dato dalle droghe sintetiche.»
«Si inizia sempre con gli spinelli?»
«Non necessariamente.»
«Quanto costa una dose?»
«A Napoli 13 euro. A Isernia la stessa dose 40-50 euro.»
«Come si assume?»
«Fumandola, sniffandola o iniettandosela in vena.»
«Di cosa si può morire se fai uso di eroina?»
«Di epatite, di AIDS e di malattie virali.»
«Quando si va in overdose?»
«Quando si utilizzano miscugli, droghe, metadone, antidepressivi...»
«Come fa un genitore ad accorgersi che il figlio fa uso di sostanze?»

«Se il figlio è sfuggente è meglio che si preoccupi.»

«Dopo quanto tempo uno diventa sfuggente?»

«Dopo circa un anno dalla prima volta.»

«Come può un genitore risolvere il problema?»

«Deve avere pazienza e aiutare il figlio ad aprirsi.»

«Cos'è la primissima cosa che un genitore deve fare?»

«Il dialogo. Non deve avere paura di essere se stesso.»

«Se ne esce?»

«La tossicodipendenza è una malattia cronica. Non ha via d'uscita. Ci pensi e ci ripensi. Ti fa stare male per tutta la vita.»

«Puoi descrivere l'astinenza?»

«È qualche cosa di paradossale. Ti fa stare molto male, ma allo stesso tempo ti dà molta forza, la forza di andare a cercare la droga.»

«Com'è l'astinenza fisica?»

«L'astinenza fisica significa dolori alle ossa, stare sdraiati a letto e non avere neanche la forza di alzarsi, mangiare o andare in bagno. Vomitarsi addosso, piangere, sudare, avere freddo...»

«E quella psicologica?»

«È molto più sottile. Ci sono diversi piccoli momenti nel corso della giornata. Quando hai astinenza da eroina ti senti sprofondare negli abissi, nei buchi neri. Dici "mi sono persa" e in quei momenti vedi il buio. Saresti capace di fare di tutto, anche di uccidere i tuoi genitori. Sei cieco, sei cieco dalla disperazione.»

«Quanto dura una crisi da astinenza fisica?»

«Non meno di tre giorni e non più di una settimana.»

«Quella psicologica?»

«Anche mesi. Con crisi sempre più brevi e leggere. Fino a diventare un ricordo che però è attaccato a te per tutta la vita. Non ricaderci dipende da quanta forza si trova in sé e da quante altre emozioni si riescono a mettere nella propria vita per sostituire la dipendenza. La vita è fatta anche di sconfitte, mentre l'eroina le sconfitte non te le dà, non ti tradisce mai. Anche se nella vita sei una merda con l'eroina stai bene.»

«È possibile farsi di eroina una volta alla settimana?»

«No. Non è possibile farsi di eroina una volta ogni tanto perché prima o poi arrivi a vivere tutta la settimana aspettando quel sabato in cui ti fai.»

«I consumatori di eroina sono tutti emarginati?»

«No. Ci sono persone che fanno una loro vita e usano normalmente eroina senza essere diversi.»

«Persone insospettabili?»

«Sì, professionisti, persone perbene. È difficile vedere un tossicodipendente dietro a un'apparenza rispettabile.»

«Sono più gli emarginati o gli insospettabili?»

«Gli insospettabili.»

«Cos'è la cosa più brutta che hai fatto?»

«Ho rubato in casa.»

«In quei momenti cosa sono i tuoi affetti?»

«Non c'è spazio per nulla: non ci sono gli affetti. Non riesci a vedere un padre in pensiero per te o una sorella che piange per te. Ci sei tu e il tuo bisogno. E basta.»

«Quando deciderai di far finire questa brutta storia?»

«Quando la mia testa riuscirà a credere in me stessa finalmente.»

«Manca tanto?»

«Spero di no.»

«Hai un messaggio per i genitori di chi si droga?»

«Non crediate che siano sempre le cattive amicizie a portare i vostri figli sulla cattiva strada. Non esistono strade cattive e strade buone, esistono sbagli che i figli possono fare ed esistono genitori che possono avere parole di comprensione, senza attaccare.»

«Tu come vorresti morire?»

«Non da sballata sicuramente.»

«L'eroina cosa ti ha tolto?»

«Gran parte della mia adolescenza.»

«E tu hai tolto qualche cosa a qualcuno?»

«A mia mamma soprattutto.»

METADONE

Anche il metadone appartiene alla famiglia degli oppioidi ed è in giro da settant'anni. Ha effetti simili, ma viene preso per via orale, come uno sciroppo. Dà una botta minore e quindi una minore possibilità di dipendenza. Per questo motivo e anche perché gli effetti durano tanto, **viene usato per trattare la dipendenza da eroina e i sintomi di astinenza.** Riesce a placarli per 24-48 ore. E poi si beve e non si inietta, quindi evita anche i rischi di infezioni e malattie.[12]

PASTIGLIE

Oggi l'oppio non è più prescritto in dosi massicce come nel secolo scorso. Si è capito che più è forte la botta più è possibile diventare dipendenti. E quindi **è nata una nuova generazione di pasticche all'oppio, lanciate sul mercato come più sicure, perché a rilascio graduale.**
In pratica, le sostanze vengono metabolizzate dal corpo e agiscono lentamente nell'arco di dodici ore. I prodotti più prescritti sono a base di idrocodone (Vicodin) o di ossicodone (OxyContin), che sono derivati dell'oppio e vengono usati soprattutto per sedare dolori muscolari.
Dopo l'entusiasmo iniziale, però, si è capito che anche questi derivati creano assuefazione e dipendenza. E nel 2007 Purdue Pharma, l'azienda che produce uno di questi prodotti, si è dichiarata colpevole di aver ingannato dottori e pubblico sui rischi di dipendenza causati dall'uso improprio delle pastiglie a rilascio temporale. Ed è stata multata per 600 milioni di dollari, tuttora una delle cifre più alte mai pagate da una casa farmaceutica.[13]
In effetti, queste sostanze vengono consumate a tonnellate, soprattutto negli Stati Uniti, e **sono diventate una droga così comune, che perfino il rapper Eminem ha una pasticca tatuata sul braccio.**[14]
Di solito vengono prese in un mix con altre sostanze e alcol. Oppure vengono prima sbriciolate e poi iniettate o sniffate. In questo modo si

evita il meccanismo del rilascio temporale e la quantità di droga presente nella pasticca arriva in una singola e potente botta al cervello.

SCIROPPI

Un altro derivato dell'oppio, il destrometorfano, è alla base di alcuni sciroppi perché non influisce sul dolore o l'euforia, ma riesce a bloccare il centro della tosse nel cervello.
È un medicinale che non cura davvero l'infiammazione. Ma chi lo usa, non sentendo più il fastidio, smette di tossire e si sente meglio.
Una dose normale è da 100 milligrammi al giorno. Ma si è subito scoperto che bevendone tantissimo si può andar fuori anche con questo prodotto. E in molti hanno iniziato ad abusarne, soprattutto con altre droghe. Lo scrittore Stephen King, per esempio, ne era dipendente: nella parte autobiografica di *On Writing*, racconta dei suoi cassetti pieni di cocaina, tranquillanti e decine di bottiglie di sciroppo per la tosse. Vuote. E non aveva la tosse.[15]
Con 500 milligrammi, si hanno effetti di stordimento che durano anche otto ore. Alcuni ne bevono anche mille milligrammi, per avere effetti mentali più forti: euforia, allucinazioni, una sensazione di separazione tra corpo e mente. Ovviamente a questi livelli è facile avere nausea, tachicardia, attacchi di panico, depressione respiratoria e morte.
Anche gli sciroppi a base di codeina e idrocodone come il Robitussin vengono usati e abusati per i loro effetti collaterali un po' psichedelici. E ovviamente causano gli stessi gravi danni.

ANESTETICI

Un altro derivato sintetico dell'oppio è il **fentanil, il più potente tra tutti gli oppioidi, cento volte più forte della morfina.**
Viene usato soprattutto in chirurgia, iniettato durante o dopo l'operazione, ma in America è anche usato in ospedale sotto forma di cerotti, pastiglie o addirittura lecca lecca per addormentare i bambini.
Quando nel 2002 i ribelli ceceni hanno preso in ostaggio gli spettatori del teatro Dubrovka di Mosca, le forze speciali russe prima di fare irruzione hanno pompato il fentanil nel sistema di ventilazione. Terroristi e ostaggi sono andati in overdose: settecento sono finiti in ospedale in condizioni critiche e altri centosettanta (quaranta erano terroristi) sono morti per arresto cardiaco.
Oggi ci sono anche **versioni di strada di questa droga che viene venduta come eroina, ma sono molto più pericolose e letali.**

Tranquillanti

Negli ultimi centocinquant'anni, l'uomo ha inventato un tipo di sostanze chimiche chiamate generalmente "tranquillanti". Sono diffusissimi in tutto il mondo e una ricetta su dieci prescrive una qualsiasi di queste droghe, che hanno un giro d'affari di miliardi di dollari.

Nel linguaggio farmaceutico si dividono in sedativi, che servono per calmare, e ipnotici, che servono per dormire perché deprimono la maggior parte delle funzioni corporee, tra cui respirazione e coordinamento muscolare.

Gli effetti dei tranquillanti sono simili a quelli dell'alcol. La differenza principale è nella quantità di sostanza necessaria: con i tranquillanti ne bastano poche gocce.

I tranquillanti abbassano l'inibizione, sollevano dall'ansia, rilassano, sedano e causano perdita di memoria. Come con l'alcol, il corpo sviluppa una tolleranza per cui ci vogliono dosi sempre maggiori per ottenere l'effetto iniziale. E presto si crea una dipendenza fisica e psicologica.

Le crisi di astinenza, anche se sono meno visibili e spettacolari rispetto alle convulsioni di un eroinomane, sono comunque pesanti perché **da quando interrompi l'uso, la tua mente ti dice semplicemente che il corpo non è collegato, ti sembra di non poter fare niente.**

E ti possono venire depressione e apatia, mal di testa, tremori, crampi, nausea, ansia, agitazione, tachicardia, ipertensione, incapacità di concentrazione, disturbi del sonno, vertigini, convulsioni.

Siccome i tranquillanti hanno di solito una lunga azione nel corpo, le crisi di astinenza non si risolvono in qualche settimana, ma possono durare mesi, anche anni, perché sono cicliche.[16]

I PRIMI SEDATIVI

Il primo tranquillante ad avere successo è l'idrato di cloralio, un composto bianco, irritante e dall'odore pungente che viene usato già alla fine dell'800 per alleviare la tensione e l'insonnia.
Era consigliato soprattutto alle donne, che lo bevevano prima di andare a letto e poi crollavano nel giro di un'ora.
Ha gli stessi effetti di una forte sbronza e, difatti, è costituito da tre molecole di etanolo fuse insieme. E, come l'alcol, dà tolleranza e crea una forte dipendenza.
I giornali dell'epoca parlano dell'idrato di cloralio nello stesso modo in cui i mass media di oggi trattano la droga dello stupro (*vedi pag. 103*).
È la prostituta Mary "dente d'oro" Thornton che nel 1903 rivela come un barista di Chicago, un certo Mickey Finn, in combutta con le ragazze che lavorano nel locale, abbia l'abitudine di mettere un po' di idrato di cloralio nel drink di clienti danarosi. Quando questi perdono i sensi, Mickey li deruba e abbandona in un vicolo, perché tanto al risveglio non ricorderanno nulla della sera precedente.
La storia diventa così famosa che **Mickey sarà il nome comune per descrivere un drink drogato** e, fino agli Anni '50, le trame di racconti e film polizieschi hanno sempre una scena in cui qualcuno rifila a qualcun altro un "mickey" per metterlo fuori gioco.

IL SUCCESSO DEI BARBITURICI

La popolarità e le vendite dei sedativi chimici spingono le industrie farmaceutiche a seguire questa strada e nel 1903 la Bayer, sintetizzando l'acido barbiturico, produce il Veronal, il primo di quei prodotti per curare le tristezze della vita moderna. L'inventore lo chiama così da Verona, la città più pacifica in cui era mai stato.[17]
I barbiturici fanno il boom negli Anni '30 e '40 e si dividono in prodotti a breve azione (come il Pentothal), che agiscono immediatamente

e sono indicati per l'anestesia, e in prodotti a lunga azione, i cui effetti durano da tre a sei ore. Questi ultimi vengono, da subito, abusati a scopo ricreativo.
I barbiturici inizialmente producono una sensazione di euforia e disinibizione e poi un piacevole effetto di sedazione che induce il sonno. I barbiturici più famosi del passato, quelli che si vedono nei film e telefilm, sono Seconal (pasticche rosse) e Nembutal (pasticche gialle).

LE BENZODIAZEPINE PER TUTTI

La ricerca di sedativi con minori effetti collaterali e minori problemi di dipendenza porta allo sviluppo delle benzodiazepine. Ancora una volta, sul mercato vengono messe droghe ritenute inizialmente sicure che poi si rivelano progressivamente causa di tolleranza, dipendenza e overdose se mischiate con alcol.
Le benzodiazepine hanno un effetto sedativo e lo ottengono aumentando gli effetti di una sostanza naturale che già circola nel cervello, il neurotrasmettitore GABA, che è legato all'inibizione. Aumentare la sua azione significa ridurre pensieri ansiosi e messaggi neuronali stimolanti, che eccitano il cervello.
Un effetto parallelo è quello di aumentare anche serotonina e dopamina, e questo produce una sensazione di benessere.
Librium e Valium, prodotti dalla Hoffmann-La Roche, sono i primi di questa serie a diffondersi nelle case di tutto il mondo e già negli Anni '70 vendevano per milioni di dollari.

I TRANQUILLANTI DI OGGI

L'ultima generazione di tranquillanti, secondo le case farmaceutiche, è più sicura di un tempo.

Agiscono in fretta, danno meno dipendenza, assuefazione e astinenza

rispetto ai predecessori, ma se abusati provocano nausea, diarrea, mal di testa, vertigini, disturbi alla memoria e all'apprendimento fino a indurre uno stato ipnotico.

MORIRE TRANQUILLAMENTE

L'overdose di tranquillanti capita più spesso di quello che si crede, per tanti motivi.
Innanzitutto per l'atteggiamento superficiale con cui questa droga viene presa: è legale e quindi è percepita come meno pericolosa rispetto a una droga di strada.
Inoltre, i tranquillanti incasinano la memoria, quindi è frequente che ci si dimentichi quali droghe si sono prese, quando le si è prese e quante. Insomma, un macello.
E poi la tolleranza si sviluppa facilmente e quindi si tende ad assumere quantità sempre maggiori. Però riguarda soprattutto gli effetti di euforia e sedazione. Non si diventa invece tolleranti agli effetti dannosi su respirazione e circolazione. Quindi per provare il benessere delle prime volte, occorre prendere dosi che sono già di per sé vicine all'overdose.

Però **la cosa più pericolosa è mischiare i tranquillanti con l'alcol** perché il fegato, impegnato a metabolizzare l'alcol, lascia passare la droga alla massima potenza.
L'alcol, inoltre, diluisce certi tranquillanti meglio rispetto ai fluidi dello stomaco e quindi la droga viene assorbita più velocemente e in maggiore quantità.[18]

La causa principale di morte in questi casi è la depressione respiratoria o cardiaca, soprattutto se si prende un cocktail di droghe.
L'attore Heath Ledger (il cowboy gay dei *Segreti di Brokeback Mountain,* il Joker del *Cavaliere oscuro*) è morto nel 2008 a causa di intossicazione acuta di farmaci comunemente prescritti negli Stati Uniti per

insonnia, ansia, depressione, dolore o comuni sintomi di raffreddore. L'autopsia infatti gli ha trovato in corpo due antidolorifici narcotici, tre tranquillanti e un sonnifero da banco.
Anche la playmate ereditiera Anna Nicole Smith è deceduta dopo un'overdose di tranquillanti. E anche lei aveva fatto il pieno: tre benzodiazepine, metadone, un sonnifero, due rilassanti muscolari e altre sette medicine in libera vendita.[19]

Ghb

Gli uomini hanno sempre cercato sostanze in grado di abbassare le difese delle donne, per fare facilmente sesso con loro. La maggior parte delle donne, invece, non ha bisogno di questi espedienti per portarsi a letto un uomo.
Negli ultimi anni **il GHB è stato chiamato "droga dello stupro"** dai giornali di tutto il mondo ed è diventato famoso proprio per questo.
A basse dosi, la droga serve per sciogliere le inibizioni. A dosi più alte, rende la donna incosciente, vittima passiva. In questo caso l'uomo viene definito dalla legge predatore sessuale e rischia dai sei ai dodici anni di galera (art. 609 ter, Codice penale).

In realtà non è esattamente una droga, nel senso che il gamma-idrossibutirrato è una sostanza prodotta anche dal corpo ed esiste naturalmente già nel nostro sistema nervoso. Non simile, proprio la stessa.
È stato scoperto e isolato nel 1961 da Henri Laborit, un genio della biologia. E ancora oggi non si capisce bene come funzioni. L'unica cosa certa è che si tratta di un neurotrasmettitore simile al GABA, lo stesso su cui agisce l'alcol. Ed è per questo che il GHB ha effetti simili: è un sedativo e rallenta il sistema nervoso.

Però, come spesso accade con le droghe, gli effetti dipendono molto dalla quantità. Una bassa dose rilassa. Un po' di più provoca una leggera euforia e rende più disinibiti. Un po' di più ancora rallenta il battito cardiaco e la respirazione, altera il sistema motorio, causando mancanza di equilibrio e coordinazione. A dosi più alte arrivano nausea, vomito, depressione circolatoria e respiratoria, coma e morte.

Il GHB è stato usato a lungo in medicina. A dosi basse, come cura contro la narcolessia e la dipendenza da alcol e oppiacei. A dosi più alte

come sedativo e anestetico.
Poi negli Anni '80 si è diffuso nelle palestre perché i culturisti lo prendono per i suoi effetti collaterali. Il GHB infatti aumenta di parecchio la produzione dell'ormone della crescita e migliora la definizione dei muscoli. Ovviamente le altre conseguenze di questo abuso sono gravi: squilibri ormonali, impotenza, danni al sistema circolatorio, collasso dei reni, tumori.
Dieci anni dopo, dalle palestre è passato alle discoteche e ai rave di tutto il mondo. Una polvere bianca e dal sapore salato che va sciolta nell'acqua e fa effetto nel giro di mezz'ora.
Gli effetti durano 3-6 ore e, come con l'alcol, variano molto da persona a persona. Qualcuno diventa molto, troppo, sociale: abbraccia, straparla, si commuove o piange. A qualcun altro la caduta delle inibizioni fa provare una maggiore eccitazione e sensibilità sessuale.
Se mischiato con alcol o altre droghe, gli effetti del GHB si moltiplicano in modo esponenziale ed è facile svenire, entrare in coma e morire.

LA DROGA DELLO STUPRO

È quello che è successo nel 1999 a una ragazzina di 17 anni, studiosa e campionessa di ginnastica, che non aveva mai fatto uso di droghe prima di quella sera. Qualcuno le ha sciolto una dose abbondante di GHB nel drink e lei, dopo forti mal di testa e nausea, è entrata in coma ed è morta.
Il fatto che la droga le fosse stata messa di nascosto nella bevanda, probabilmente da qualcuno che voleva farla ubriacare e portarsela a letto, ha comportato che da allora il GHB venisse rinominato "la droga dello stupro" e reso così celebre dai mass media.
La perdita delle inibizioni e una maggiore sensibilità e disponibilità sessuale rendono più facile agganciare la ragazza, che all'inizio appare confusa ma consenziente.
È lo stesso meccanismo che usava Mickey Finn per derubare i clienti

del suo bar, solo che è stato spostato dalla rapina alla violenza sessuale. Anche il Roipnol era un farmaco molto usato dai predatori sessuali di qualche anno fa.
Il medicinale era così diffuso per questo particolare uso, che la Hoffmann-La Roche ha dovuto aggiungere un colorante blu per renderlo più visibile e quindi meno facile da aggiungere di nascosto al drink.
Non è la prima volta che una sostanza viene accusata di essere una droga dello stupro e non sarà l'ultima. **Anche l'alcol, per dirla tutta, rende più facile abbassare le difese di una donna e portarsela a letto.** Ed è usato proprio con questo specifico scopo da centinaia di anni.
Infatti, nella maggior parte dei casi, quando una donna denuncia un'aggressione sessuale, perché convinta di essere stata drogata con GHB, gli esami dicono il contrario. Nel sangue ci sono solo tracce di alcol. Non è stata drogata: spesso, alle vittime di un abuso, è bastato bere troppo.

Alcol, benzodiazepine e GHB sono tutte droghe che, oltre ad abbassare le inibizioni, hanno in comune il fatto di scombussolare la memoria, provocando lievi amnesie e rendendo difficile elaborare e memorizzare nuove informazioni.
In pratica, impediscono di trasferire le nuove esperienze dalla memoria a breve termine alla memoria a lungo termine, creando così un buco nei ricordi.
La difficoltà nel ricostruire cosa è successo la sera precedente rende più complicato e imbarazzante per le vittime denunciare l'abuso alla polizia e quasi sempre provoca anche devastanti dubbi e sensi di colpa per aver reso possibile l'aggressione.

L'etichetta di droga dello stupro e la sua enorme diffusione come sostanza ricreativa hanno fatto sì che il GHB venisse tolto dalla libera vendita nel 2000. Il suo uso, però, non si è fermato.
Sia perché è facile ed economico da produrre per i chimici di strada sia perché molte medicine che lo contengono vengono dirottate sul mercato nero. Ma anche perché, come spesso accade con le droghe chimiche,

da quando l'attenzione si è concentrata sul GHB vero e proprio, è nato l'abuso di altre due sostanze: il GBL e il BD.
Una volta ingerite e metabolizzate, nel corpo si trasformano in GHB e così circolano nel sangue e raggiungono il cervello, provocando gli stessi effetti.
Sono ingredienti comuni in molti sverniciandi industriali facilmente disponibili su Internet e vengono trasformati in bevande aromatizzate vendute in smart shop e rave con nomi esotici come Blue Nitro, Revivarant, Gamma G, Remforce, eccetera. Ovviamente fanno malissimo.[20]

LA MIA DROGA È LA SCHIUMA

Nel 2000 ero a Roma per registrare una trasmissione televisiva. Le mie serate erano divise tra prove in studio e noia più totale.
Una sera un collega (chiamiamolo "collega") con tipico accento romano mi invitò a una festa: «Aoh, Agrè, è 'na festa da paura». Ci andai. Era in Piazza di Spagna, a un civico che non ricordo. Suonai il campanello e mi rispose una voce fioca che mi invitò a salire. Alla porta c'era il proprietario, un agghiacciante signore calvo sulla sessantina, con occhiali da vista calati sul naso, un paio di pantaloni a campana, una camicia azzurra e un boa di struzzo fucsia fosforescente sfoggiato con orgoglio. Cominciai a sospettare che la festa fosse un tantinello strana, ma oramai ero entrato.
Il tizio con il boa piumato mi mostrò la casa e mi accompagnò dagli altri ospiti. Mi resi conto subito che quella festa non era proprio il tipo di festa che speravo: erano tutti seduti intorno a un tavolinetto come apache intorno al fuoco. Al posto del fuoco c'era però una montagnola di cocaina bianca. Sembrava la scena madre di Scarface, mancava solo Tony Montana (Al Pacino).
Presto avvenne quel che temevo: gli ospiti cominciarono a socializzare tra una tirata e l'altra. C'era chi stendeva in righe la cocaina con la carta di credito, chi la poggiava sul bordo del tavolo e se la tirava con una banconota arrotolata e chi, dopo la tirata, si esibiva con il colpo di gran classe tipico del cocainomane esperto: raccolta con il dito dei granelli rimasti e assunzione per via orale con leccatina di polpastrello.
Io ero l'unico non interessato a quel tipo di ristoro. Ricordo che ai compleanni a Valenzatico, paese da cui provengo, sul tavolo c'era la torta e il festeggiato ci soffiava sopra per spegnere le candeline. Se avessi soffiato lì avrei sparpagliato per aria mille e più euro di "torta".
Dopo ripetuti inviti a aderire alla tirata collettiva, inviti respinti con

gentilezza, ma anche con determinazione, gli ospiti cominciarono a innervosirsi e a trattarmi in malo modo. Evidentemente o sei come loro o sei contro e così il padrone di casa col boa di struzzo mi invitò ad andarmene perché la mia presenza non era gradita. Chiesi solo di andare in bagno prima di uscire: presi da un armadietto una confezione gigante di Baby Shampoo Johnson (quello che fa tanta ma tanta schiuma) e lo svuotai nella scatola dell'acqua di raccolta dello sciacquone del cesso. Salutai e tornai in albergo. Il giorno successivo alle prove il mio collega (chiamiamolo "collega") mi disse che mi ero comportato male e non avevo apprezzato la loro ospitalità. E che comunque la festa finì prestissimo perché avevano avuto un problema a un bagno, che si era allagato di schiuma.

Andrea Agresti

QUALI SONO LE DROGHE CHE FANNO ANDARE SU?

Le piante stimolanti vanno dal piccolo cespuglio all'albero e contengono sostanze molto diverse tra loro.
L'unica cosa che queste droghe hanno in comune è che agiscono su meccanismi naturali che già abbiamo nel cervello come l'epinefrina, che aumenta l'energia fisica, e la norepinefrina, che aumenta l'autostima, la determinazione e il benessere.
Gli stimolanti influenzano anche la serotonina e la dopamina, che regolano il piacere.
Quando si prende una droga di questo tipo, si forza il cervello a produrre questi neurotrasmettitori. E per mantenerli più in circolo, le droghe bloccano anche i meccanismi di riassorbimento.
Tutti questi segnali ingannano il corpo e lo spingono, senza che ce ne sia un effettivo bisogno, a dare fondo alle sue riserve di energia, ma cervello e corpo devono aver tempo e modo di recuperare. Se non è così, si deteriorano presto.

Gli effetti degli stimolanti dipendono dalla sostanza, dal metodo di assunzione e dalla frequenza. E siccome sono droghe che creano quasi subito tolleranza e dipendenza, il vantaggio di usarle ogni tanto finisce presto. E iniziano i problemi legati all'abuso.
In pratica, con l'uso continuo, tutti gli effetti positivi si trasformano nel loro equivalente negativo. Si passa dal miglioramento delle prestazioni al tracollo dell'organismo, anche a livello psicologico.
Gli stimolanti, infatti, all'inizio inducono euforia, migliorano la fiducia in se stessi e la concentrazione. Ma con l'aumentare delle dosi e della dipendenza, gli effetti si esasperano: l'euforia diventa agitazione e irrequietezza, la fiducia in se stessi diventa un parlare continuo e solo

di sé e la concentrazione diventa ossessione e paranoia. Con eccessi di violenza e psicosi.
Anche il corpo ne risente: molti stimolanti restringono i capillari e quindi diminuiscono il sangue che arriva agli organi e ai vari tessuti. Meno sangue uguale meno ossigeno e nutrimento alle cellule, e anche i processi di riparazione e guarigione si bloccano.
Il battito cardiaco, però, aumenta e può causare aritmia, tachicardia e danni al cuore. Anche la pressione sanguigna aumenta e si possono rompere i capillari, soprattutto quelli del cervello.
L'uso continuato di queste droghe indebolisce tutto l'apparato circolatorio e porta a ictus e infarti, che diventano molto più probabili.

Coca

Ci sono 250 specie diverse di piante di coca, ma meno della metà contiene abbastanza cocaina da essere efficace e solo pochissime abbastanza cocaina da renderle coltivabili per fini commerciali.

Quella comunemente usata è la *Erythroxylum coca* ed è originaria del Perú.
La pianta ha fiori bianco crema simili a quelli del melo, può crescere fino a 3 metri con belle foglie ovali, verdi e, curiosamente, sotto ciascuna foglia, come in uno scherzo della natura, ci sono due nette righe bianche.
Le foglie – ricche di calcio, ferro, fosforo e vitamine E, A e B2 – sono un buon alimento. Alzano anche i livelli di glucosio nel sangue e questo aiuta a combattere freddo e fame.

È quindi una pianta molto appetibile per tutti gli animali che vivono sulle montagne, dove non c'è tanto da mangiare. Ed è per questo che la coca deve difendersi molto efficacemente.
E lo fa con una delle droghe più potenti: la cocaina. Ogni foglia ne contiene l'1% rispetto al suo peso, pochissima. Però è una quantità che respinge la maggior parte degli insetti parassiti, che così non distruggono la pianta.
La stessa quantità, invece, su uomini e animali più grandi ha un effetto eccitante e tonico, che li ha aiutati a sopravvivere alle altitudini e al clima delle catene montuose del Sudamerica.

Già 4 mila anni fa le tribù peruviane masticavano foglie di coca per stimolazione, nutrimento e controllo della fame quando il cibo era scarso.
Scavi archeologici hanno portato alla luce tombe con scheletri di

uomini sepolti accanto a una borsetta, un accessorio che serviva proprio a portarsi in giro le foglie di coca.
La pianta era così usata e importante per sopravvivere a quelle altitudini che la parola *cocada* indicava la distanza che si riesce a percorrere masticando una foglia di coca, prima che finiscano gli effetti. E siccome in montagna tutto dipende – oltre che dalla distanza – dall'altitudine, dal tipo di terreno, da quanto carico si ha addosso, la cocada misurava anche il tempo. Circa quarantacinque minuti.

Masticare le foglie di coca è il modo più prudente di prendere questa pianta stimolante.
Ci vogliono alcuni minuti perché la cocaina raggiunga il cervello e per rendere più efficiente il processo di assorbimento da parte delle mucose della bocca. Gli indigeni aggiungono una sostanza alcalina – ceneri di piante, polvere di conchiglie o escrementi di uccello – e ci spruzzano anche un po' di lime: rende più potente la reazione chimica e serve anche per migliorare il sapore.
Le foglie masticate riducono la stanchezza, la fame e la sete e infusi di coca erano usati come rimedio per problemi gastrointestinali, mal di stomaco, ulcere e dissenteria e soprattutto per combattere nausea, crampi, vertigini, mal di testa e tutti disturbi legati all'altitudine delle montagne sudamericane.

Per migliaia di anni gli indigeni sono riusciti a mantenere lo stesso naturale rapporto con la pianta, senza che nessuno mai morisse di overdose o sviluppasse quei fenomeni di dipendenza e tolleranza tipici del cocainomane di oggi.
E anche adesso il 90% della popolazione che vive in certe zone montane ne fa uso abitualmente perché **coltivare, vendere e masticare le foglie di coca è legale in Bolivia, Perú e nel Nord dell'Argentina.**

Il disastro, come col papavero, l'ha fatto l'uomo bianco quando ha cercato di tirar fuori il principio attivo dalla pianta di coca per fare una

polverina da sniffare, fumare o iniettare. Perché gli effetti della droga sono direttamente proporzionali al suo livello nel sangue: più cocaina raggiunge il cervello, più forte è la botta, più intenso è il desiderio di ripetere l'esperienza, più rapidamente si sviluppa la tolleranza, più velocemente si diventa dipendenti.
Il ciclo è sempre questo e si è riproposto ogni volta che l'uomo ha isolato il principio attivo delle piante che usava fino a quel momento in modo naturale, per rendere gli effetti più potenti.

ARRIVA L'UOMO BIANCO

Come nel caso di altre droghe, l'atteggiamento dei conquistatori europei segue interessi politici ed economici molto precisi. E trasforma il modo in cui la coca viene usata e considerata.
Gli Spagnoli capiscono subito gli effetti energizzanti e il rapporto speciale che gli Indios hanno con questa pianta. E quando conquistano il Sudamerica prendono il controllo delle piantagioni e le moltiplicano. In pochi anni ce ne sono cinquanta volte di più.[1]
I conquistatori vogliono avere sempre una riserva di foglie di coca da fornire agli Indios, ormai ridotti a schiavi nei campi e soprattutto nelle miniere. Schiavi che si mantengono in piedi con la droga.
Più masticano, più scavano oro e argento che finiscono nelle casse degli imperi europei, più aumenta la produzione e il commercio di coca. Cento anni dopo, nel 1650, uno Spagnolo su dieci che abita in Perú è coinvolto nel giro delle piante di coca per mantenere alta la produttività degli schiavi delle colonie.

La pianta, però, non sfonda in Europa e per quasi duecento anni nessuno si accorge delle enormi potenzialità di questa sostanza.
I nuovi padroni del mondo, tutti presi dall'oppio, dall'alcol, dal tabacco, dal tè e dal caffè, trascurano la pianta di coca, anche perché non cresce bene nel nostro clima. E, soprattutto, nessuno ha voglia di

masticare foglie amare miste a cenere o cacca di uccello, quando può bersi una bella tazza di caffè o tè con lo zucchero, i veri stimolanti della Rivoluzione industriale.

Sono due italiani, entrambi giovani ed entrambi emigrati all'estero per lavorare, che a metà dell'800 cambiano per sempre la storia della coca e delle droghe moderne.

Il primo si chiama Paolo Mantegazza, un giovane dottore che è emigrato in Argentina per fare esperienza. Nel 1859 scrive il saggio *Sulle virtù igieniche e medicinali della coca e sugli alimenti nervosi in generale*, in cui analizza la capacità della pianta di aumentare l'azione muscolare, rimuovere fame e fatica e, ad alte dosi, di produrre eccitazione mentale e stimolare capacità e velocità dialettica.

Lo stesso anno, proprio dopo aver letto il suo libro, **Alfred Niemann, un giovane chimico tedesco, richiede un campione** e da Lima gli spediscono 25 chili di foglie di coca.

Lasciando le foglie in acqua e lime per tre giorni e aggiungendo alcol, Niemann estrae subito il principio attivo della pianta, che chiama cocaina idrocloride. A parità di peso, è duecento volte più potente della foglia.

È la scoperta del secolo. Ma il giovane e sconosciuto chimico sta lavorando da solo e muore lo stesso anno in circostanze non chiare. Nessuno sa cosa gli sia successo, il risultato però è che dopo la sua morte improvvisa, **la cocaina in polvere, appena scoperta, rimane ignorata sugli scaffali dell'università**, perché nessuno ne conosce il valore.

Il secondo italiano a cambiare la storia è un certo Angelo Mariani, un giovane farmacista emigrato a Parigi in cerca di fortuna. In quegli anni l'oppio era vendutissimo come rimedio per tutti i dolori ed era sciolto nell'alcol per mascherarne il sapore amaro e rinforzarne l'effetto.

Lui ha un'idea geniale: applica lo stesso procedimento alle foglie di coca. Le lascia a bagno nel vino per qualche giorno, poi filtra e vende il vino così potenziato con il nome di Vino Mariani.

Due bicchieri contenevano l'equivalente di una pippata moderna di cocaina, i cui effetti si aggiungono a quelli del vino.
Nel 1863 il prodotto travolge il mercato e ha un incredibile successo internazionale, anche perché **il giovane Mariani, oltre a inventare il vino alla coca, inventa il marketing moderno e l'uso dei testimonial.** È il primo che spedisce gratuitamente e senza che venissero richieste casse del suo vino a personaggi famosi del tempo. In cambio vuole due cose: un commento sul prodotto e una foto autografata.
A giudicare dai cartelloni e dalle pagine pubblicitarie sui giornali dell'epoca, erano tutti molto entusiasti del vino alla coca. Louis Blériot fece il suo primo volo in solitaria con una bottiglia di Vino Mariani; Auguste Bartholdi, lo scultore della Statua della Libertà, disse che se l'avesse bevuto prima, mentre la costruiva, l'avrebbe fatta più alta di centinaia di metri. Il famoso scrittore Herbert G. Wells mandò a Mariani due foto, una tutto moscio prima di bere il vino e una, dopo averlo bevuto, in posa da pugile. Fu la prima volta che si pubblicizzò un prodotto in modo così moderno.
Il vino era raccomandato anche da scrittori come Henrik Ibsen e Robert Louis Stevenson, inventori come Thomas Edison e i fratelli Lumière, pionieri del cinema, e politici da ogni parte del mondo: sei presidenti francesi, uno argentino, uno americano, qualche re e qualche papa.

IL SUCCESSO DELLA COCA

Le enormi vendite del Vino Mariani spingono altri imprenditori a tentare la stessa strada. L'americano John Stith Pemberton copia l'idea di lasciare le foglie di coca a bagno nel vino, ma ci aggiunge un nuovo ingrediente: le noccioline di Kola, una pianta africana ricca di caffeina. Quindi: alcol, cocaina e caffeina. Una vera bomba.
Chiama la bevanda Coca-Cola e la vende inizialmente come tonico per gli anziani. Ma presto la pubblicità la lancia come rimedio contro disturbi gastrici, stanchezza fisica e mentale, costipazione, mal di testa,

eccetera fino ad affermare che rinvigorisce gli organi sessuali e cura impotenza e sterilità.[2]
Quando, qualche anno dopo, le campagne anti alcol cominciano a prendere piede, Pemberton, preoccupato per la flessione delle vendite, prova a farne una versione analcolica. Per mascherare il sapore amaro della coca e della cola, al posto del vino usa acqua gassata e zucchero, tantissimo zucchero. Nasce così la bibita gassata Coca-Cola, simile a quella che conosciamo oggi. La dose di coca però rimane la stessa, l'equivalente di una riga per bottiglietta.

È il successo del vino e delle altre bevande a base di foglie di coca che riaccende l'interesse per la cocaina in polvere. Un medico dell'esercito tedesco, nel 1883, compra un campione di cocaina, lo scioglie nell'acqua e lo dà da bere ai suoi soldati.
I risultati sono molto incoraggianti e scrive subito un articolo medico in cui chiede che venga usata nell'esercito perché permette ai soldati di combattere senza mangiare e senza dormire per giorni interi.
L'anno seguente il suo articolo finisce nelle mani di un giovane sconosciuto e squattrinato medico viennese, Sigmund Freud, che fino a quel momento aveva solo studiato le abitudini riproduttive e gli apparati genitali delle anguille a Trieste. Incuriosito dalla nuova sostanza, Freud rintraccia una copia del libro di Mantegazza e, dopo averlo letto, ordina subito un campione di cocaina.
Scioglie un decimo di grammo di droga in un bicchiere d'acqua e, dopo averla bevuta, capisce che è di fronte a qualcosa di molto interessante. Per qualche settimana fa esperimenti fisici su se stesso e ne è così entusiasta che solo dopo quattro mesi da quando l'ha ricevuta e provata, scrive e pubblica *Über Coca*, un trattato esuberante sulla cocaina, in cui la presenta come uno stimolante dell'umore, un dono della natura. Nel libro, **Freud afferma che la cocaina è più potente e meno dannosa dell'alcol** e, trascurando del tutto i fenomeni di tolleranza e dipendenza, sostiene che non c'è depressione quando gli effetti finiscono. La raccomanda per curare stanchezza mentale, tubercolosi, problemi

gastrici e asma. La consiglia anche per curare la dipendenza da morfina, che a quel tempo, insieme all'alcol, è la droga più problematica.[3] Una teoria un po' azzardata, frutto delle prove che ha fatto nelle ultime settimane su un suo amico morfinomane, che per altro morirà qualche anno dopo, dipendente ormai sia dalla morfina che dalla cocaina.
Freud è così preso dalla droga che non si accorge neanche delle sue proprietà anestetiche che, unite alla capacità di restringere i capillari e bloccare le emorragie, ne fanno un perfetto anestetico locale tanto che viene ancora oggi usata in chirurgia oculare.
La cocaina permette a Freud di vincere la timidezza cronica che lo ha fatto arrivare vergine a 30 anni. La stessa insicurezza che lo spinge a visitare i pazienti, non mettendosi davanti a loro come fanno tutti gli altri medici, ma a sedersi un po' defilato, quasi fuori dal loro campo visivo. Quella che era la posizione preferita di un timido è diventata poi la posizione tipica degli psicanalisti di tutto il mondo.

Freud diventa subito cocainomane e mantiene la sua abitudine fino alla morte. Non sapremo mai quanto la cocaina abbia influenzato le sue intuizioni e contribuito al successo della psicanalisi. Sicuramente, però, è vero il contrario: Freud è stato fondamentale per il successo della cocaina.

L'esaltazione di questa droga da parte sua e di chiunque vi si avvicini per la prima volta ne sancisce subito la fortuna commerciale. Un prodotto indispensabile in un'epoca in cui cominciano a nascere i primi sedativi potenziati dall'uomo come morfina ed eroina, ma in cui gli eccitanti più forti sono ancora quelli del 1500: tè, caffè e tabacco.
Alla fine dell'800 c'è il primo boom. La produzione arriva a 7 mila chili in tre anni e la cocaina, commercializzata dalle due più grandi case farmaceutiche del tempo, Merck e Parke-Davis, viene venduta in polvere, sciroppi, tonici, pastiglie, gocce per il mal di denti, balsami, oli, bende impregnate, eccetera.
È prescritta contro asma e allergie respiratorie. Per il fatto che restringe

i capillari viene anche usata come ingrediente nelle creme contro le emorroidi e in dentifrici per le gengive sanguinanti. E le sue proprietà stimolanti la rendono perfetta contro ogni debolezza del fisico e della mente.
In quegli anni la cocaina è la medicina ideale. Vende tantissimo perché può essere prescritta per ogni problema di salute, contando sul fatto che il paziente, dopo averla presa, si sente comunque meglio, più su. Almeno all'inizio.

EFFETTI E DIFETTI

La cocaina attiva fino a 90 distinte aree del cervello e i suoi danni, così come i suoi effetti, variano da persona a persona e in base alle dosi di consumo.
È il sistema circolatorio a essere colpito: le arterie coronariche si calcificano, il cuore si cicatrizza, le pareti si indeboliscono causando malattie cardiache e infarti.
L'aumento della pressione sanguigna è tale che in una donna incinta può causare il distacco della placenta o uccidere il bambino.
Gli effetti della cocaina sul sistema motorio spingono alla ripetizione meccanica di certe azioni, a spese delle interazioni coi propri simili.
I topi, per esempio, continuano a fregarsi i baffi e lisciarsi il pelo, i gatti guardano nel vuoto e inseguono oggetti immaginari, le scimmie ignorano i richiami di aiuto dei cuccioli e rimangono sveglie tutta la notte, grattandosi fino a che la pelle sanguina.[4]
C'è una grande energia in movimento, sì, ma non ha una direzione precisa e a volte sfocia in comportamenti antisociali aggressivi. La cocaina non provoca violenza, così come l'alcol. Però chi è violento diventa più violento. Anche l'eccitazione delle sensazioni e delle emozioni ha infatti delle ripercussioni sul cervello. Può evolversi in sospetto e paranoia.
Non è schizofrenia, ma la psicosi da cocaina gli assomiglia molto.
All'inizio l'effetto eccitante aumenta di parecchio il desiderio sessuale.

E non solo il desiderio: la capacità di provocare ottime erezioni e di ritardare l'eiaculazione è vista come un doppio effetto positivo da molti maschi. Purtroppo il bel gioco non dura a lungo. La cocaina è un vero killer del sesso. E con l'uso abituale e continuo, diventa anche molto difficile avere un'erezione e raggiungere l'orgasmo.

UP & DOWN

Noi ci sentiamo bene quando il nostro cervello produce un neurotrasmettitore chiamato dopamina. Funziona così da milioni di anni: il cervello la fa circolare quando facciamo un'azione che ci fa piacere o dopo uno sforzo, per farci sentire meglio.

È una reazione chimica guidata dall'evoluzione perché è legata a meccanismi utili alla sopravvivenza come sfuggire a un nemico, catturare una preda, mangiare, accoppiarsi. Ma anche agli atteggiamenti sociali virtuosi, che hanno contribuito cioè all'evoluzione della nostra specie, come la cura dei propri simili e la generosità.

Quando si fa qualcosa di positivo, insomma, il cervello produce dopamina per farci stare meglio, così ricordiamo questo premio ed è più probabile che la prossima volta rifaremo la stessa cosa positiva.

Questo equilibrio è responsabile di come ci sentiamo e si gioca tutto in quello spazio sottilissimo tra un nervo e l'altro, dove avvengono gli scambi chimici.

Una parte spruzza la dopamina e una parte la riceve, con piccole antenne che servono a capire quanta ne sta girando. Quando il cervello aumenta la dopamina, queste antenne capiscono che ne sta circolando più di prima e ci fanno sentire meglio di prima.

Quando, dopo un po', la dopamina viene assorbita e diminuisce, i recettori se ne accorgono e così torniamo a sentirci normali.

È un meccanismo con cui ci siamo evoluti in milioni di anni: siamo normali, stiamo meglio, torniamo normali. Fino alla prossima volta.

La cocaina, quando arriva nel cervello, sballa completamente questo delicato equilibrio. Forza la produzione di dopamina e ne impedisce il naturale riassorbimento. In questo modo continua a circolarne tanta e i recettori sono travolti da un'ondata che manda un segnale di piacere intenso al cervello. È un tipo di piacere fortissimo che non è assolutamente possibile provare alla stessa intensità in modo naturale.

I recettori, però, vengono sovrastimolati e dopo un po', per difendersi, reagiscono spegnendosi: le antenne si ritirano sotto la membrana e non sono più in grado di sentire la dopamina.

A questo punto succede una cosa terribile: la quantità di dopamina prodotta dal cervello nelle situazioni normali non basta più per stimolare le antenne, che ormai spuntano solo di poco. E così, non sentendo quella che c'è in circolo, si smette di provare piacere per le cose di tutti i giorni. Si smette di sentirsi normali.[5]

Secondo le teorie cognitive, il vero contrario di amore non è odio, ma indifferenza. Così come il vero contrario di piacere non è dolore, ma noia. Sia piacere che dolore infatti spiccano tra le altre cose, sono importanti, catturano la nostra attenzione e il nostro interesse. Una luce che lampeggia tra luci spente, una sirena nella notte. Anche le emozioni, nel bene o nel male, sono spesso legate a queste cose. E l'amore e l'odio sono emozioni, cioè cose interessanti.

È per questo che **quando i recettori si spengono non si prova più interesse per niente. È quello che viene chiamato *down* da cocaina.** Il drogato si sente giù, appunto. Molto giù. E molto indifferente e insensibile. Avverte mancanza di energia e iniziativa, depressione emotiva, ansia, insonnia e agitazione, che accendono ancora il desiderio intenso per la droga.

Questa riduzione dei recettori, però, obbliga il cocainomane ad aumentare le dosi. Per provare piacere, gli serve che circoli molta più dopamina di prima, perché venga intercettata dalle poche antenne rimaste funzionanti. È un ciclo tipico, che rende il drogato incapace di provare piacere e interesse per la vita di tutti i giorni senza la coca.

Anche se si smette per un po', ci possono volere mesi perché i ricevitori ipersensibilizzati ritornino normali e le antenne a funzionare come

prima. Mesi in cui è molto difficile trovare l'energia per vivere così in *down* e desensibilizzati.
Di solito, infatti, **dopo tre settimane di astinenza, il desiderio e la depressione raggiungono un picco così forte che per sopportarlo si ricomincia a usare la droga.**[6]

ARRIVA LA SCIENZA

Come con l'oppio, è l'invenzione della siringa, prima diffusa solo in ambito militare e medico, ma poi sempre più a disposizione di tutti, che fa esplodere le contraddizioni della cocaina.
Usata in questo modo, la droga arriva al cervello in pochi secondi provocando una botta istantanea e totale. È un effetto potentissimo.
Nel 1890 quando Conan Doyle scrive *Il segno dei quattro*, dà al suo detective Sherlock Holmes l'abitudine di iniettarsi cocaina, una cosa considerata chic e sofisticata dall'alta società inglese.
La cocaina è commercializzata addirittura in confezioni già pronte: veri e propri kit per iniettarsela, completi di polvere, boccettina di acqua sterile e siringa. Vengono venduti anche durante la prima guerra mondiale con lo slogan "rende il silenzioso eloquente e il codardo coraggioso" e comprati per essere spediti al fronte come regalo per gli amici in battaglia.[7]

In questi anni **si diffonde anche per la prima volta l'uso di sniffare la cocaina in polvere.**
Usata in questo modo, la droga arriva al cervello in tre minuti e anche in questo caso l'effetto è più rapido e potente perché salta il primo passaggio di metabolizzazione da parte del corpo.
Però le proprietà vasocostrittive della droga fanno sì che dopo il primo uso i capillari si restringano e assorbano così meno droga.
Quindi più se ne sniffa e meno si sentono gli effetti iniziali, sia perché il corpo ha sviluppato tolleranza sia perché i capillari non riescono più

ad assorbirla come prima. E anche questo porta ad aumentare sempre più le dosi.

Inoltre, l'uso di sniffare la cocaina irrita le mucose del naso e provoca piccole ulcere. Si innesca un processo di morte cellulare e l'organismo non riesce a riparare le lesioni, **creando una spirale: uno sniffa, il naso si corrode, si formano le croste e le cellule continuano a morire.** In alcuni casi ci può essere la corrosione completa della parte che separa le narici, fino al collasso completo del setto nasale. In altri casi può essere il palato a corrodersi, fino a bucare la base del cranio.
In situazioni del genere, il danno è irreversibile e si può intervenire solo chirurgicamente, per ricostruire le parti corrose. Ma le operazioni possono essere fatte solo su pazienti che riescono a interrompere l'uso della cocaina, perché la continua assunzione impedisce ai tessuti di cicatrizzare e l'intervento risulterebbe inutile.
La dipendenza dalla droga è però così potente, che anche se ha un buco nel naso o nel palato, l'80% dei pazienti che prova a smettere per sottoporsi all'operazione, ricomincia a sniffare entro il primo anno di astinenza, peggiorando ulteriormente il danno e non permettendo così cure adeguate.

È il passaggio dall'ingestione all'iniezione e alla sniffata che rende evidenti i danni della cocaina alla comunità scientifica del tempo.
I primi esperimenti con gli animali vengono fatti infilando un catetere a un topo che, attraverso un bottone, può iniettarsi una soluzione di cocaina quando vuole. Il topo lo fa per 24 ore di fila fino a che non crolla. Poi dorme esausto, mangia qualcosa e ricomincia.
I ricercatori, sorpresi dalla passione con cui i topi si iniettano la droga, cercano di calcolarne il punto di rottura. In pratica, questa volta occorre schiacciare il bottone più e più volte per avere un'iniezione: cento volte per la prima iniezione, duecento volte per la seconda, trecento per la terza e così via.
Il numero delle volte che un topo è disposto a schiacciare il bottone

per avere la dose indica così il potere di ciascuna droga. Più il numero è alto, più la droga è potente. E quello della cocaina è dieci volte superiore alle altre droghe. Il topo arriva a schiacciare il bottone fino a 12 mila volte per avere una dose.
Nonostante la perdita di peso, l'aumento della respirazione, del battito cardiaco, della pressione, della temperatura, i topi continuano a iniettarsi cocaina. **Alla fine dell'esperimento, il 90% degli animali è morto.**[8]
Questo ovviamente non è mai accaduto a nessun Indios peruviano né a nessun lama, pur avendo a disposizione boschi interi di piante di coca per tutta la vita.
Quando i ricercatori vanno sulle Ande e iniettano la cocaina ai lama, ne hanno la conferma: il loro comportamento cambia, diventano aggressivi, irritabili, scardinano i rapporti sociali e si isolano dal gruppo.
Lo scienziato europeo capisce finalmente quello che gli Indios sanno da sempre: la coca non è la cocaina.

ARRIVA LA LEGGE

La proibizione della cocaina segue lo stesso percorso di quella dell'oppio, praticamente negli stessi anni e per gli stessi motivi.
Le fantastiche storie di sesso e violenza, attribuite ai Cinesi per cavalcare i risentimenti razziali e vendere giornali qualche anno prima, diventano ancora più paurose. Ma questa volta riguardano la comunità nera che, da quando ha raggiunto l'emancipazione, è diventata per buona parte dell'opinione pubblica americana una minaccia.
I neri, nell'immaginario dell'epoca, sono legati alla cocaina sia perché veniva data loro nelle piantagioni per farli lavorare di più sia perché erano assidui frequentatori, come clienti e come venditori, delle fiere ambulanti in cui si vendeva la maggior parte dei preparati a base di cocaina: elisir, tonici e sciroppi.
I criminali neri e la polvere bianca diventano protagonisti di episodi di

cronaca straordinari. Nel 1914 il *New York Times* scrive di come i fanatici della cocaina siano la nuova minaccia: i bianchi vengono rapinati e assassinati da neri, indemoniati, con una forza sovrumana e in grado di resistere a numerosi colpi d'arma da fuoco della polizia.
Secondo i giornali del tempo, grazie a questa sostanza, il desiderio sessuale del nero cresce e diventa violento e perverso. Una minaccia per la donna bianca. Un vero incentivo alla rapina e allo stupro.[9]
È il momento in cui **in America entra in vigore l'Harrison Narcotic Act, la pietra miliare di tutta la futura legislazione in materia di droga** del mondo occidentale, copiato presto in Europa anche grazie agli accordi internazionali che l'America promuove.
Secondo questa legge, droghe come oppio e cocaina non possono essere importate, prodotte, vendute e maneggiate da nessuno che non sia stato ufficialmente autorizzato a farlo.
Da questo momento in poi se usi le droghe sei un criminale.

SEMPRE UN PASSO AVANTI

Come aveva fiutato in anticipo i movimenti proibizionisti contro l'alcol e aveva tolto il vino dalla ricetta originale, la Coca-Cola fa lo stesso con la cocaina.
Nel 1903, dopo vent'anni di utilizzo – ma dieci anni prima che la cocaina diventi illegale negli Usa – l'azienda si inventa un trattamento speciale per decocainizzare le foglie prima di aggiungerle alla bevanda. E le tonnellate di cocaina estratta vengono eliminate in sicurezza, usate per ricerche mediche o come anestetico chirurgico.
Nel frattempo, però, è diventata la bibita più famosa e venduta nel mondo. E la più potente: **la Coca-Cola importa tonnellate di foglie e questo dà per anni all'azienda e agli americani potere e influenza sulle nazioni del Sudamerica.**[10]
Sul successo della Coca-Cola viene creata un'altra bevanda gassata, zuccherata e con l'aggiunta di una droga. Questa volta viene scelto il litio,

un metallo leggero usato comunemente nelle batterie degli orologi, ma che ha effetti sul cervello: viene infatti dato anche ai depressi per tirarli su.
La Bib Label Lithiated Lemon Lime Soda entra in commercio nel 1929, poche settimane prima del crollo della Borsa.
Una bevanda per tirare su i depressi, proprio durante la Grande depressione, vende benissimo. Ma a nessuno piace il nome, che viene cambiato in 7up Lithiated Lemon Soda, dove *up* significa "che ti tira su".
Nasce così la 7up, una bevanda stimolante al limone, vendutissima in tutto il mondo che, anche quando negli Anni '50 toglie il litio dalla ricetta, rimane la diretta concorrente della Coca-Cola.

LA COCA DI STRADA

Da quando la cocaina diventa illegale e le aziende farmaceutiche possono produrla solo per scopi medici o di ricerca, sono i trafficanti stessi a occuparsi di tutto il ciclo.
Le foglie di coca sono messe in un secchio di plastica con acqua e acido solforico. Vengono pestate a piedi nudi tre o quattro volte al giorno fino a che diventano grigie. Al liquido vengono poi aggiunti lime, benzina, acido solforico, permanganato di potassio e ammoniaca.
Il risultato, una pasta grigiastra, viene filtrato, asciugato e portato nei laboratori in Colombia, Messico, Usa o Europa per essere lavorato e trasformato in polvere e venduto ai drogati di tutto il mondo.
È un business miliardario e, visto che con un campo da calcio di cespugli di coca si possono ottenere circa 4 chili di cocaina pura, la produzione diventa l'occupazione principale di alcuni Paesi sudamericani. E negli anni crea un intreccio tra dittature, mafie e servizi segreti che influenza la storia e la geopolitica dell'ultimo secolo in queste e molte altre parti del mondo.

L'INVENZIONE DEL CRACK

Sin dal primo momento in cui è stata messa in commercio, la produzione di cocaina è sempre aumentata. Sempre.

Negli Anni '70 ce n'è in giro così tanta che i prezzi crollano e si abbassano anche dell'80%. I trafficanti allora compiono una mossa azzardata: inventano la cocaina da fumare.[11]

Fino a quel momento, infatti, la normale cocaina in polvere non può essere fumata perché brucia e basta. La combustione consuma il principio attivo prima che possa raggiungere i polmoni e così non ha un effetto potente.

I chimici che lavorano per i trafficanti di droga, invece, sciolgono l'idrocloruro di cocaina in una soluzione alcalina, riscaldano il tutto e ottengono dei cristalli. È la base della droga: vaporizza a una temperatura inferiore e quindi può essere fumata.

Negli Anni '70 questo tipo di cocaina comincia a diffondersi e il metodo per fabbricarla è il segreto di qualche trafficante. **Dopo pochi anni lo conoscono tutti, anche grazie a manuali e kit fai da te.**

Quando si scopre che basta mescolare acqua, bicarbonato e cocaina per preparare sassetti fumabili, inizia il boom del crack. Il nome se lo inventano i giornali (per primo il *New York Times* nel 1985), perché la droga scricchiola quando viene scaldata e fumata, producendo un suono caratteristico: crack.

Non è vero che il crack si è diffuso perché più economico. In proporzione costa come la cocaina, è solo venduto in unità più piccole.

Mettiamo che un grammo di cocaina pura in polvere costa 100 euro, con la stessa quantità si possono fare dieci dosi di crack da 10 euro ciascuna. Fa sempre 100 euro. Il prezzo al grammo è lo stesso, ma la droga viene venduta in dosi che costano così poco che chiunque può comprarla.

È stata questa l'idea geniale dei trafficanti: **in un momento in cui c'era**

troppa cocaina sul mercato, invece di abbassare ulteriormente i prezzi, hanno creato un nuovo prodotto e allargato il mercato dei consumatori.[12]
Il prezzo basso per una dose e soprattutto la facilità di avere una botta potentissima, molto più simile all'iniezione che alla sniffata, senza però ricorrere ad aghi e siringhe, diffondono il crack in ogni classe sociale ed economica. Ragazzini e donne adulte, uomini d'affari e tossici di strada, negli Anni '70 e '80, iniziano a fumare cocaina.
Costo e comodità non sono l'unica spiegazione del successo del crack. **La verità è che è la versione più micidiale possibile della cocaina.** Fumarla porta vapori di droga pura al cervello, dove viene assorbita meglio e più velocemente, producendo una sensazione fortissima in soli cinque secondi.
Ovviamente, come per qualsiasi droga, più velocità e più potenza significano più assuefazione e più dipendenza.
Il crack ti dà una botta di energia e piacere più intensi di qualsiasi altra cosa. Ti senti perfetto per circa dieci minuti. Poi arriva l'ansia e l'irritabilità. Poi vuoi solo farti ancora.

La stessa cosa sta accadendo più recentemente in alcuni Paesi del Sudamerica come Argentina, Brasile e Uruguay, dove la cocaina migliore viene destinata all'esportazione e i locali, soprattutto ragazzini poveri, si stravolgono con il Paco, una pasta che avanza quando si trasformano le foglie di coca in polvere di cocaina.
Ha un prezzo molto basso, effetti potenti e dalla brevissima durata. Quindi produce subito dipendenza e si arriva a consumare anche quaranta, cinquanta dosi al giorno.

Anche gli effetti collaterali che derivano dal fumare la cocaina sono pesanti. Oltre a tutti i danni al sistema circolatorio causati dalla sostanza in sé, **il fatto di fumarla provoca dolore al petto, infiammazioni dei polmoni, tosse e altre complicazioni respiratorie.**

E anche con il crack si può morire, di solito per arresto cardiaco o deficit respiratorio. È così micidiale che il 70% di quelli che cercano di smettere con la cocaina non è gente che sniffa. Sono quasi tutti fumatori di crack.

Le notizie sensazionalistiche sul crack l'hanno talmente rappresentato come una droga da strada, per poveracci, gente che vive nei vicoli, con le pipette di vetro e l'aria macilenta che, negli anni successivi, **si è creata una strana dissociazione tra cocaina e crack. Tanto che per molta gente, oggi, sono due droghe completamente diverse.**

La conseguenza di questa disinformazione è che quando qualche ragazzo viene messo di fronte a un po' di cocaina da fumare pensa sia solo una variante di consumo, una piacevole alternativa al pipparla dal naso. Quando scopre di essere diventato dipendente è troppo tardi. E col crack è sempre così.

LA STORIA DI UN FUMATORE DI CRACK

Giuseppe, 35 anni, dipendente dal crack, ci ha raccontato molto bene in un'intervista, andata in onda nel 2010, come questa droga stravolga completamente la vita. Ecco come ha risposto alle nostre domande.

«Che effetto ti fa il crack?»
«Come dieci orgasmi in una volta, insomma. È molto... è molto... ti prende proprio nel cervello. Una fumata di crack è come farsi dieci righe di coca tutte insieme. E l'effetto è tutto concentrato.»
«Quanto dura?»
«Mentre l'effetto della cocaina dura mezz'ora, un'ora, una fumata di crack fa effetto solo per cinque, dieci minuti.»
«E poi?»
«E poi devi fumare ancora. È per questo che costa tanto come abitudi-

ne, perché dà moltissima dipendenza. Da subito ne hai bisogno sempre di più. E chi non ha la possibilità economica di comprarlo si mette a spacciarlo. Perché si arriva a consumarne anche 10, 15 grammi al giorno, spendendo 80 euro al grammo. So di studentesse che invece di comprarlo coi soldi lo comprano col sesso, diciamo.»

«Si prende con altre droghe?»

«Sì, il crack ti mette un po' di agitazione, ti tira un po' su, e quindi serve un po' di alcol e qualche medicinale un po' per tranquillizzarsi e far scendere l'ansia. Le sigarette non bastano mai, fumi anche cinque pacchetti di sigarette al giorno.»

«Fa malissimo...»

«Fa malissimo, nessuno al mondo può dire che fa bene, insomma. Ti brucia sicuramente.»

«Da quanto fumi?»

«Mah, io ho tirato cocaina per dieci, quindici anni. Dopo ho iniziato ogni tanto facendolo così, fumando il crack... dopodiché, quando inizi a prendere il vizio così non ti interessa più tirare. È come buttarla via, proprio.»

«Con che frequenza?»

«Saranno circa otto anni che più o meno fumo e faccio serata quattro o cinque volte la settimana, diciamo.»

«Farsi la serata cosa vuol dire?»

«C'è la serata un po' più tranquilla, stai fino alle due, tre di mattina e fai due o tre grammi. Poi, magari, ci sono le serate quelle più... più estreme, dove vai avanti due o tre giorni senza fermarti, insomma. Non ti fermi proprio mai.»

«Da quanto stai andando avanti adesso?»

«Abbiamo fatto una festa ieri sera, sono un paio di giorni che non vado a letto, infatti ti chiedo scusa se magari sono un po' lento a parlare. Fin che ne hai vai avanti, vai a letto solo quando l'hai finita. Poi magari un giorno intero me lo dormo.»

«E quanti grammi hai fatto?»

«Da ieri l'altro circa una trentina. Non mangio da due o tre giorni.

Bevo e fumo. Poi però per due giorni non farò un cazzo. Starò sul divano e mangerò e dormirò quindi lì poi ti gonfi.»

«E con il lavoro come si fa?»

«Da sconvolti è meglio non andare perché fai danni. Però ho ottimi collaboratori che mi sopportano per il momento anche se però iniziano ad accorgersi. Dopo la gente inizia ad accorgersi di qualcosa. Non tutti sono bravi come Morgan a essere degli ottimi artisti, a fare tutto quello che riescono a fare senza farsi scoprire, diciamo, no?»

«Sei mai stato male?»

«Sì, è capitato. Ti senti svenire, ti viene l'ansia, la tachicardia, l'attacco di panico. È una brutta sensazione, diciamo. Però appena ti passa, appena stai meglio, con farmaci o così... ricominci, ti viene ancora voglia.»

«Che effetti ha sull'umore?»

«La coca ti porta a una grandissima depressione. Soprattutto la coca fumata. Se non la usi ti senti giù, moltissimo giù. Quindi cerchi di toglierti la depressione fumando. Ma la tua depressione è dovuta al fatto che la usi. Il 90% delle persone usando la droga si blocca. Poi c'è chi, invece, pur fumando riesce a trovare l'ispirazione, però secondo me sono casi rari.»

«Che effetti ha sul sesso?»

«Uno degli effetti collaterali è che comunque il crack inibisce abbastanza le prestazioni sessuali... Anzi... diciamo che porta assolutamente all'impotenza. Assolutamente. Conosco gente che non ce la fa da anni. Io ci riesco solo con qualche aiuto. Dopo che ne hai fumato 7-8 grammi, hai bevuto una bottiglia di vodka e che hai preso tre Tavor... se non ti sei preso due viagra e non hai almeno un paio di donne che ti sostengono... non riesci ad avere un rapporto sessuale completo. Dopo un po' ti viene proprio voglia di perversione... Ognuno ha le sue... A me piace con più donne. C'è chi va coi transessuali, c'è chi si fa calpestare... però, insomma, devi avere qualcosa in più. Infatti la cosa cocaina fumata e transessuali va molto, forse proprio per questo. Perché devi avere una trasgressione maggiore.»

«Che vita sociale fai?»

«Chi fuma il crack tendenzialmente sta in casa, perché se esce e va al night, diciamo, fa un'ora o due, poi non vede l'ora di tornare a casa per fumare, quindi non è che ha una vita molto sociale.»
«Quali sono i danni più evidenti?»
«Dopo un po' che la usi iniziano a venirti delle paranoie, vedi cose che non ci sono, un po' da maniaco. Gente che ha paura della polizia o paura dei vicini o paura dei ladri. Ho visto gente chiudersi nell'armadio o stare sempre con le luci spente perché aveva paura di essere spiata. Sono paranoie. Più la usi e più ti aumentano.»
«Hai provato a smettere?»
«Mi è capitato di andare in un paio di cliniche, ma mi sono trovato male. Mi sono sentito trattato abbastanza male e si pagava mille euro al giorno. Per cui... venticinque giorni... Ovviamente spendi meno che a fumare, il discorso che ti fanno loro è questo. Però ti trattano male. Ti fanno spogliare nudo, ti perquisiscono. Non puoi avere il telefono né niente. Non puoi neanche tenere il profumo, perché gli alcolizzati si bevono anche quello quando stanno male. Ti tengono praticamente chiuso sotto chiave. È come un carcere. Ma quando sono uscito ho ripreso subito.»
«Ti hanno ripulito il sangue?»
«Sì, fanno flebo tutto il giorno e ti ripuliscono il sangue. Però la testa non te la pulisce nessuno. La voglia non te la può togliere nessuno. Te la tieni per sempre. La cocaina è fatta così. Ti viene proprio una voglia da dentro. Che però è una voglia che ti disgusta quasi. Non so come spiegare, come una voglia di farti del male. Cioè tu lo sai che stai facendo una cosa da coglione, che ti dà un piacere che è anche un po' una sofferenza. Però è un piacere che appena passa la sofferenza hai bisogno ancora. Cioè è tutto un vai-vieni, vai-vieni, tira-molla, tira-molla che non sai... però non arrivi mai al punto di dire "sto bene". Tu lo fai, poi ne fai ancora, poi ne fai ancora, poi ne fai ancora, poi al massimo arrivi che stai male. Cioè non arrivi a stare bene, al top che puoi arrivare, quando poi ti fermi e quando stai male. E quando stai male ti prendi qualche tranquillante, ti fermi finché non stai meglio e poi ricominci

però non arrivi mai al momento che dici: ok, sono a posto.»
«E allora perché fumi il crack?»
«Sinceramente, quando ci penso da sobrio anch'io, lo capisco che non è una cosa da intelligenti. Cioè tu spendi mille euro al giorno per chiuderti in casa e fare una roba che ti dà un effetto che finisce dopo cinque minuti, poi inizi ancora, sei sempre lì. È un motore che non parte mai, no? Cioè che inizia, ma poi non si accende mai del tutto. Ogni volta che ci pensi ti dai del pirla da solo, però ogni cinque minuti ti vien voglia di fumare, è terribile. È la droga del coglione.»

Efedra

L'efedra è una pianta primitiva, quasi senza foglie, cresce praticamente in tutto il mondo. È piccolina, alta circa 30 centimetri, e produce fiori gialli, che diventano bacche, pieni di semi velenosi.
Le foglie venivano masticate o bevute in infusione nell'acqua calda, come un tè, sin dai tempi antichi, perché l'efedra apre i passaggi bronchiali, favorendo così la respirazione, stimolando il cuore, la pressione sanguigna, il metabolismo, la sudorazione e la produzione di urina.
Ha un effetto stimolante anche sul sistema nervoso, aumentando l'attenzione e l'energia. Per questo veniva usata da atleti e cacciatori.

DALLA PIANTA ALLE ANFETAMINE

Quando, alla fine dell'800, morfina e cocaina fanno esplodere il consumo di sostanze chimiche ottenute da piante stimolanti, gli scienziati iniziano a lavorare anche sull'efedra, che fino a quel momento veniva usata come stimolante soprattutto in Asia.
Prima viene estratto il principio attivo, l'efedrina. E poi da questa viene sintetizzata l'anfetamina, una sostanza che può essere prodotta chimicamente, senza più partire dalla pianta.
E anche questa volta l'uomo ha estratto la droga dalla pianta, l'ha concentrata artificialmente e l'ha trasformata in qualcosa di più potente e pericoloso.
I primi farmaci sono inalatori contro l'asma, tubetti di plastica che contengono all'interno un batuffolo di cotone imbevuto di anfetamina liquida. Il cilindro ha un buchetto in cima che va appoggiato alla narice, per inspirare profondamente l'anfetamina che così apre i bronchi e favorisce la respirazione.
Ben presto, però, qualcuno scopre che il cotone contiene davvero una bella dose di anfetamina e inizia a masticarlo o a inzupparlo in caffè o

in altri liquidi per creare una bevanda stimolante molto potente.
Una pratica un po' strana a pensarci oggi, ma normale in quegli anni: è stata l'introduzione alla droga per gente come Charlie Parker, Jack Kerouac, Allen Ginsberg, William S. Burroughs e John Lennon.

Le anfetamine c'erano anche in pillole ed erano stupidamente raccomandate per schizofrenia, nausea da viaggio, iperattività, impotenza, Parkinson, epilessia, narcolessia e depressione.
Il vero boom delle anfetamine, però, arriva con la seconda guerra mondiale quando soldati di tutto il mondo si riempiono di questa droga. Tedeschi: 35 milioni di pasticche. Americani: 220 milioni. E i giapponesi così tante che, alla fine del conflitto, quando le scorte di anfetamina dell'esercito finiscono sul mercato nero, creano migliaia di casi di psicosi.

In Occidente le vendite di pasticche di anfetamine schizzano alle stelle anche grazie alla loro capacità di aumentare il metabolismo e fare così perdere peso.
Un americano su dieci usa pillole dietetiche alle anfetamine per dimagrire, ma è anche la droga di dottori, piloti, studenti, hippie e dei soldati in Vietnam, a cui vengono distribuiti altri 200 milioni di pasticche.
È un uso di massa: solo in dieci anni, in America, le vendite passano da 3 a 12 miliardi di pezzi tra pastiglie, tavolette e capsule che contengono anfetamine, in quel momento legali a tutti gli effetti.[13]
Nel 1970, quando finalmente tutti ammettono gli evidenti effetti collaterali e la forte capacità di creare dipendenza, anche le anfetamine vengono vietate.

PEGGIO DELLA COCAINA

Le anfetamine funzionano in modo del tutto simile alla cocaina e provocano un aumento di energia ed euforia.
Però, più efficacemente della cocaina, bloccano il riassorbimento dei

neurotrasmettitori e addirittura obbligano le zone che normalmente li riassorbono a invertire la direzione del flusso e quindi a ripomparli nel cervello. È per questo motivo che **l'effetto delle anfetamine dura molto più a lungo di quello della cocaina, fino a quattro volte tanto.** E per lo stesso motivo, l'uso frequente causa alterazioni a lungo termine e anche permanenti nella capacità del corpo di sentire il piacere, rendendo completamente apatici e depressi.
Rispetto alla cocaina, però, le anfetamine sono più legate all'eccitazione sensuale e aumentano il piacere del sesso.
Questo può inizialmente spingere a un uso ricreativo abbastanza intenso. Anche in questo caso, però, il giochetto dura poco.

Il rapido sviluppo della tolleranza, certo, sicuro e provato anche nel caso delle anfetamine, e l'aumentare delle dosi uccidono il desiderio sessuale e rendono impossibile la prestazione.
Fino a che, per molte persone, l'uso stesso della sostanza diventa un sostituto dell'attività sessuale.
Come con la cocaina, gli effetti iniziali di eccitazione diventano, con l'uso prolungato, irritabilità, ansietà, aggressività, confusione mentale, allucinazioni, problemi di memoria e psicosi così gravi che non si riescono a distinguere dalla vera schizofrenia e paranoia.
L'eccessivo uso diminuisce inoltre l'attività in alcune regioni del cervello rendendo complicato affrontare compiti decisionali, anche quelli semplici. Questo implica che è ancora più difficile resistere al desiderio e interrompere l'uso della droga.
Oltre al cervello, le anfetamine colpiscono gravemente il sistema cardiovascolare, col rischio di collasso e infarto.
E la riduzione della produzione naturale di dopamina causata dall'abuso di anfetamine può portare a problemi muscolari e del sistema nervoso come il Parkinson.[14]

Nonostante la loro pericolosità, le anfetamine sono ancora oggi una delle droghe più usate.

Possono essere sniffate, iniettate, ingerite, ma il metodo più diffuso è fumarle perché negli Anni '90, così come era accaduto alla cocaina col crack, i chimici di strada hanno messo sul mercato una nuova e potente anfetamina fumabile: l'ice o crystal meth.
Secondo il Dipartimento antidroga, ci sono adesso più di trecento modi per fabbricarsi da soli anfetamine e metanfetamine. E alcuni sono così semplici che basta un fornello, una pentola, 2 litri di soda e qualche medicinale facilmente reperibile.

Laboratori improvvisati nascono ovunque e spesso vengono abbandonati con ancora gli scarti delle sostanze tossiche e cancerogene utilizzate nella produzione come acetone, fosforo rosso, acido idrocloridico, benzene, piombo acetato.
Per ogni chilo di anfetamine prodotte, ci sono 7 chili di sostanze tossiche da smaltire che, quando non vengono abbandonate, vengono riversate in torrenti e fiumi.[15]

Qat

Un altro cespuglio stimolante da masticare è il qat o khat (*Catha edulis*), una pianta che cresce soprattutto in Yemen, Etiopia e Kenya. Raggiunge i 5 metri, con foglie lucide, che nel tempo diventano giallo-verdi e puzzano un po'.
I germogli vicino alla cima della pianta sono i migliori da masticare, contengono vitamina C e cathinone, una sostanza simile alle anfetamine che produce un effetto euforico, ilarità, parlantina, iperattività, attenzione e stimolazione sessuale.
È più potente di una forte tazza di caffè o delle foglie di coca e l'effetto dura circa novanta minuti. Il cathinone, però, rimane attivo nelle foglie solo per un giorno dopo la raccolta. Quindi il qat va masticato fresco, appena tagliato. Foglie e germogli vengono raccolti alla mattina, tenuti umidi e trasportati in fretta al mercato, dove sono venduti a pranzo.
Nel Corno d'Africa e in Medioriente è usato dal 70% della popolazione adulta ed è socialmente accettato, anzi, fa parte della vita quotidiana, così come noi usiamo caffè o tabacco. E non è raro per una famiglia spendere una buona parte delle entrate per acquistarlo.
Il qat è anche una delle poche piante che permette ai coltivatori di sfuggire la povertà.
Una volta era il caffè il prodotto nazionale dello Yemen. Tanto che il porto di Moka, da cui partivano i carichi, è diventato un nome famosissimo legato a questa bevanda.
Negli ultimi anni però quasi tutti hanno smesso di coltivare caffè e si sono dedicati al qat. La diffusione è così aumentata che in Yemen due terzi delle terre coltivabili e più della metà delle riserve d'acqua vengono usate per crescere questo cespuglio stimolante. **E in Kenya più di 500 mila persone lavorano nella coltivazione del qat, per un giro d'affari di 100 milioni di euro.**

Ora che la produzione è cresciuta, ma anche la popolazione, l'acqua non basta più per tutto. Sono mafie, criminalità e terroristi che controllano la coltivazione. Attraverso spedizioni aeree quotidiane, iniziano anche a venderlo nelle comunità di emigrati in Occidente.
In America e in Europa è illegale quasi ovunque, come in Italia. Però in Inghilterra la vendita è libera ed è qui che arrivano le decine di tonnellate di foglie che finiscono nei mercati legali di Londra, accanto a frutta e verdura, ma anche nei mercati clandestini in tutta Europa.

Masticare sempre questa pianta ha costi per il corpo: ipertensione, insonnia, disturbi gastrici, irritabilità e violenza. Crea dipendenza e il suo abuso, come quello di molti stimolanti, provoca l'effetto opposto: la depressione.
Sono frequenti anche i casi di lesioni e tumori alla bocca, sia a causa della pianta in sé ma anche a causa di veleni e anticrittogamici che vengono usati abbondantemente da coltivatori e trafficanti senza scrupoli.

DAL QAT AL CAT

Da questo cespuglio **è stato creato un derivato sintetico chiamato metcatinone o cat.** È stato molto usato in Russia negli Anni '80 e da lì si è diffuso in tutta Europa.
Molto economico da produrre, di solito viene sniffato o fumato e come con ogni derivato chimico, gli effetti sono molto più intensi e pericolosi. Lunga durata, forte dipendenza e devastanti effetti collaterali su cervello e cuore sono simili a quelli delle anfetamine. E infatti spesso viene venduto a consumatori poco informati che lo acquistano pensando sia anfetamina o addirittura cocaina.

Betel nut

La noce della *Areca catechu*, comunemente chiamata betel nut, ha forti proprietà stimolanti. **È una droga antichissima, conosciuta già 12 mila anni fa. Oggi è usata da 400 milioni di persone** in India, Pakistan, Taiwan, Malesia, Filippine, Nuova Guinea, Polinesia e in alcuni Paesi dell'Africa e del mondo arabo.
Il principio attivo stimolante è l'arecoline che, come cocaina e anfetamine, aumenta il livello di adrenalina nel cervello.
Gli effetti sono simili a quelli degli altri stimolanti: eccitazione, euforia, maggiore attenzione e resistenza alla fatica, sensazione di benessere e riduzione dell'appetito.
La noce non è buonissima e, infatti, viene spruzzata con succo di lime o altre spezie e poi avvolta in una grande foglia di una pianta locale che sa di menta e serve a migliorare il sapore e ad aumentare l'assorbimento da parte delle mucose della bocca.
Questo pacchettino da masticare, che gli abitanti locali chiamano "Paan", è una droga così diffusa, tradizionale e condivisa, che non solo è venduta ovunque, ma è anche un metro di valutazione sociale.
Come con il tè, il caffè e il vino, il desiderio di intossicazione viene socializzato con rituali di preparazione e consumo che trasformano un'abitudine privata, un godimento solitario ed egoista, in qualcosa di più ampio e collettivo.
Consumare betel nut in modo elegante, infatti, è sinonimo di raffinatezza e le giovani donne sono giudicate anche dalla cura e dalla bravura nel preparare questo pacchetto di foglie ripiegate.[16]

L'uso del betel nut, come nel caso di altre droghe naturali, ha un impatto meno grave sul corpo, rispetto alle sostanze sintetiche. Però il succo delle foglie nel tempo macchia denti e bocca di rosso scuro e una minoranza di chi ne abusa sviluppa cancro alla bocca o all'esofago.

Le enormi potenzialità commerciali di questa droga hanno già attratto le multinazionali che hanno messo in commercio prodotti a base di betel nut e tabacco, con un prezzo molto basso e confezioni colorate in modo da attirare anche i più giovani.
Il risultato è che, in **India, più di 5 milioni di bambini sotto i 15 anni sono diventati dipendenti e alcuni di loro hanno già lesioni cancerogene alla bocca.**[17]

Yohimbe

Dall'albero africano *Yohimbe* si ricava la yohimbina, **uno stimolante che agisce in modo simile a cocaina e anfetamine.** Anche gli effetti sono simili: una sensazione iniziale di euforia e aumento della pressione sanguigna.

Rispetto agli altri stimolanti, però, questa droga non ha effetti deleteri sul sesso, anzi: è afrodisiaca e aumenta l'affluenza di sangue agli organi genitali, quindi viene usata per migliorare l'erezione nell'uomo e per indurre eccitazione sessuale nelle donne. Ad alte dosi, invece, provoca nausea, insonnia, ansia e **può danneggiare il sistema cardiovascolare fino a causare la morte** per paralisi respiratoria.

UNA DI TROPPO

La prima volta che ho avuto a che fare con la droga risale ai tempi del liceo in quella che doveva essere una serata memorabile, ma che alla fine tanto memorabile non fu.

All'epoca non ero di certo un "accannato". Così negli Anni '80 a Roma venivano chiamati coloro che si facevano le canne 24 ore su 24. Io non avevo mai fumato una sigaretta, figuriamoci lo spinello. Ma intorno a me tutti fumavano allegramente. Amici, cugini, compagni di classe. Tra questi c'è n'era uno, C., che si sparava le canne anche durante l'ora di italiano. Fu lui a organizzare quella famosa serata. Era riuscito a convincere due nostre compagne di classe, a cui già da un po' di tempo facevamo il filo, a venire a cena da lui.

I genitori non c'erano e aveva la casa libera. C. aveva le idee chiare: farsi tutti insieme qualche giro di canna affinché le nostre amiche si disinibissero e ce la dessero senza tante storie.

Probabilmente, per raggiungere lo scopo non ci sarebbe stato alcun bisogno di stupefacenti. Ma, in quanto a conquiste femminili, i nostri riferimenti culturali erano i film di Lando Buzzanca e i consigli dei padri che avevano passato gli Anni '60 a fare falò sulla spiaggia e a far bere le ragazze pur di ottenere qualche tipo di favore sessuale.

Benché non avessi mai fumato, per spirito di squadra mi adattai al piano di C. Neanche finì la cena che spuntò fuori la prima canna. Il primo giro mise allegria a tutti. Si stava aprendo un'autostrada che ci avrebbe condotto dritti a letto con le nostre amiche. Alla fine del secondo iniziai ad avvertire un piacevole senso di stordimento.

Era la prima volta in vita mia che provavo gli effetti della marijuana. Mi piaceva. Ed è così, purtroppo, che mi feci prendere la mano. Delle ragazze non me ne fregava più niente. Chiesi a C. di rollare altre canne e altre ancora per aumentare sempre più quello stato di euforia. Finché

all'improvviso iniziai a sudare freddo. Fui colto da un insostenibile senso di nausea. Corsi al bagno, diedi di stomaco. Stavo malissimo.
Le ragazze iniziarono a preoccuparsi. Colei che, secondo la tacita formazione delle coppie, sarebbe dovuta toccare a me, mi accompagnò a letto. Mi assistette come una premurosa infermiera e, quando si accertò che stessi meglio, e che mi fossi addormentato, salutò gli altri e se ne tornò a casa sua.
Dopo un sonno pieno di incubi, la mattina dopo mi svegliai ancora stordito e con un fortissimo mal di testa. Andando verso la cucina per farmi un caffè, vidi C. e l'altra nostra compagna di classe che dormivano nudi e avvinghiati sul divano in pelle del salotto. Almeno lui, abituato alle canne, era andato a segno.
Da quella volta mi sarei fatto un'altra canna soltanto quindici anni più tardi (e poi altre due volte in tutta la vita). Per fortuna, per avere una ragazza dovetti aspettare un po' meno.

Filippo Roma

QUALI SONO LE DROGHE CHE FANNO ANDARE FUORI?

A differenza delle altre due categorie, queste droghe non provocano solo una botta che ti manda su o giù, ma **alterano anche la percezione esterna e interna e provocano illusioni e allucinazioni.**
La differenza è sottile, ma fondamentale. L'illusione è la percezione sbagliata di uno stimolo esterno, come quando si vede una corda e la si scambia per un serpente.
L'allucinazione è un'esperienza sensoriale che non proviene da stimoli esterni, è sentire o vedere qualcosa che non c'è.
In pratica: se vedi la faccia di uno davanti a te che si scioglie è un'illusione. Se vedi la faccia di uno che si scioglie, ma davanti a te non c'è nessuno, è un'allucinazione.
Mentre le illusioni sono tipiche di LSD e altri psichedelici, le allucinazioni vere e proprie sono provocate più da altre sostanze come funghi magici, peyote e PCP.

Gli effetti dipendono, oltre che dal principio attivo della sostanza, anche da altri fattori come lo stato emotivo del consumatore al momento dell'uso, le sue caratteristiche neuronali (cioè come è fatto il suo cervello), l'ambiente in cui la droga è presa, le esperienze precedenti oppure malattie mentali passate. E ci sono molte differenze. Sia negli effetti sia nella tolleranza e nella dipendenza, che si sviluppano in modo molto diverso tra una sostanza e l'altra.

Quindi **tutto quello che sappiamo su questo tipo di droghe va preso con molta cautela. Pur essendo droghe antichissime, sono poco conosciute dal punto di vista scientifico** e sperimentale.
Spesso, infatti, sono piante o sostanze usate più per scopi ricreativi e

religiosi che per motivi medici e le ricerche vere e proprie sono lacunose e molto di parte.

Anche le testimonianze dirette possono essere ingannevoli. Per tanti motivi: sia perché si basano su aneddoti sia perché molte di queste piante e droghe contengono più di un solo ingrediente attivo, sia perché vengono spesso prese in combinazione con altre sostanze.
E anche perché **chi le vende spesso spaccia un tipo di droga per un'altra che ha un effetto simile. Come nel caso di certi funghi,** che vengono venduti come magici, ma che invece sono normali funghi da risotto su cui sono state spruzzate un po' di sostanze chimiche come LSD o PCP.

Funghetti magici

Ci sono circa 30 mila differenti specie di funghi, ma solo un centinaio produce effetti psichedelici.
Quello più usato per questi scopi è il *Psilocybe cubensis*, un funghetto marroncino con un cappuccio conico che cresce di solito in lunghe file. È diffuso in tutto il mondo ed è popolare perché contiene psilocibina e psilocina, le due sostanze psicoattive che causano gli effetti stupefacenti, a livelli abbastanza prevedibili. Ma non prevedibili del tutto. Infatti questi funghi variano molto di potenza e uno forte può valere come dieci funghi più leggeri. Quindi il dosaggio è sempre problematico.

I funghi magici agiscono sulla norepinefrina (uno dei neurotrasmettitori su cui agiscono gli stimolanti), **sovraccaricano i sensi e cambiano vista, udito, gusto e tatto: producono stati di coscienza alterati.**
Agiscono anche sulla serotonina, il neurotrasmettitore che influenza umore, sonno e ansia e che, soprattutto, agisce su quelle parti del cervello che generano illusioni e allucinazioni.
Bastano dosi da 10 a 60 milligrammi di principio attivo – circa una decina di funghi, dipende ovviamente dalla grandezza e dalla potenza – per andare fuori per cinque ore.

VEDERE UN'ALLUCINAZIONE

Quando chiudi gli occhi non vedi solo nero e basta. Se rimani lì un po' e fai attenzione, ti accorgi che in quel nero ci sono cose da vedere: sono le cose che ci sono dentro l'occhio.
Puoi vedere fili neri su uno sfondo rosso. Quelli sono i capillari che proiettano ombre sulle cellule fotosensibili dentro la retina. Oppure puoi vedere pallini di luce che si muovono. Quelle sono le ombre dei globuli rossi che passano attraverso i capillari della retina.

Se provi anche a spegnere la luce, queste immagini diminuiscono, perché ora non c'è più una fonte luminosa che proietta le ombre. Però anche al buio, se ti rilassi e fai abbastanza attenzione, il nero non è nero, totalmente nero, ma grigio. I neuroni che si scaricano nella retina e nella corteccia visiva possono farti vedere pallini, dischi, strisce di luce, archi luminosi e anche motivi a scacchi.
Sbattere le palpebre li fa muovere a veloci angoli retti e strofinarsi gli occhi causa altri motivi grafici.

Quando si prende una droga allucinogena, le forme create dal sistema ottico e dall'eccitazione elettrica della corteccia visuale del cervello esplodono di luci, colori e disegni che cambiano così velocemente e intensamente da lasciare senza fiato e senza aggettivi.
Le immagini sembrano a mezzo metro di distanza dal volto e l'inquadratura di solito è molto luminosa al centro, quasi bruciata. Mentre la parte esterna si vede meglio e con più dettagli.
Questo punto luminoso centrale crea una prospettiva a tunnel in cui le forme diventano man mano meno casuali e più geometriche. Pulsano, si muovono verso il centro o si allontanano.
Alcune immagini ruotano come una girandola o un caleidoscopio, mentre altre attraversano come frecce il campo visivo.
E questi movimenti accelerati portano dentro nuove forme geometriche reticoli, molecole, arabeschi, alveari, scacchiere, corolle e corone.
Forme geometriche che si clonano e fondono in strutture che cambiano continuamente.
Poi, improvvisamente, appaiono immagini più complesse, scene reali, memorie di bambino, scene associate con eventi emotivi del passato e memorie recenti che formano un film sgangherato ma piacevole. Profondo e dettagliato, arricchito da scene inventate.[1]

UNDERGROUND A TUTTI GLI EFFETTI

L'uso religioso dei funghi è documentato già 7 mila anni fa nelle cerimonie di molte tribù del mondo. Ma **è in Centroamerica che la cultura dei funghi allucinogeni si è diffusa maggiormente** perché in queste zone, soprattutto in Messico, sono molto numerosi e di tantissimi tipi.
Quando gli Europei conquistano il continente, proiettano due atteggiamenti tipici dell'Europa di allora: il desiderio scientifico di espandere la propria conoscenza e la superstizione religiosa che queste piante abbiano poteri diabolici.
Cortez e gli altri conquistatori, avventurieri ed esploratori sono sorpresi che i selvaggi abbiano una conoscenza delle piante mediche molto superiore alla loro. E capiscono subito che i rimedi naturali usati dagli indigeni sono più efficaci di quelli europei per curare ferite e malattie.
L'uso massiccio delle piante allucinogene fatto dagli Indios, però, è difficile da ripulire dai rituali primitivi e da inserire nella medicina e nella cultura europea, come invece avviene con le foglie di coca e quelle di tabacco.[2]
I missionari cristiani, che sono sempre la fonte principale delle cronache scritte dell'epoca, sono molto impressionati dai rituali degli Indios. Alcune tribù azteche, per esempio, mischiano insieme foglie di tabacco, bruchi velenosi e i semi di una pianta per fare una bevanda che crea visioni. È l'ololiuqui, l'equivalente naturale più vicino all'LSD.
Però non è l'unico allucinogeno. I Messicani, per le loro cerimonie, usavano il peyote, che già nel 1500 i gesuiti chiamavano la "radice del diavolo". Praticamente **tutte le tribù del continente avevano cerimonie in cui si cantava, si ballava, si correva in cerchio e si prendevano allucinogeni.** L'intossicazione poteva durare una notte o giorni interi e alla fine gli anziani si riunivano e discutevano dell'esperienza appena fatta, dei pensieri che avevano avuto e prendevano decisioni che riguardavano tutta la tribù.
Costringere gli Indios ad abbandonare le piante allucinogene era uno dei passaggi più difficili nella loro conversione al cristianesimo. Per evi-

tare di essere perseguitate, alcune tribù battezzarono le piante con nomi di santi cristiani (come il fungo San Pedro) e continuarono a usarle incrociando i loro riti con quelli della chiesa cattolica.
Altre tribù, per non abbandonare la loro tradizione millenaria, la trasformarono in cultura "underground". Riti trasgressivi agli occhi dei dominatori bianchi furono tramandati segretamente di generazione in generazione dagli anziani della tribù.
Il metodo funzionò: nessuno seppe più nulla delle piante allucinogene per quattrocento anni, fino a dopo la seconda guerra mondiale.[3]

È solo negli Anni '50, infatti, quando gli Stati Uniti diventano la nazione più potente del mondo, che gli antropologi americani cominciano a interessarsi alle tribù che popolavano il loro continente prima della conquista europea.
Gli scavi e le ricerche fanno luce finalmente sulla figura dello sciamano e sull'uso di piante e funghi allucinogeni.
Albert Hoffmann, che ha scoperto per caso l'LSD qualche anno prima, inizia a lavorare con l'esperto di funghi Roger Heim e nel 1956 isola i due principi attivi (psilocibina e psilocina) che, fino a quel momento, erano sconosciuti.
L'anno dopo, l'antropologo Robert G. Wasson, pubblica su *Life* un lungo articolo dal titolo *Seeking the Magic Mushroom* sulle tradizioni e sulle allucinazioni degli Indios.
Life è una rivista diffusissima in America e nel mondo e **da quel momento, milioni di lettori scoprono l'esistenza e la potenza dei funghi magici. E iniziano a sperimentare.**

Oggi i funghi allucinogeni sono vietati in molti Paesi. **E anche in Italia coltivazione, vendita e consumo sono illegali** ed equiparati ad altre droghe come marijuana, cocaina ed eroina.
Però il possesso e la vendita di spore è legale per ricerca scientifica o collezionismo. Ed è questo il modo in cui gli appassionati dei funghi aggirano la legge: comprando su Internet le spore.

Ci sono molti siti che vendono kit per farli crescere in casa. Dentro ogni kit c'è un sacchetto con segale, paglia o altri terreni di coltura sterilizzati e una siringa con un liquido che contiene le spore.
Non c'è bisogno di avere il pollice verde. Basta siringare le spore nel sacchetto, agitare e lasciare incubare. Dopo un paio di settimane i funghi sono pronti per essere raccolti e mangiati.
Però è illegale. Cioè: comprare le spore si può fare. Quello che non si può fare è far crescere i funghi. Questo perché **i funghi possono essere molto pericolosi.** Il genere Amanita per esempio comprende sia funghi dai forti effetti psichedelici e altri che sono semplicemente mortali.

L'*Amanita muscaria*, per esempio, provoca allucinazioni, ma uccide chi sbaglia la dose. E bevande a base di questo fungo erano preparate in India già migliaia di anni fa.
È un fungo facile da riconoscere, è quello buffo, cicciottello, rosso coi pallini bianchi che c'è spesso nelle illustrazioni delle fiabe per bambini. Anzi, qualcuno sostiene che la sua presenza in fiabe e favole è così comune e diffusa, proprio perché rende visibile agli uomini il mondo dei folletti.[4]
Che sia vero o no, certamente il fungo, come racconta chi ne ha fatto uso, sembra indurre un forte senso di unione con la natura, ovviamente se consumato lì dove cresce. La sensazione è quella di fondersi con le piante, gli animali e gli elementi del bosco: sentirsi muschio, sentirsi cervo, sentirsi collina. Questo fungo non è una cosa da prendere alla leggera. Basta toccarlo e portarsi poi le mani alla bocca per rimanerne intossicati.
Questo genere di funghi non contiene psilocibina come i funghetti magici, ma acido ibotenico e muscimole, sostanze che interferiscono con il neurotrasmettitore GABA, lo stesso colpito dall'alcol.
L'intossicazione, però, è molto più grave e causa delirio, mancanza di coordinamento muscolare, aumento della temperatura, coma e morte.
Ed è il meno pericoloso della famiglia. Ci sono anche l'*Amanita pantherina*, molto più forte e velenosa, e l'*Amanita falloide*, sicuramente

mortale. Nonostante la sua pericolosità, l'**Amanita muscaria è uno dei pochi funghi psichedelici in vendita legalmente in molti Paesi, tra cui l'Italia.** Su Internet una bustina da 25 milligrammi di fungo secco costa 25 euro.

UN VIAGGIO FATICOSO

I funghetti magici non creano tanta dipendenza. Ma **non sono una droga da una botta e via perché gli effetti durano parecchie ore e fanno vivere un'esperienza intensa,** molto coinvolgente.
Un ragazzo si è fatto un giro in campagna dopo aver preso funghi allucinogeni e racconta sul forum Psiconautica alcuni esempi molto chiari di come funzionano illusioni e allucinazioni: «Tutto quello che si muoveva nell'aria, farfalle, uccelli, mosche, foglie che cadevano dagli alberi, tutte queste cose lasciavano una scia di oggetti identici, ma sempre più piccoli. Per ogni farfalla ne vedevo altre quattro che la inseguivano...».
«Un muro di mattoni sembrava esser fatto di anemoni di mare sotto il pelo dell'acqua, pulsava e sembrava che la corrente lo muovesse...
«La pelle della mano a un certo punto sembra un rivestimento di plastica trasparente, che permetteva di vedere strani liquidi sotto la pelle. E quando stiravo i muscoli questi liquidi facevano le bolle...
«La mia scarpa sembrava viva, l'ho vista pulsare come la pelle di un alieno. Poi è diventata di gelatina scura trasparente, potevo vederne il fondo. E quelle che in realtà sono macchie sulla superficie apparivano come bollicine al suo interno...
«A un certo punto mi sono alzato in piedi e mi sono sentito molto alto, mi sembrava di dominare gli alberi, le colline...»[5]

Viaggi del genere lasciano fisicamente e mentalmente un po' spossati. Non viene fretta di ripetere un'esperienza così impegnativa.
Anche perché i funghi smettono di funzionare se presi dopo troppo poco tempo dall'ultima volta. Non è che bisogna prendere più droga,

proprio non funzionano. **Questo meccanismo evita l'escalation delle dosi, perché basta fare una pausa e poi si può ripartire dalla stessa dose iniziale.**
Inoltre gli effetti salgono lentamente, come spesso accade quando si mangiano le droghe. E questo non produce quella botta iniziale che è la molla per provare il desiderio intenso di ripetere l'esperienza, causa principale della dipendenza dalle droghe.
È una cosa comune a molte piante allucinogene e infatti anche i rituali degli Indios, sia quelli religiosi che quelli ricreativi, non erano quotidiani. C'era il tempo, tra un'intossicazione e l'altra, di valutare l'esperienza fatta e inserirla nella propria vita.[6]

Lsd

Come molte droghe, l'LSD ha una storia interessantissima. La versione breve è questa: **prima di diventare la droga più di moda degli Anni '60, era una malattia del Medioevo.**
La versione più lunga, invece, parte da un fungo microscopico che cresce sui chicchi dei cereali, soprattutto la segale. Si chiama *Claviceps purpurea* o Ergot, che vuol dire sperone. Infatti questa muffetta scura forma dei piccoli coni, delle spine, sulla superficie della segale, da cui il nome comune di "segale cornuta".
Quando le scorte di grano iniziavano a scarseggiare, cioè praticamente sempre, il pane veniva fatto anche con la segale contaminata da questa muffa tossica, intossicando decine di migliaia di persone alla volta.[7]

Questo fungo-muffa agisce sul sistema nervoso, causando allucinazioni visive e uditive, deliri e follia.
Ma è anche un forte vasocostrittore, blocca così tanto la circolazione che provoca bruciore di mani e piedi e può causare anche la cancrena delle zone più periferiche, come dita o naso.
Avvelenarsi in questo modo, mangiando segale contaminata, era una cosa molto diffusa a quei tempi e, dopo che un ricco commerciante era guarito pregando Sant'Antonio, questa malattia prese proprio il nome di "fuoco di Sant'Antonio".
Nel Medioevo, però, per chi aveva convulsioni e vedeva cose strane, c'era soprattutto una cura: la Santa inquisizione.[8]
Solo recentemente si è capito che **la maggior parte delle 100 mila persone torturate e condannate per stregoneria dai tribunali religiosi presentava semplicemente i sintomi di avvelenamento da segale cornuta.** In pratica, avevano solo mangiato il pane ammuffito da questo funghetto allucinogeno. E sembravano indemoniate.

DALLA MUFFA ALLA DROGA

Nel 1920, il chimico Albert Hoffmann, che lavora per la casa farmaceutica svizzera Sandoz, inizia a studiare la segale cornuta perché vuole sfruttare le capacità di vasocostrizione per creare una sostanza in grado di bloccare in fretta le emorragie, cosa ovviamente utile in medicina. Hoffmann ci sta lavorando da più di vent'anni sintetizzando composti sempre diversi senza ottenere il risultato cercato, tanto che la casa farmaceutica gli sta bloccando i finanziamenti.
La formula su cui lavora è l'ennesima variazione dell'acido lisergico contenuto nella segale. Però gli esperimenti sugli animali falliscono ancora, la sostanza non funziona come medicinale anticoagulante. Hoffmann nervosamente si mangia un'unghia, ingerendo così una dose microscopica del composto che sta testando. È questo gesto inconsapevole che gli fa scoprire le proprietà del C20H25N3O (LSD).

Ancora una volta, però, non basta inventare una droga per renderla popolare. Come nel caso di De Quincey con l'oppio e di Freud con la cocaina, sono gli scrittori dell'epoca a far scoppiare il boom delle droghe allucinogene.
Timothy Leary, che al tempo non era un capellone strafatto, ma insegnava psicologia all'Università di Harvard, capisce che l'LSD è un ottimo strumento a disposizione per sbloccare traumi sepolti e aumentare la capacità di dare un senso alla propria vita. E questa sostanza viene inizialmente impiegata in sedute di terapia.
Un uso che ben presto esce dal circuito degli psichiatri e si diffonde in tutta la società dell'epoca.[9]

Gli straordinari effetti della droga e la personalità carismatica di Leary vengono sfruttati enormemente dai mass media dell'epoca e sono loro i veri responsabili dell'ascesa e soprattutto della caduta dell'LSD, che viene identificato presto con il movimento hippie.

Leary trascorre la vita cercando di diffonderne l'uso, tanto che viene definito da Nixon "l'uomo più pericoloso d'America". E quando muore, nel 1996, le sue ceneri vengono lanciate nello spazio con un razzo, insieme a quelle di Gene Roddenberry, il creatore di *Star Trek*.
Nonostante gli sforzi di Leary e dei sostenitori dell'LSD, quando scade il brevetto della Sandoz, il governo americano lo mette tra le sostanze illegali e cessa quindi anche l'uso terapeutico.
Rimane ovviamente come droga clandestina e i laboratori sono impossibili da trovare, sia perché servono quantità minime di prodotti base per fabbricare l'LSD sia perché viene usato in piccolissime dosi, facili da nascondere.
L'intero fabbisogno annuo degli Stati Uniti pesa 5 chili e può essere agevolmente trasportato da una persona sola.

EFFETTI E DIFETTI

L'LSD non si fuma, non si sniffa né si inietta. Si prende solo per via orale. Di solito viene sciolto nell'acqua e poi messo con un contagocce su un pezzettino di carta di un centimetro di lato. Questi piccoli francobolli sono spesso colorati o stampati con figure tratte da fumetti e cultura pop, da Mickey Mouse a Bart Simpson.
Un singolo quadratino di carta si chiama trip, che vuol dire "viaggio". E infatti è sufficiente metterselo in bocca e ciucciarlo per provare, dopo mezz'ora, gli effetti della droga. Raggiungono un picco dopo 2-4 ore e scendono dopo 6-8 ore. È un viaggio, appunto, che ti tiene in ballo un giorno intero.
Le dosi in commercio variano molto e non si può sapere quanto ce n'è dentro. Di solito da 20 a 80 mic, dove mic è un'unità di misura piccolissima, calcolabile solo in laboratorio. Bastano soli 25 mic per causare effetti stimolanti, euforia e distorsione del tempo e dello spazio.

L'LSD provoca aumento di tutto quello che regola il nostro corpo: bat-

tito cardiaco, pressione, temperatura, sudorazione e appetito.
Ma è l'azione sulla norepinefrina che sviluppa gli effetti più interessanti. Siccome agisce sulla capacità di attenzione, una sua iperstimolazione amplifica i sensi all'inverosimile e questo provoca illusioni e allucinazioni. Dopo un po' questa esasperazione dell'attenzione si sposta su se stessi. Ed è questo che spiega la capacità di introspezione profonda che provano comunemente tutti quelli che usano LSD.
L'espressione verbale diventa difficile, così come la capacità di giudizio e il ragionamento logico. Un effetto abbastanza comune è quello di avere voglia di saltare, essere convinti di poter volare, o comunque di essere in grado di balzare indenni da finestre, ponti, cavalcavia.
Questi effetti, uniti ai tempi di azione dilatati e alla distorsione visiva, rendono impossibile svolgere normali compiti quotidiani come guidare la macchina.
Le azioni base sono così compromesse che in un esperimento di laboratorio topi ciechi e topi drogati con LSD ci mettevano lo stesso tempo (tantissimo, cioè) a uscire da un labirinto.[10]

L'LSD aumenta la normale personalità di chi lo prende, animale o uomo che sia: il represso diventa aggressivo e il timido va ancora più in difesa. Può innescare anche episodi psicotici negli schizofrenici e nei depressi, perché destabilizza ulteriormente l'equilibrio di neurotrasmettitori già compromessi. E quindi persone con preesistenti malattie mentali o instabilità possono aggravare la loro condizione.
Lo scenario secondo cui uno prende l'LSD e fa un viaggio così brutto da non tornare più lo stesso di prima non è una leggenda urbana.
Così come non lo è quella dei flashback: **chi ha usato LSD in passato può provare oggi, anche a distanza di molti anni, come dei flash improvvisi molto potenti.** In pratica, quando meno te lo aspetti, lo stress o una sensazione improvvisa come un suono, un odore, uno sguardo richiama qualcosa nel cervello e possono far riaffiorare di punto in bianco gli stessi effetti provati anni prima durante un viaggio con l'LSD.
È una cosa molto strana e angosciante quella di passare, istantaneamente

e senza volerlo, da una situazione normale a un viaggio allucinogeno improvviso. Eppure non è un fenomeno raro, capita a molti che hanno fatto uso nel loro passato di LSD (dal 25 al 65%, dipende dagli studi).[11]

GIORGIO E LA VESPA

Una notte stavo tornando a casa verso le 3.45 del mattino quando, da lontano, vedo un ragazzo su uno scooter. La cosa che attirò la mia attenzione fu che sentivo: «Brum brum! Meeeeeeee! Meeeeeeeeee! Brum brum! Meeeeeaaaa!». Era lui che, con la voce, simulava una sorta di Gran Premio, ma lo scooter era fermo sul cavalletto. Quando arrivai a un metro mi accorsi di conoscerlo: era Giorgio, un ragazzo molto simpatico che faceva il liceo classico. Ci eravamo scambiati quattro battute tre mesi prima e mi era rimasto impresso perché molto simpatico… e poi perché si era fatto una ragazza che mi aveva appena dato il due di picche! Io avevo 16 anni e lui forse un anno più di me. Era convinto di andare chissà dove con quello scooter fermo. Ridendo, gli feci: «Hai bevuto un po' stasera?», e lui mi guardò, smise di fare il verso del Moto Gp e non mi disse niente… io gli feci: «Giorgio, sono Jacopo, quello a cui hai soffiato Valentina… se stai male ti do uno strappo a casa… hai finito la benza?», e lui continuava a guardarmi senza rispondere. Pensavo scherzasse, così dopo un po' me ne andai. Il giorno dopo un amico in comune mi disse che Giorgio si era calato un acido a una festa in Veneto, ma qualcosa era andato storto: era finito all'ospedale e da due mesi non parlava più con nessuno… l'acido gli aveva danneggiato il cervello. Credo che la mia fortuna sia stata quella di non essere mai stato particolarmente curioso di droga e sballo e forse mi ha aiutato anche vedere qualcuno che prima di me (e non parlo solo di Giorgio) purtroppo ha avuto delle brutte conseguenze. Sono comunque uno a cui è successo di passare la notte con la testa dentro a un water perché ubriaco fradicio o ridendo a crepapelle per qualche tiro di canna… anche se in quelle occasioni chi ha riso di più sono stati i miei amici quando ho provato a rollarne una.

Jacopo Morini

Semi allucinogeni

Ci sono i semi di alcune piante, come la *Ipomea violacea* e la *Argyreia nervosa*, che contengono amide dell'acido lisergico (LSA), una sostanza naturale simile all'LSD ma meno potente, circa un decimo.
Sono conosciuti dagli Anni '60 e con l'arrivo degli smart shop e dei negozi online però hanno avuto un boom e si sono molto diffusi con nomi come Hawaiian Baby Wood Rose e Morning Glory.
Sono allucinogeni a tutti gli effetti e **bastano tre semi per abbassare la pressione, dilatare le pupille e alterare i sensi. Il viaggio dura quattro o cinque ore ed è simile a quello dell'LSD**: euforia, illusioni, distorsione del tempo e la tipica consapevolezza che il mondo sia più interessante e abbia più senso.

Sono droghe naturali, difese naturali della pianta contro le aggressioni. Quindi **sono sostanze tossiche che danneggiano lo stomaco e il cuore dell'animale che mangia i semi.** Infatti, provocano nausea e vomito. È il tentativo estremo del corpo di espellerle.

Per aumentare questa possibilità di vomitarli e diminuire così il rischio di overdosi accidentali, alcuni commercianti li inzuppano apposta in sostanze che provocano il rigetto. Proprio come faceva l'ex pirata Dover con l'oppio in polvere nell'800. Così se ne mangi troppi, sei costretto a vomitarli. Qualcuno, per questo motivo, ne gratta via la buccia o ci fa il tè. In questo modo si hanno gli effetti psichedelici e si riducono quelli di nausea e mal di pancia. È comunque una pratica pericolosa. Moltissime testimonianze raccontano di viaggi andati male. Attacchi di panico, convulsioni ed esperienze mentali spaventose.

Questi piccoli semi non vanno presi alla leggera e soprattutto non si può fare affidamento sui racconti e le esperienze degli altri. Perché, come molte droghe psichedeliche, ti mandano fuori e hanno effetti veramente imprevedibili e diversi da individuo a individuo. **Effetti la cui potenza e piacevolezza variano molto di più rispetto a sedativi o stimolanti.**

Peyote

Il peyote è **un cactus, la pianta allucinogena più famosa del Centroamerica ed è usata da più di 5 mila anni.**

Quando i colonizzatori spagnoli cercano di proibirlo, gli Indios continuano a usarlo in segreto per duecento anni. E poi nell'800 alcune tribù lo portano in Nordamerica, dove si diffonde tra gli indiani. Gli apache Mescalero (chiamati così proprio da Mescal, il vero nome del peyote) e una cinquantina di altre tribù lo usano per rituali religiosi e di guarigione.

Nell'ultimo secolo gli indiani sono riusciti a mantenere le loro tradizioni e hanno dato vita a una vera e propria chiesa, la Native American Church of North America.

Per anni, da un tribunale all'altro, hanno fatto battaglie legali contro il governo degli Stati Uniti per il diritto di tenere e usare il loro cactus allucinogeno. E nel 1996 la Corte suprema gli ha dato ragione: **i membri di questa chiesa sono gli unici che possono coltivare e consumare il peyote nelle loro cerimonie. E ora sono più di 250 mila in tutto il mondo.**[12]

Il cactus assomiglia a un bottone cicciottello e spunta solo qualche centimetro da terra. Si può usare sia fresco che secco e di solito viene fatto bollire e poi bevuto. L'effetto dura circa dodici ore e assomiglia a quello dell'LSD, con maggiori visioni colorate e allucinazioni.

Anche se a parità di peso è 4 mila volte meno potente, il peyote lavora in modo simile sul cervello. Una dose produce una botta iniziale di energia fisica seguito da rilassamento, letargia, visioni caleidoscopiche e profonde esperienze spirituali.

Il peyote contiene una cinquantina di ingredienti psicoattivi, il più potente tra questi è la mescalina, scoperta e sintetizzata dal chimico

tedesco Arthur Heffter già nel 1890.
Nonostante la preoccupazione, anzi, il panico crescente verso la diffusione delle droghe che porta al proibizionismo dei primi del '900, la mescalina non viene vietata. Non era considerata una droga, ma un composto chimico sperimentale come stimolante del cuore e del nervo ottico.
La casa farmaceutica Parke-Davis ce l'ha in catalogo senza alcun controllo per decine di anni e, anche se non trova mai vere applicazioni mediche, continua a essere studiata da psichiatri e psicologi interessati alla percezione e alla formazione del pensiero.

Quando negli Anni '50 esplode l'interesse per gli allucinogeni, il peyote diventa la pianta più famosa del suo genere, soprattutto grazie ad Aldous Huxley che nel 1954 racconta le sue sperimentazioni nel libro *Le porte della percezione* che, da Jim Morrison in poi, diventa la bibbia di un'intera generazione (il nome Doors viene appunto dal titolo originale *The Doors of Perception*).
Sono gli ultimi, però, a usarlo legalmente. Dagli Anni '70 il peyote viene classificato come droga proibita in quasi tutto il mondo.

Mdma (ecstasy)

La casa farmaceutica Merck, che aveva guadagnato così bene con la cocaina qualche anno prima, sintetizza l'MDMA nel 1912.
È una sostanza che rimane a lungo sugli scaffali del laboratorio, fino a che **negli Anni '50, in piena guerra fredda tra Usa e Russia, l'esercito americano inizia a usarla in test sperimentali e segreti sugli esseri umani.**
Ma in quegli anni ormai, la chimica aveva aperto delle porte: il funzionamento di certe droghe sul cervello non poteva essere più ignorato. E anche se LSD e mescalina vengono tolte dal mercato e riclassificate come sostanze illegali, è ormai chiaro a tutti gli scienziati che non sono casi singoli, ma appartengono a una famiglia di composti chimici con importanti effetti sulla coscienza, fino a quel momento sconosciuti.

È Alexander Shulgin, un biochimico americano che lavora per la multinazionale Dow Chemical Company, il pioniere di quegli anni.
Shulgin ha appena inventato un pesticida formidabile e vendutissimo. Diventato ricco, si licenzia dalla multinazionale e apre un suo laboratorio privato a San Francisco.
In quegli anni collabora anche con la DEA, il Dipartimento antidroga americano. Fa lezione agli agenti speciali, analizza i campioni di droga sequestrati e testimonia come perito chimico in tribunale in centinaia di processi contro i narcotrafficanti.
In cambio, la DEA gli rilascia una licenza per produrre nel suo laboratorio privato qualsiasi tipo di droga.
È una situazione unica del suo genere: un genio della chimica che ha totale libertà di sperimentare e la possibilità di essere sempre aggiornato sulle nuove droghe che vengono sequestrate in tutto il mondo.[13]

Sono gli anni in cui si scopre anche la chimica dell'innamoramento, il modo in cui sostanze nel nostro cervello influenzano direttamente

un'emozione così spontanea e profonda come l'amore.
Si capisce che è la feniletilamina a farci provare desiderio per il partner, l'ossitocina che rende le donne affettuose e che la carenza di vasopressina spinge gli uomini al tradimento.
Shulgin intuisce che la famiglia di allucinogeni a cui appartiene la mescalina è imparentata con le anfetamine e che quindi si possono creare in laboratorio centinaia di nuove sostanze chimiche che uniscono l'effetto allucinogeno di una famiglia con quello energizzante dell'altra.
Uno di questi composti è **l'MDMA, che Shulgin propone come farmaco per la psicoterapia.**
La capacità di questa droga di creare empatia la rende un ottimo aiuto per entrare in contatto con le proprie emozioni, paure e memorie soppresse. E viene usata subito da molti psicologi americani per sedute di terapia, consulenze matrimoniali e per rasserenare pazienti con malattie mortali.

L'MDMA è solo la più famosa tra le droghe inventate da Shulgin, che in quegli anni, sotto la supervisione del governo americano, produce centinaia di composti chimici, variazioni sul tema, che l'esercito sperimenta segretamente come sieri della verità da usare durante gli interrogatori o come armi chimiche con cui gasare il nemico e renderlo così incapace di combattere.
Anche Shulgin sperimenta le droghe. E lo fa su se stesso, su amici e su tutta la comunità di San Francisco che ormai l'ha preso come punto di riferimento per espandere la propria coscienza.
«Ho capito che tutto il nostro universo è contenuto nella mente e nello spirito», dice Shulgin. «Possiamo scegliere di non accedervi, possiamo anche negare la sua esistenza, ma è dentro di noi. E ci sono sostanze chimiche che possono renderlo disponibile».[14]

Nonostante l'età e gli acciacchi, Shulgin continua a cucinare composti chimici nel suo laboratorio privato e inventa nuove droghe come il 2C-B, stimolante a basse dosi e allucinogeno a dosi più alte e il 2C-T-7, commercializzato negli smart shop come amplificatore di sensitività e consapevolezza, due delle infinite variazioni del suo repertorio.

Negli ultimi anni il suo rapporto con la DEA si è un po' incrinato perché ha pubblicato due manuali con tutte le note e le ricette dei suoi esperimenti. Libri che sono diventati l'enciclopedia dei fabbricanti di droga e che vengono regolarmente trovati nei raid della polizia nei laboratori clandestini di tutto il mondo.

In pochi anni, **grazie al passaparola, l'MDMA (come già era successo con l'LSD) esce dagli studi degli psicologi e diventa una droga ricreativa.** Gli effetti sociali come euforia, disinibizione e apertura verso gli altri, la rendono perfetta per ballare in massa, immersi in un'esperienza collettiva di energia, calore e gioia nelle grandi discoteche che stanno nascendo a San Francisco, Chicago, New York e anche in Europa.
In quegli anni l'MDMA è ancora una sostanza legale, ma viene venduta in strada come "Empaty", un nome che non funziona molto e che infatti viene presto cambiato nel più esotico "Ecstasy".[15]

Inizialmente si diffonde soprattutto nella comunità gay e, quando in America diventa illegale ma in Europa e nel resto del mondo no, il suo uso e abuso escono dai confini degli Stati Uniti e invadono il pianeta.

EFFETTI E DIFETTI

Tra tutte le pasticche di droga, l'ecstasy è la più venduta. Di solito si trova in pastiglie bianche, gialle o beige, che contengono da 50 a 200 milligrammi di MDMA. Gli effetti appaiono dopo circa un'ora dall'ingestione e durano 3-6 ore.

Questa droga è **un mix chimico tra anfetamine e mescalina, quindi presenta entrambi i tipi di effetti.**

Da una parte aumenta battito cardiaco, respirazione, energia, attenzione e attività. Dall'altra, la sua azione sulla serotonina diminuisce le inibizioni e aumenta la sensazione di benessere, autostima, felicità e piacere. Amplifica le sensazioni senza però causare distaccamento da se stessi e dalla realtà. Anzi, non isola l'individuo, estraniandolo dal suo contesto, ma aumenta la vicinanza con gli altri. È una sensazione di intimità, che non è direttamente collegata al sesso. Ma per alcuni l'abbassamento delle inibizioni, il desiderio di contatto (e negli uomini il ritardo nell'eiaculazione) rende l'MDMA una droga ricreativa anche dal punto di vista sessuale. Con l'uso intenso, però, anche questa droga diminuisce l'eccitazione e l'orgasmo in uomini e donne. Gli effetti dell'MDMA sul corpo ovviamente sono pericolosi. **Innanzitutto ci sono i danni legati all'abuso di anfetamine:** rigidità dei muscoli, spasmi della mascella, digrignare dei denti, aumento della temperatura, dilatazione delle pupille, vista sfocata, tic alla palpebra, mal di testa, agitazione, nausea, tachicardia, convulsioni, problemi cardiovascolari, infarto e coma. Come se non bastasse, l'aumento della temperatura corporea causato dalla droga, aggravato dal fatto che viene usata per ballare ore e ore in ambienti affollati, porta alla disidratazione e danneggia gravemente muscoli e reni. Per questo bisogna bere tantissima acqua. **Anche il cervello subisce danni pesanti.**

Da una parte la produzione di perossido di idrogeno causa morte cellulare e quindi perdita di memoria e incapacità di ragionare. Dall'altra, la sovrastimolazione dei recettori della serotonina, porta il cervello a spegnerli. Le antenne sensibili si ritirano sotto la membrana e l'individuo così non è più in grado di provare le normali sensazioni di piacere.

È una specie di depressione molto difficile da gestire, che dipende soprattutto dalla frequenza con cui si assume la droga e che non scompare appena uno smette di prenderla. Anzi, in alcuni casi ci vogliono mesi, anche anni, perché la capacità di provare piacere ritorni normale. In altri casi ancora il danno è irreversibile.[16]

Come spesso accade con le droghe illegali, **i danni sono tanto più gravi quanto più la droga viene tagliata malamente dai chimici di strada. E con l'MDMA questo accade molto spesso, quasi sempre.**

Pcp

Il PCP è fenciclidina, un composto sintetizzato nel 1926 che inizialmente veniva spruzzato su prezzemolo, menta o erba e aggiunto al mangime per tenere tranquilli gli animali di allevamento.

Negli Anni '50 viene usato anche come anestetico per le operazioni chirurgiche, iniettandolo nelle vene. Rispetto ad altri prodotti, però, dà gravi effetti tossici e allucinogeni. Alcuni pazienti si svegliano dopo un'operazione urlando in preda agli incubi.
Quindi non viene più usato sugli uomini, ma sugli animali. Non perché sugli animali funzioni meglio, è che loro non si lamentano col veterinario dopo l'operazione.

Oggi è illegale ed è fabbricato solo dai chimici di strada che lo fanno liquido, in polvere e in cristalli. Quindi può essere inghiottito, iniettato, sniffato e fumato. E comunque, in ogni modo, fa molto male. Il PCP blocca i messaggi sensoriali inviati al sistema nervoso centrale quindi abbassa le inibizioni, la paura del dolore e soprattutto causa una separazione della mente dal corpo. Nella metà dei casi provoca anche allucinazioni tattili, visive o uditive.
Un altro effetto è quello di scombussolare la memoria a breve termine. Provoca cioè piccole amnesie che cancellano le cose successe poco prima di prendere la droga. Per questo motivo, nei rapporti della polizia a volte viene confuso per Roipnol o GHB e associato alle droghe per lo stupro.
Siccome **è molto forte ed è impossibile sapere quanto ce n'è davvero nella dose che si compra da uno spacciatore,** è molto facile sbagliare quantità. Ed è per questo che non è molto usato: per la facilità con cui dà un brutto viaggio. **Basta una piccola differenza nella dose per passare da un piacevole effetto di deprivazione sensoriale a confusione mentale, agitazione, aggressività, convulsioni, depressione respiratoria,**

instabilità cardiovascolare, collasso dei reni e coma.
È molto facile ed economico da fabbricare, quindi viene usato spesso per tagliare altre droghe più pregiate come THC, mescalina o psilocibina. Ovviamente gli effetti sono diversi, molto diversi. E soprattutto i danni. Ma questo ai chimici di strada non interessa.

Ketamina

È un derivato del PCP, sviluppato nel 1962 dalla casa farmaceutica Parke-Davis e, **come il PCP, sviluppa una tolleranza molto rapida e una forte dipendenza psichica.** Anche gli effetti sono simili, ma durano un po' meno. All'inizio anche la ketamina è stata usata come anestetico, durante le operazioni chirurgiche, soprattutto sui soldati americani durante la guerra del Vietnam. Ma anche in questo caso, gli effetti indesiderati erano troppo violenti e l'uso da allora è stato dirottato sugli animali.

Una dose leggera causa un'intossicazione sognante, mancanza di coordinamento motorio e la sensazione di separazione tra mente e corpo. Aumentando la dose si hanno allucinazioni, delirio, aumento di battito cardiaco e pressione, convulsioni, depressione respiratoria e coma.

Siccome è più difficile da sintetizzare del PCP, **di solito la ketamina non viene fabbricata direttamente dai trafficanti, che preferiscono invece spacciare sul mercato nero quella legale, quella usata dai veterinari.**
È comunque un buon affare per chi la vende, pessimo per chi la consuma, visto che **viene venduta a circa venti volte il prezzo di partenza.**

Dmt

Tra le piante allucinogene che crescono in Centro e Sudamerica, c'è l'*Anadenanthera peregrina*, da cui nel 1931 è stato sintetizzato il DMT (dimetiltriptamina), che **agisce sulla serotonina con effetti simili a quelli di LSD e funghi magici.**
I succhi gastrici, però, lo distruggono più velocemente, quindi invece di essere mangiato, si preferisce sniffarlo o fumarlo. In questo modo **gli effetti durano molto poco, anche solo dieci minuti.**

Una variante del DMT è il 5-MeO-DMT, una sostanza che c'è anche nel veleno di alcune salamandre e rospi del genere Bufo.
È una notevole eccezione. Normalmente, infatti, tutte le droghe vengono dal mondo vegetale. Il veleno di questi rettili, invece, è una delle poche sostanze animali che hanno effetti come quelli di una droga.
Contrariamente a quello che si crede, però, il rospo non va leccato. Il veleno contenuto nei pori sul retro del collo viene strizzato sopra un piatto e poi spruzzato su sigarette che, una volta asciutte, vengono fumate.[17]

La botta è molto rapida, ma anche molto tossica. La pressione sanguigna aumenta e così il battito cardiaco. Ci sono crampi, convulsioni e paralisi muscolare. Sono effetti dovuti soprattutto alla presenza nel veleno del rospo, di un'altra sostanza tossica, il bufotenin. È un allucinogeno che però ha forti effetti sul movimento, rallentandolo molto.

Si trova anche nei semi della *Piptadenia peregrina*, una pianta diventata famosa nei Caraibi, perché è da questa pianta che si ricavano le polverine ipnotiche usate nelle cerimonie vudù che rallentano i movimenti e i processi logici del cervello, tanto da dare origine alla leggenda degli zombie.

Ayahuasca

L'ayahuasca, in realtà, non è una pianta ma un cocktail fatto con le foglie della *Psychotria viridis* e la corteccia di *Banisteriopsis caapi* e *Banisteriopsis inebrians*, tutte piante che crescono nella foresta amazzonica e che contengono hermalina.

Spesso, per aumentare la potenza di questa bevanda, vengono mischiate anche piante che contengono DMT perché l'hermalina disattiva gli enzimi digestivi. In questo modo il DMT non viene più metabolizzato dal corpo in modo efficace e i suoi effetti arrivano dritti al cervello.
Questa combinazione causa un viaggio molto intenso che inizia con vomito e diarrea, una botta di ansia e paura e poi forti esperienze allucinatorie e dissociative, che possono durare anche per dieci ore.[18]

L'ayahuasca, infatti, **non è una semplice droga ricreativa, è usata da molti secoli dagli Indios di Perú, Brasile ed Ecuador per generare profezie e divinazioni perché le allucinazioni hanno un che di mistico** e di illuminazione divina.[19]
E infatti i sequestri di ayahuasca in Italia, non sono tanto legati all'uso ricreativo di qualche ragazzo in discoteca, ma avvengono presso comunità e sette religiose.

PAURA E DELIRIO A LECCE

Ci conosciamo sin da bambini, abbiamo tutta la vita in comune e fortunatamente siamo sempre riusciti a divertirci (e tanto) senza fare uso di nessun tipo di droga, un po' perché non ne abbiamo mai sentito il bisogno e un po' per la paura di "rimanerci sotto" (a quel poco cervello che la natura ci ha donato abbiamo sempre avuto la fobia di arrecare danni, che quello piccolo è, non ci vuole un cazzo a rovinarsi...).
Entrambi non abbiamo mai fumato manco le sigarette però un giorno, per caso, ci siamo avvicinati al mondo delle canne. E questa è la storia.

Da universitari, Pio e Amedeo erano in una casa a Lecce (noi due pugliesi di Foggia, e quindi del Nord) in compagnia di un leccese della provincia. In questa casa in affitto... lui pittore, artista, estroverso, lu Paolu (Paolo)... e con lui i suoi amici di comitiva tutti un po' "centro sociale".
Una sera (Pio era sotto esame e anche Amedeo era sotto esame, ma per lui l'esame quando era troppo sotto si poteva rimandare alla prossima volta, c'era troppa pressione), Paolo ebbe la felice idea di invitare i suoi amici a cena. Era il periodo natalizio e la casa era addobbata (un po' a cazzo, ma era tutto sommato addobbata) quando la comitiva si presentò a casa: chi con i dolcetti, chi con un po' di pizza, chi con le birre, chi con una busta da 200 grammi di marijuana, così, per stare un po' insieme tutti quanti.
Mentre loro festeggiavano, Amedeo si era messo un po' in disparte nell'abbastanza grande soggiorno, a guardare la tv, lasciando la comitiva a divertirsi più in là a tavola, non dando troppa confidenza e declinando un paio di inviti che aveva ricevuto a unirsi a loro... Pio nel frattempo se ne stava da solo in una stanzetta a preparare l'esame, pressissimo, e aveva bisogno di silenzio assoluto per studiare. Ma entrando

in quella stanza piena di "odori sospetti" invitò ancora Amedeo a raggiungerlo in camera vedendo il suo imbarazzo a rimanere lì... e Amedeo rispose con un «dieci minuti e ti raggiungo, non ti preoccupare, tanto sto vedendo la televisione».
Assorto nello studio, Pio non si accorse che erano passati poi molto più di dieci minuti. Preoccupato, si riaffacciò nel soggiorno e qui la sorpresa...
Amedeo non aveva desistito all'ennesimo invito di quel gruppo festoso che si stava consumando "l'erba buona", come la chiamavano loro, e fu proprio il caso di dire... sì, Maria, Amedeo ha accettato l'invito...
Lo scenario agli occhi di Pio era raccapricciante: Amedeo era diventato il protagonista del gruppo. Seduto al centro del divano, aspirava fumo dal puntale dell'albero di Natale che era stato scippato dalla punta di quell'abete trovato in un cassonetto pochi giorni prima e addobbato alla meglio. Il puntale era stato conficcato in una bottiglia di plastica, formando una sorta di narghilè fatto in casa, contenente "l'intruglio buono"... a ogni tiro Amedeo era accompagnato dal battito delle mani e dal coro «oooooooooooooooohhh... olèèè!» di una comitiva della quale ormai era il beniamino, la mascotte.
Pio non riuscì a farlo tornare alla ragione, Amedeo aveva il viso tra il giallo tabacco e il verde Giamaica, di un pallido strano e... con un biascicato «...pure io pensavo fosse male... invece prova... cazzo... so' gentili... prova... un tiro a una canna è... eccheccazz!!!», convinse miracolosamente Pio che, osannato dal coro e dagli applausi, in preda a una misteriosa foga agonistica forse alimentata dai profumi dell'aria che respirava da circa un minuto, appoggiò la bocca sulla fumante punta di Natale aggiungendo un preoccupante «solo uno, eh...» in un'atmosfera che era diventata simile a quella che si respira nella sala prove dei Sud Sound System...
Non stiamo qui a dire qual è stata la fine di quella serata, ma diciamo solo che nemmeno Pio, dopo due giorni, sostenne quel temutissimo esame di storia contemporanea per il quale si era preparato meticolosamente e che Amedeo divenne quasi un tossico-erba-dipendente per i

cinque giorni a seguire...
Dopo quel periodo grigio, grigio fumo per la precisione, tutto tornò alla normalità. D'altronde non fumiamo neanche le sigarette e odiamo la puzza di fumo in bagno e quando si mangia (sono due tra le pochissime cose che abbiamo in comune)... anche se è capitato altre 5-6 volte da allora di farci un paio di tiri a una cannetta, in compagnia, ma così, nella giusta situazione goliardica, senza mai eccedere (Capodanno 2010 a parte, dove, dopo essere integrati al giro di due canne nello spazio di pochi minuti, ci siamo addormentati prima della mezzanotte: abbiocco, tristezza e poi frustrazione incredibile per non aver partecipato al trenino).
La marijuana è peraltro rimasta la droga più pericolosa mai provata per i motivi detti sopra... e non perché dobbiamo dirlo per fare i buonisti, ma è così... siamo disposti a sottoporci all'analisi del capello quando volete... fate presto, però, perché entrambi abbiamo i papà calvi e la calvizie è ereditaria.

Pio e Amedeo

Cannabis

Se le droghe fossero animali, la cannabis sarebbe il cane: nessun'altra droga è stata così a lungo parte della famiglia umana come questa pianta.

È conosciuta da più di 10 mila anni con centinaia di nomi diversi in decine di lingue diverse. Questo dimostra non solo che è stata usata ovunque, ma anche la sua influenza sul linguaggio dell'uomo.

Prima di tutto facciamo chiarezza su un punto: esiste una sola cannabis. Per anni si è pensato che ci fossero due piante diverse, quella coltivata per la fibra robusta con cui si fanno corde, reti, materassi, sacchi e vestiti. E quella coltivata per fumarne la resina a scopo medicinale o ricreativo. Ed è anche su questa convinzione che si sono basate molte campagne proibizioniste. Ma, come sapevano gli antichi e come hanno confermato gli esami del DNA nel 2011, le due famiglie appartengono alla medesima pianta: la cannabis.

Originaria della valle dell'Hindukush, tra Cina, India, Afghanistan e Pakistan, la cannabis, prima attraverso il vento e gli animali e poi attraverso l'uomo, si è diffusa in tutto il mondo originando le varietà conosciute oggi. In base alla direzione presa dalle migrazioni umane, **le piante usate per i loro effetti si sono differenziate in tre varietà.**

Le piante di cannabis che sono rimaste in Asia centrale nel loro clima autoctono costituiscono la *Cannabis indica*. La cannabis che è andata verso il Sudest asiatico e poi in Africa e America Latina ha originato la *Cannabis sativa*. E le piante che sono andate a nord, nei climi più freddi, sono quelle del tipo *Cannabis ruderalis*.

- La *Cannabis sativa* è la pianta che tutti hanno in mente quando immaginano la marijuana. Alta fino a 5 metri, bella robusta, le classiche foglie che sembrano una mano, con le "dita" un po' separate e allungate, appuntite. Ha bisogno di tanta luce e di solito cresce in Jamaica, Messico, Thailandia, Colombia e Nigeria.

• La *Cannabis indica*, invece, è molto più bassa (circa un metro), cespugliosa, con le foglie più larghe e grasse, di un verde più intenso e con le "dita" un po' sovrapposte. È la tipica pianta asiatica e viene soprattutto usata per produrre l'hashish.

• La *Cannabis ruderalis*, quella che si è sviluppata nei climi freddi della Siberia e dell'Asia del Nord, è la più piccola delle tre e ha anche meno effetti psichedelici. E infatti per lungo tempo è stata quasi ignorata. Con il boom degli incroci, però, come vedremo, certe sue qualità sono state molto utilizzate.

In effetti, la cannabis che si usa oggi non appartiene a nessuno di questi tre tipi "puri". Ma è un ibrido – e ce ne sono centinaia di qualità diverse – creato dall'uomo a partire da queste tre famiglie. A seconda della prevalenza di una o dell'altra, cambiano le caratteristiche fisiche della pianta come altezza e foglie, grandezza dei fiori e quantità di resina, ma anche la qualità della resina e quindi gli effetti e gli usi, la potenza e il gusto. Insomma, le caratteristiche del prodotto.

LA PIANTA

Un seme dà vita a una pianta di cannabis che cresce abbastanza in fretta. Dopo 7-10 giorni appaiono i primi due rametti con le caratteristiche foglie a cinque dita. Il fusto continua a crescere e da ogni internodo parte una coppia di rami sempre perpendicolari tra loro.
Da specie a specie cambia la lunghezza e la distanza tra i rami, ma la struttura della pianta è simile e anche ogni ramo ripete lo schema

della pianta principale con altri set di foglie (che a questo punto hanno anche più di cinque dita, ma sempre dispari) perpendicolari tra loro.

La cannabis è una pianta annuale: cresce per tutta la primavera e l'estate, fino a che le giornate si accorciano e solo allora, prima dell'arrivo dell'inverno, prima di morire, come tutti gli esseri viventi, cerca di riprodursi. Ci sono infatti piante maschio e piante femmina. Le piante maschio, alla fine dell'estate, fanno crescere dei fiori tipo un piccolo grappolo d'uva e producono il polline, una polverina bianca molto leggera, che vola nell'aria nella speranza di fecondare una pianta femmina.
Per catturare il polline, i fiori sulle cime delle piante femmina hanno centinaia di "calici", ciascuno con due peletti rossi o arancioni (gli stipoli) e ricoperti di resina. Sono gli strumenti per fare aderire meglio la polverina, fecondare il fiore e far così nascere i semi che cadranno a terra e daranno poi vita ad altre piante e così via.[20]

Per millenni le migrazioni umane hanno mischiato le piante in modo piuttosto casuale e nessuno ha tenuto conto di quello che è successo. Ma **dagli Anni '60 si è incominciato a guardare in modo più scientifico alla genetica e alla botanica della cannabis. E da lì in poi è cambiato tutto.**

Nasce in quegli anni il concetto di selezione. Fino a quel momento c'erano cannabis autoctone, piante e varianti che si erano stabilizzate in ogni parte del pianeta e ognuna di esse con caratteristiche definite. **Con la selezione si incomincia a cercare la cannabis migliore, incrociando semi di provenienza diversa** per ottenere piante con gusto ed effetto ben preciso e caratteristiche stabilizzate.

Fino agli Anni '90 non esiste ancora un'industria vera e propria e gli incroci sono il risultato del fai da te. Ma negli ultimi venti anni questo lavoro di botanica esce dalle serre private e diventa professionale, organizzato e scientifico. **Il processo naturale di riproduzione della pianta viene completamente rivoluzionato** e la cannabis è ora coltivata in decine di modi diversi.

RESINA E THC

La resina serve alla pianta femmina per farsi fecondare dalla pianta maschio. Cioè, se volessimo fare un parallelo tra la riproduzione umana e quella vegetale, il polline sarebbero gli spermatozoi e la resina appiccicosa sul fiore femmina sarebbe... vabbè, comunque una cosa strana da fumare, no?
Eppure è solo la resina del fiore femmina che contiene quantità elevate di CBD, la sostanza da cui durante la maturazione delle piante derivano gli altri cannabinoidi come THC, CBN, CBG e tanti altri di cui almeno un centinaio è stato classificato. La resina contiene anche terpeni e terpenoidi che sono responsabili dell'aroma e del gusto della pianta, ma agiscono anche in sinergia con i cannabinoidi, potenziando un certo tipo di effetto piuttosto che un altro.

Tra i vari cannabinoidi il più famoso è il THC, perché è quello che sballa. Scoperto nel 1964, è stato a lungo sopravvalutato, e da poco si è scoperto che agisce meglio in combinazione con gli altri cannabinoidi, da cui viene controbilanciato. Quando viene somministrato da solo, infatti, come nel caso del THC sintetico, produce effetti troppo violenti, spiacevoli e ansiosi.
Piante con alte concentrazioni di THC sono sempre esistite, ma oggi sono diffuse più che mai. L'aumento della coltivazione indoor, lo scambio di consigli e tecniche su Internet, i progressi dei laboratori fai da te hanno portato alla creazione di piante sempre più potenti. E tutto il ciclo riproduttivo della cannabis è stato sconvolto per massimizzare la quantità e la qualità della resina.
Secondo i dati ufficiali dei sequestri di marijuana, alla fine degli Anni '80, la concentrazione media di THC era il 3,7%. Nel 2000 è salita al 4,6% e nel 2008 era già al 10%.

Come se non bastasse, negli ultimi anni sono state scoperte tantissime sostanze sintetiche che assomigliano chimicamente ai cannabinoidi, ma sono create in laboratorio, spesso dalle aziende farmaceutiche. Hanno nomi come JWH-018 e CP 47,497 e sono vendute negli smart shop o su Internet sotto forma di incensi o deodoranti per ambiente. Vengono anche spruzzate su erba di bassa qualità o mescolate all'hashish per aumentarne la potenza.[21]

È una cosa molto pericolosa, perché questi nuovi composti sono molto, ma molto più potenti del THC. Alcuni anche ottocento volte più forti e causano presto assuefazione, dipendenza, problemi circolatori e mentali. E infatti, per la prima volta nella storia, è aumentato il numero delle persone dipendenti da cannabis che cercano aiuto.

COME SIAMO ARRIVATI FINO A QUI

Oggi la cannabis è illegale in quasi tutto il mondo, ma non è sempre stato così. Anzi, è una pianta che si è diffusa in parallelo in diverse zone del pianeta che non avevano molti contatti tra loro. L'uso medico e religioso andavano di pari passo: in tutte queste culture diverse tra loro, la cannabis veniva impiegata sia per le sue proprietà rilassanti e antisettiche sia per amplificare i sensi e mettersi in contatto con gli dei.

L'imperatore cinese Shên Nung nel 2700 avanti Cristo la consigliava per scopi medici contro malaria, beriberi, costipazione, dolori reumatici e mestruali. In India era considerata una delle cinque piante sacre, associata alla divinità Shiva e usata sia nelle occasioni religiose e sociali che per curare mal di testa, insonnia, malattie veneree, tosse e tubercolosi. E siccome il Corano non ne condanna l'uso, era molto diffusa anche nella cultura islamica sotto forma di hashish, la resina concentrata.

In Occidente, la cannabis non viene considerata per i suoi effetti stupefacenti, ma si diffonde solo per le fibre. Quando viene scoperta l'America,

gli Europei piantano lì grandi coltivazioni di cannabis con cui si producono reti, corde, carta, tele e divise, tutte cose necessarie per il boom dell'era delle esplorazioni.[22]
Sono i soldati di Napoleone che conquistano l'Egitto i primi a interessarsi alla cannabis come droga. Ma, visto che nell'Africa del Nord si consuma soprattutto l'hashish, è questo che viene importato nella società francese.
Il primo a darne una descrizione scientifica è lo psichiatra Jacques-Joseph Moreau de Tours che, nel 1836, studiando le differenze tra malattie mentali europee e nordafricane, si sorprende della diffusione dell'hashish in quelle zone. Acquista un po' di pasta verdastra e amarognola ottenuta dalla resina della pianta, ci aggiunge un po' di zucchero per renderla più appetibile e ne mangia una porzione da 3 grammi.[23]

È lo psichiatra stesso che descrive nei suoi appunti i primi effetti della droga: all'inizio comincia a ridere e poi, quando qualche ora più tardi si ritrova a fare la scherma con un soprammobile, ne intuisce pienamente gli effetti allucinatori.
Moreau de Tours è molto interessato a questo aspetto, perché è un esperto in alienazione sociale e sta studiando pazienti con idee fisse e paranoie, errori nella percezione del tempo e dello spazio.

Attraverso l'uso dell'hashish comprende che i pazienti in apparente stato catatonico, con lo sguardo perso, possono avere non il cervello vuoto ma, al contrario, pieno di manie e idee che viaggiano troppo in fretta per essere espresse.

L'autosperimentazione per gli scienziati di quell'epoca era essenziale. Nel suo libro, *Du haschisch et de l'aliénation mentale*, il primo testo scritto da uno scienziato su una droga, Moreau de Tours afferma che per discutere degli effetti dell'hashish è necessaria l'esperienza personale. Infatti, per studiare gli effetti della cannabis sul cervello, lui non si limita a sperimentare su se stesso o sui suoi pazienti malati di mente. **Inizia a sperimentare anche su artisti e letterati della sua epoca che a loro volta sono interessati a provare questa nuova pianta.**

Si forma un circolo letterario che si incontra **una volta al mese all'Hôtel Pimodan, nel quartiere latino di Parigi, in stanze ammobiliate in stile orientale e che diventa famoso come il Club des Hachichins.** Prima di cena, il bel mondo parigino prende un'abbondante dose che manda in alcune ore di delirio intenso. La ricetta è questa: cannella, chiodi di garofano, noce moscata, pistacchio, zucchero, succo di arancia, burro e pasta di resina di cannabis. Secondo gli appunti di Moreau, piccole dosi danno ai suoi ospiti felicità ed eccitazione. Dosi intermedie, dissociazione di idee e distorsione temporale. Dosi più alte rendono i sensi più acuti, pensieri ed emozioni si fondono e immagini fantastiche galleggiano nella mente, mantenendo però la capacità di osservare e raccontare le cose. Le descrizioni di queste serate appaiono stravaganti ed esagerate a chi fuma hashish oggi, ma bisogna tener conto delle enormi quantità in cui veniva consumato a quel tempo.

Se De Quincey diventa il prototipo del drogato vizioso, il Club des Hachichins è il prototipo del drug party: capelli lunghi, ore piccole, idee politiche radicali, amore libero e curiosità per le sostanze esotiche. Il club fissa anche un modello culturale perché da questo circolo escono gli scrittori più famosi dell'epoca: Théophile Gautier, Honoré de Balzac, Alexandre Dumas e, soprattutto, Charles Baudelaire. È proprio lui (che dall'hashish passa presto alla dipendenza da oppio) che stabilisce nell'immaginario universale – come già aveva fatto De Quincey per la letteratura inglese – un forte stereotipo del drogato "maledetto".

ARRIVA LA LEGGE

Come nel caso di oppio e cocaina, più che le preoccupazioni mediche, all'inizio sono le paure razziali e gli interessi economici a mettere fuori legge la cannabis. Nei primi anni del XX secolo era collegata soprattutto agli immigrati messicani in America, che la fumavano dopo una giornata di lavoro, o ai jazz club frequentati dai neri.

È di nuovo il miliardario e magnate dell'editoria William Randolph Hearst a sostenere la campagna contro questa droga.
E lo fa con un'idea straordinaria: usando il nome "Marijuana".
Fino a quel momento, infatti, la cannabis in America non era considerata un pericolo, anzi era molto diffusa e usata per corde e tessuti.
Era chiamata hemp, "canapa": un nome comune, rassicurante. Nessuno avrebbe creduto al "pericolo della canapa".[24]
Da un momento all'altro, invece, la cannabis fumata dai messicani e dai neri viene chiamata marijuana. **Si crea una dissociazione tra hemp-canapa, la pianta utile, e marijuana, la pianta dei devianti.**
È un nome nuovo, che gli anglosassoni fanno fatica quasi a pronunciare. Un nome messicano, che suona minaccioso alle orecchie dell'americano medio.
I titoli cubitali dei giornali la descrivono come la più pericolosa sostanza mai apparsa nella zona e i suoi nefasti effetti possono trasformare i buoni uomini bianchi in neri e cattivi. Raccontano di negri che violentano donne bianche sotto l'effetto della marijuana e di numerosi incidenti automobilistici causati dalla pericolosa "erba assassina".[25]

Anche il cinema fa la sua parte con film propagandistici, come *Refeer Madness,* che raccontano – tra scene di sesso e brutali omicidi – la diffusione degli spinelli tra i giovani americani. Oggi è diventato un film cult per la comicità involontaria di molte scene, ma in quegli anni veniva proiettato nelle scuole per convincere seriamente i ragazzi che la marijuana era la principale responsabile di stupri, omicidi e suicidi.

La cannabis aveva anche altri nemici. Il più pericoloso era Harry J. Anslinger, il direttore dell'American Federal Bureau of Narcotics, l'agenzia federale sui narcotici. Dopo la fine del proibizionismo e della lotta all'alcol clandestino, Anslinger individua nella marijuana una nuova minaccia per la gioventù americana e inizia a schedare decine di musicisti jazz di colore e a scrivere periodiche relazioni in cui accusa la cannabis di provocare musica satanica e rapporti sessuali tra donne bianche, negri e messicani.

Ma la pianta era un pericolo non solo per le sue proprietà stupefacenti. Paradossalmente, anche le sue virtù come pianta da fibra davano fastidio. Perché in quegli anni nasceva l'industria della plastica, una costola della più potente industria del petrolio. E tutti i prodotti fino a quel momento in canapa, come corde, vele, sacchi e tessuti, adesso potevano essere realizzati anche in plastica.

Non è un segreto che la multinazionale chimica DuPont, che nel 1937 brevettò la fibra di nylon stravolgendo il mercato tessile e fondando un impero immenso, fu una delle principali avversarie della coltivazione di canapa tessile.[26]
Anche l'industria del cotone cercava di arginare la coltivazione di cannabis, perché con i nuovi macchinari i tessuti in canapa potevano diventare raffinati e leggeri, un serio concorrente per il mercato dell'abbigliamento.
E perfino le industrie farmaceutiche, che vendevano già molto bene i prodotti chimici come aspirina e barbiturici, non avevano interesse a difendere rimedi naturali a base di cannabis.

Quindi, **con questi nemici coalizzati, la marijuana inizia a diventare illegale quasi ovunque. Tutta la cannabis: sia quella da fumare che quella da fibra, anche se non contiene il principio attivo stupefacente.**

IL RINASCIMENTO DELLA MARIJUANA

La marijuana diventa illegale ma non per questo meno diffusa. **Negli Anni '50 torna di moda con l'esplosione del jazz e della beat generation.** Perde l'immagine diabolica che gli era stata goffamente appiccicata negli Anni '20 e diventa invece simbolo di giovinezza e ribellione contro le autorità. Diventa la droga ricreativa per eccellenza e viene scoperta presto dalle star di Hollywood, che la diffondono nelle feste del mondo dello spettacolo. A quel tempo si fumava soprattutto la marijuana messicana, una *Cannabis sativa* che non ha effetto narcotico, anzi, è molto stimolante, cerebrale. Insomma, fa ridere e socializzare.

È l'inizio del boom. È resa famosa dalla gente famosa: tutti a Hollywood e Los Angeles la vogliono fumare. Per questo motivo **la California è considerata una seconda patria d'origine della marijuana. È qui che i primi botanici amatoriali iniziano a incrociare le piante messicane con i semi che i militari portano dalle guerre in giro per il mondo.** E il catalogo delle piante di cannabis inizia ad arricchirsi anche in base agli impegni dell'esercito americano: Corea e Vietnam, poi Iran, Libano e Medioriente e poi ancora Panamá, Laos, Thailandia e Filippine.
Sono anni relativamente tranquilli, è sempre una droga illegale, ma non è perseguita molto duramente. **Alla fine degli Anni '80 inizia invece una vera e propria guerra alla marijuana, una campagna di repressione che cambia decisamente il volto del traffico e del consumo.**
Come sempre accade quando una sostanza diventa illegale, i profitti per chi la traffica aumentano e questo attrae il crimine organizzato. E così quelli che vendono la marijuana non sono più fricchettoni che la coltivano autonomamente, ma iniziano per forza di cose a essere coltivatori più vicini alla criminalità vera.
E l'altra cosa che succede quando una sostanza diventa illegale è che diventa più potente. Era già accaduto con l'alcol e accade lo stesso anche con la marijuana. Si inizia a produrre cannabis con una resina sempre più forte.

Inizia anche una vera e propria "fuga di cervelli". I coltivatori americani più appassionati, che non possono più stare in patria per l'inasprirsi della guerra alla marijuana, **si spostano in Olanda, dove aprono con soci locali le prime seed company, aziende specializzate nella selezione e produzione di semi di marijuana.**

Ad Amsterdam esistevano già i primi *coffee shop*, dove si poteva fumare legalmente hashish, che fino ad allora costituiva il 95% del consumo di cannabis in Europa. Con l'arrivo degli Americani la situazione si modifica drasticamente e la marijuana conquista una bella fetta del mercato. Anche la sua immagine cambia. Da pianta anonima – quasi un raccolto agricolo che cresce in qualche Paese del Terzo mondo e arriva clandestinamente nelle piazze europee – a pianta pregiata, con un nome specifico e proprietà precise create apposta come sapore, gusto ed effetti, ma anche caratteristiche botaniche adatte a un tipo di coltivazione piuttosto che a un altro.

IL BOOM DELLA MARIJUANA

Nel 2006, dopo anni di studio e sperimentazione, viene applicato anche alla marijuana un metodo usato già con successo dall'industria ortofrutticola (mele e uva soprattutto), **un procedimento per ottenere semi femminizzati. Semi, cioè, che fanno nascere solo piante femmina, quelle che si fumano.**
Perché in natura il seme di cannabis non ha sesso. Solo quando cominciano a crescere, alcune piante diventano maschio e altre femmina. Si possono riconoscere solo dopo che sono cresciute un po'. E solo allora si buttano i maschi e si tengono le femmine. In questo modo, però, circa la metà del raccolto non è più utilizzabile. Con i semi femminizzati, invece, si ha la certezza che tutte le piante che crescono diventeranno femmine e quindi buone da fumare.
Questi semi speciali, contrariamente a quello che si crede, non sono

geneticamente modificati, ma si ottengono con un procedimento chimico che crea una reazione ormonale nella pianta femmina, facendole produrre fiori maschili. Il polline di questi fiori maschili, però, non contiene cromosomi maschili (Y), ma solo cromosomi femminili (X). E quindi quando impollina un fiore femmina (che contiene solo cromosomi X), i semi che si generano sono sicuramente femminili (XX).
Per tutta una serie di ragioni commerciali dovute a spazi, rischio di reato, spesa per cura e mantenimento delle piante, **i semi femminizzati sono stati una vera svolta per i coltivatori di marijuana. Praticamente hanno dato la possibilità di raddoppiare la produzione** da un giorno all'altro.[27]
Le piante autofiorenti, messe sul mercato nel 2008, sono l'altra enorme novità che ha fatto esplodere la produzione di marijuana negli ultimi anni. Normalmente, il ciclo di riproduzione della cannabis, infatti, si basa sulle ore di sole a cui la pianta è esposta. E di solito, crescendo in climi caldi e soleggiati, sono tempi lunghi: la pianta spunta a primavera, cresce durante l'estate e in autunno fa i semi. La *Cannabis ruderalis*, invece, che si è adattata alle estati brevi dei climi freddi dell'Asia del Nord, cresce poco in altezza e fiorisce velocemente. La fioritura in questo caso si chiama automatica, perché non è più determinata dai cicli solari, ma avviene comunque, dopo poche settimane dalla nascita. Però sono appunto piante piccole, con poca resina.
Siccome a chi fuma marijuana interessa raccogliere le cime nel più breve tempo possibile, i botanici hanno incrociato la genetica della *Cannabis ruderalis*, con la genetica di altre piante di *Cannabis indica* o *sativa* più famose, dagli effetti potenti e conosciuti. In questo modo **si sono ottenute varietà di marijuana con molta resina, ma che fioriscono in pochissimo tempo, in qualsiasi situazione climatica** in sole otto settimane. Così i coltivatori non devono aspettare l'autunno per fare il raccolto, ma seminando le piante ogni settimana, da marzo in poi, possono raccoglierle già all'inizio dell'estate, ogni settimana, in modo continuativo, fino all'inverno.
Questo svincolarsi dal ciclo naturale, dal punto di vista commerciale,

è stato un'innovazione pazzesca, che ha rivoluzionato la coltivazione di marijuana all'aperto. Prima dell'invenzione delle piante autofiorenti, durante la stagione estiva – proprio quando i turisti la ricercano – c'era poca marijuana da fumare, perché si raccoglieva solo in autunno. E quella dell'anno prima difficilmente arrivava all'estate successiva.
Adesso invece, già dall'inizio dell'estate, le spiagge del Mediterraneo e le località di villeggiatura sono invase dalla marijuana, che è molto più diffusa di un tempo proprio perché viene prodotta con piante autofiorenti. **È il classico esempio di economia di mercato: un nuovo prodotto che soddisfa la domanda, proprio quando c'è maggiore richiesta,** durante l'estate.
I semi femminizzati, le piante autofiorenti e Internet hanno aumentato enormemente la diffusione della marijuana. La domanda continua a crescere e così anche l'offerta di semi. E **le seed company, nel frattempo, sono diventate una vera industria con numeri che fanno impressione.** I semi all'ingrosso si trattano in chili e un sacchetto da un chilo contiene circa 50 mila semi. Il raccolto di venti, trenta piante. In questa fase, i semi di una buona qualità di marijuana valgono anche 50 centesimi di euro l'uno. Vengono poi venduti al distributore a un euro. E a sua volta il distributore lo vende al negozio a 2 euro. E in negozio (o su Internet) il consumatore finale compra il seme a circa 5-10 euro. Da dieci a venti volte tanto il prezzo di partenza. In pratica: con un chilo di semi si fanno 5 mila pacchetti da dieci semi ciascuno. Ogni pacchetto viene venduto al dettaglio a una media di 50 euro. Quindi **un sacchetto da un chilo di semi muove circa 250 mila euro.**
Visto che per produrre un chilo di semi occorrono soltanto una trentina di piante, sembrerebbe un business facile facile. **C'è un piccolo dettaglio: produrre semi di cannabis è illegale ovunque nel mondo.** Anche le seed house di Amsterdam, infatti, si devono organizzare in modo da ricevere i semi in qualche modo, senza farsi notare. Semi che diventano legali solo quando sono in loro possesso e iniziano così un ciclo commerciale che in molti Paesi rimane legale anche quando il pacchettino di semi, ben confezionato, viene venduto in negozio o su Internet.

OGGI

Oggi è un momento cruciale nella storia della marijuana. È al centro di un business enorme che non riguarda solo la droga in sé, ma tutto un indotto costituito da gadget, oggettistica, attrezzature per la coltivazione e l'uso che produce un giro d'affari altissimo.

In alcuni Stati americani è possibile farsi prescrivere una ricetta per comprare marijuana per uso medico. Situazioni e quantità consentite variano molto da un luogo all'altro e sono in continua evoluzione. In linea di massima, la marijuana viene usata per rilassare i muscoli, come analgesico contro i dolori, come stimolante dell'appetito in pazienti malati di cancro o AIDS, per controllare spasmi e convulsioni, calmare l'ansia, combattere la nausea specialmente dopo la chemioterapia. Viene usata anche da chi ha emicrania, certi tipi di glaucoma, sclerosi multipla e altre malattie autoimmuni.

La *Cannabis sativa* viene usata di giorno perché è più stimolante. Quella *indica* di sera perché è più rilassante.

È un terreno molto controverso e non abbiamo modo di approfondirlo in questo libro, ma il numero dei *dispensary* è in costante aumento. Sono negozi, alcuni veri e propri centri commerciali, dove con una ricetta, è possibile acquistare marijuana e ogni altro tipo di prodotto alla marijuana: dalle bevande ai biscotti, dalle tisane alle caramelle. E ovviamente gli infiniti gadget e accessori. Si dice che a Los Angeles ci siano più dispensary che caffetterie Starbucks. Quello che è certo è che **in California, Colorado, Washington e in altri Stati americani la marijuana si è affacciata alla legalità. Sia quella per uso terapeutico sia quella per uso ricreativo.**

In pratica, a certe condizioni, tutto il ciclo (coltivazione, vendita e consumo) è già legale. Ma c'è una proposta di legge ancora più tollerante, che punta a legalizzare e tassare la marijuana per uso personale, al pari di alcol e tabacco. Se venisse approvata, i maggiori di 21 anni potrebbero andare in giro con circa 30 grammi e coltivare fino a 2 metri quadrati di marijuana per abitazione. È una proposta appoggiata apertamente da scienziati, movimenti sociali e persino forze di polizia e vista favorevolmente dal

56% degli abitanti. È una tentazione forte anche per uno Stato ricco come la California, che comunque ha un buco nel bilancio di circa 20 miliardi di dollari.
Anche lo Stato di New York sta pensando a qualcosa del genere, sempre per gli stessi motivi economici. Aprire alla marijuana significherebbe tagliare le spese di repressione e punizione e aumentare le entrate con tassazione della vendita e del suo indotto. Secondo i calcoli delle due amministrazioni, questa operazione potrebbe da sola sanare gran parte del deficit statale.
In Canada è riconosciuto l'uso medico della cannabis, ma qui ottenere una prescrizione medica è molto più difficile.
In Olanda, invece, è legale fumare la marijuana nei coffee shop, ma a differenza della California il ciclo non è interamente legale. Cioè, per fare un esempio: non si può andare in giro con più di 5 grammi di marijuana e a casa non si può tenerne più di 5 grammi per persona residente nell'appartamento. E quindi, per quanto assurdo possa sembrare, la persona che coltiva la marijuana e la persona che la trasporta fino al coffee shop dove sarà venduta stanno infrangendo la legge e rischiando una multa o il carcere. Una volta all'interno del locale, la marijuana può essere venduta solo ai clienti che la richiedono. Perché è anche questa la cosa strana: la legge non permette ai coffee shop di fare pubblicità ai loro locali né di proporre la marijuana direttamente a chi entra. Deve essere il cliente ad andare a chiederla al dealer, un commesso dedicato al peso e alla vendita della marijuana, che di solito ha un banchetto in un angolo del locale.
In Svizzera, la situazione è frammentata. Nei cantoni di lingua francese è ammessa la detenzione di poche piante, per uso personale. Ma non si può fumare in pubblico, solo a casa. Negli altri cantoni è illegale.
In Spagna, invece, per molti anni si è fumato solo l'hashish, che arrivava molto facilmente dal Marocco. Dagli Anni '90 in poi, però, inizia a diffondersi sempre di più la marijuana e oggi **in alcune zone come i Paesi Baschi e la Catalogna ci sono club in cui il ciclo della cannabis (coltivazione, vendita e consumo) è legale** se si richiede e ottiene una tessera. Non è una cosa per turisti, è una situazione molto più simile a quella

californiana che a quella olandese. In America, prevale il ragionamento che ognuno è libero di curarsi come vuole. In Spagna, il ragionamento è più ricreativo. Se vuoi fumare, però, devi registrarti e puoi farlo solo nel club.

In Israele, la marijuana viene prodotta con licenze governative già dagli Anni '90 per usi terapeutici, ma può essere fumata solo sotto controllo medico.
Nel resto del mondo è illegale anche se **alcuni Paesi sudamericani stanno facendo qualche tentativo di legalizzarne la coltivazione e la vendita.** In Uruguay, per esempio, il governo sta legalizzando e monopolizzando il ciclo produttivo e commerciale della marijuana con l'obiettivo di regolamentarne la vendita per uso ricreativo, esattamente come il tabacco in Italia.

DAL FUMO AL VAPORE

Germogli, foglie e fiori di marijuana nell'antichità venivano lasciati seccare e fumati in cilum, pipe coniche fatte di creta, pietra o legno. Sono oggetti usati ancora per la loro praticità e la potenza degli effetti.
Ma oggi il modo più comune è quello di sbriciolare la marijuana insieme al tabacco e poi arrotolare il miscuglio in cartine lunghe circa 7 centimetri, come una sigaretta. Per evitare di aspirare anche il tabacco, in molti fanno un piccolo filtro con un rettangolo di cartoncino arrotolato. È una tecnica così diffusa che ha decine di nomi diversi in ogni parte del mondo.
In uno spinello ci vanno circa 0,30 grammi di marijuana, che normalmente ha una concentrazione di THC del 5%, molto bassa rispetto agli altri prodotti a base di cannabis come l'hashish o gli oli. E con la combustione dello spinello, più della metà del THC evapora prima di essere inalato a causa del calore eccessivo.
Questo motivo, unito alla consapevolezza dei gravi danni provocati dall'inalazione del fumo, ha fatto sì che si sviluppassero **nuovi metodi di**

assunzione, come aerosol, spray nasali e strumenti di vaporizzazione, ma anche bevande e tantissimi cibi a base di cannabis. È una cosa che accade soprattutto negli Stati Uniti, dove chi vuole consumare marijuana non ha più intenzione di fumare anche il tabacco.

Quando si ingerisce, però, si perdono un po' le differenze tra le varie qualità di cannabis. Il gusto viene coperto dagli altri ingredienti e gli effetti di sedazione prevalgono su quelli di euforia. Anche la botta è diversa, perché arriva dopo circa mezz'ora dall'ingestione ed è quindi più difficile predire e controllare il livello di intossicazione.

Inalando la cannabis, invece, gusto ed effetti sono più variegati ed è più facile controllare meglio la dose che si sta prendendo, visto che agisce quasi subito. È questo il motivo della grande diffusione dei vaporizzatori, strumenti portatili che riscaldano la marijuana a una temperatura di 185 gradi, in modo da far evaporare il principio attivo – senza bruciare le foglie della pianta e quindi senza produrre fumo – lasciando inalterato gusto ed effetti tipici di ogni varietà di cannabis.

LA COLTIVAZIONE

La scelta del tipo di coltivazione dipende dal clima, dagli spazi a disposizione e dalla necessità di nascondere le piante e di fare raccolti veloci, se c'è il rischio di andare in galera, eccetera.

Nelle serre di solito si usano talee prese da una pianta madre, una femmina di cannabis che viene tenuta a diciotto ore di luce e sei di buio in modo che continui a crescere senza fiorire mai. Tagliando i germogli di questa pianta e trapiantandoli, si ottengono piante identiche a quella di partenza, senza bisogno di aspettare che crescano dal seme. Ogni pianta madre ha un ciclo vitale di circa un anno, dopo di che si esaurisce e muore per vecchiaia.

La coltivazione di marijuana può avvenire all'aperto oppure indoor, al chiuso, con lampade che simulano la luce del sole.

In Nordamerica e in Europa si fuma al 70% marijuana cresciuta indoor

mentre negli altri Paesi si fuma al 90% marijuana cresciuta all'aperto. Sono tecniche abbastanza diverse, che danno origine a prodotti diversi. Una pianta che cresce all'aperto può diventare alta anche 5 metri e produrre fino a 4 chili di marijuana secca e pronta per la vendita, ma visto che coltivare la cannabis è illegale, quasi nessuno riesce a far crescere le piante così alte senza essere scoperto.

Di solito i semi si piantano in posti isolati, lungo i fiumi, nei boschi, oppure in mezzo ad altre coltivazioni. E di tanto in tanto si torna sul luogo per fertilizzare un po' la pianta e liberarla dagli eventuali parassiti. È un'attività molto più diffusa di quello che si pensi e i ritrovamenti di piantagioni illegali sono sempre più frequenti anche in Italia.

Il boom della marijuana è però dovuto soprattutto ai miglioramenti nella coltivazione indoor, una tecnica in cui l'uomo è in grado di controllare ogni singolo elemento (luce, aria e fertilizzanti) che interviene nella produzione della pianta desiderata.

I professionisti usano in questo caso due tipi di lampade: quelle con uno spettro blu, per far crescere la pianta, e quelle a spettro giallo e rosso in fase di fioritura, per aumentare la produzione di resina. L'altro fattore indispensabile per la produzione di marijuana indoor è una perfetta circolazione dell'aria, perché la pianta ha bisogno di ossigeno e anidride carbonica. Ci vuole un buon impianto di ventilazione continua, che deve essere dotato di filtri per impedire che il forte profumo di marijuana si senta ovunque. Di solito è l'odore delle piante o il rumore continuo dell'impianto di areazione che fa scoprire la maggior parte delle piccole serre clandestine.

La coltivazione indoor può avvenire usando tecniche, varietà, supporti e attrezzature diverse. Ma c'è una regola generale: **un metro quadrato di spazio produce un grammo di marijuana** fumabile per ogni watt impiegato. Per esempio, se un metro quadrato è illuminato da 600 watt, su quel metro si possono ricavare 600 grammi di marijuana pronta per essere venduta.

Non importa se si usa una pianta grande o tre piante più piccole e non importa la varietà. Nonostante i vari modi di coltivazione, si è capito infatti che i più scarsi ottengono 0,7 grammi per watt, i più bravi 1,4 grammi per watt, ma la media ottimale è quasi sempre 1. Cioè: 1 metro - 1 watt - 1 grammo di marijuana.

È un'attività illegale abbastanza redditizia. Comprando un seme, in sole 14 settimane (3 per la crescita + 9 per la fioritura + 2 per l'essicazione) si può ricavare fino a un chilogrammo di marijuana secca pronta da vendere. Sono conti che ovviamente valgono per chi fa le cose in grande. La maggior parte di quelli che coltivano la marijuana, infatti, non ha la possibilità di far crescere piante grandi e quindi riesce a raccogliere dai 30 ai 150 grammi per pianta, fino a un massimo di mezzo chilo. Con una spesa di 5 euro per il seme, si ottiene una quantità di marijuana che sul mercato può valere fino a 5 mila euro.

LA RACCOLTA

Fino a che la pianta di cannabis riceve più di 15 ore di luce su 24, continua a crescere. All'aperto questo avviene fino al 21 giugno, giorno in cui le giornate cominciano ad accorciarsi. E allora la pianta entra in fase di fioritura e inizia a produrre la resina. Nelle coltivazioni indoor questo stesso passaggio si ottiene riducendo il ciclo di diciotto ore di luce e sei di buio con cui la pianta viene fatta crescere a un ciclo di dodici ore di luce e dodici di buio. È il segnale per la pianta di iniziare **la fioritura, un periodo che normalmente dura 10-14 settimane per la *Cannabis sativa* e solo otto settimane per quella *indica*.** È per questo motivo – e anche perché è più piccola e facile da nascondere – che la maggior parte della marijuana coltivata, circa il 70% del mercato, è costituita da quest'ultima varietà.

Quando i pelucchi sul fiore femmina diventano da bianchi a giallo-rossi e la resina da acquosa e trasparente inizia a diventare più ambrata e consistente, è arrivato il momento del raccolto. In alcuni casi i coltivatori fanno l'analisi della resina con un cromatografo, che velocemente permette di capire il grado di maturazione della pianta. Molto più spesso si decide a occhio e si inizia quindi a raccogliere la pianta.

Di solito viene tagliata alla base e appesa a testa in giù per farla seccare. È un processo molto delicato, da cui dipende la qualità del prodotto finale. Perché la cannabis appena tagliata contiene il 95% d'acqua e nel processo di essicazione perde gran parte del suo peso e del suo volume, riducendo la percentuale d'acqua al 10%, massimo 15%. In pratica: **tagliando una pianta che pesa un chilo, una volta seccata si ottengono solo 100, 150 grammi di marijuana da fumare.**

Il modo più comune è lasciare le cime in una stanza chiusa e climatizzata con una temperatura intorno ai 20 gradi e un'umidità tra il 40% e il 55%. Sono valori standard, in cui più o meno tutti i tipi di erba seccano in modo giusto in circa dieci giorni. È però facile sbagliare. Se la pianta si asciuga troppo in fretta, la clorofilla non se ne va del tutto e la marijuana ha un forte sapore amarognolo. Se, invece, si asciuga troppo lentamente è facile che si formino microscopiche muffe che rendono la marijuana gommosa e non croccante come quella che viene seccata correttamente.

Anche se la pianta è asciutta e morta, la resina è ancora viva e al suo interno continuano i processi chimici di ossidazione dovuti all'esposizione alla luce e all'aria. Per fermare l'evoluzione chimica della resina, dopo circa due settimane da quando è seccata, la marijuana viene messa sotto vuoto e immagazzinata al buio e a temperatura costante.

C'è anche chi si spinge oltre e prova a fare stagionare la cannabis. È il caso della cosiddetta marijuana "curata", un processo antichissimo usato già in Africa. **La cannabis migliore, quella destinata alle cerimonie religiose o ai capi villaggio, viene seccata e poi avvolta dentro la pelle dello stomaco di una capra e sotterrata.** Dopo circa sei mesi, quando viene dissotterrata, è nera, molto fermentata, anche se non completamente ammuffita. Ed è la marijuana più potente che si possa fare con metodi naturali.

Oggi non si seppellisce più la marijuana sotto terra, ma la si conserva al buio con poco ricambio d'aria, a una temperatura di 16 gradi e un'umidità al 55%. A queste condizioni, i cannabinoidi aumentano e anche il gusto diventa più intenso. È un processo simile all'invecchiamento del vino e gli intenditori in materia di marijuana, come sommelier, riconoscono e apprezzano il profumo, il gusto e gli effetti dell'erba "curata".

OH, CAZZO!

Di mattina esco di casa e vado alla macchina: «Cazzo! Non la trovo».
Giro tutte le vie come un idiota e niente. Poi sul punto di rassegnarmi la trovo. Entro, mi siedo, piazzo il cellulare nella sua base e: «Cazzo, ho lasciato il cellulare a casa!».
Accendo l'auto e guido fino ad arrivare vicino al portone, esco e mi rendo conto di aver lasciato i fari accesi (la batteria della mia auto non dura niente). Ritorno in macchina, li spengo e di fretta vado a casa a recuperare il cellulare. «Cazzo, non ho le chiavi di casa! Le ho lasciate in macchina!»
Questo per 365 giorni all'anno, quando mi fumavo le canne!

Niccolò Bello

HASHISH

Visto che è la resina a contenere la sostanza psicoattiva, l'uomo da migliaia di anni la raccoglie e la conserva sotto forma di hashish, quello che in gergo si chiama "fumo". **Rispetto alla marijuana in foglia, l'hashish ha una concentrazione di THC maggiore, dal 5 al 15%.** Tutti i tipi di hashish si presentano sotto forma solida, ma a parte questa caratteristica comune sono diversi per la consistenza (da duro e sabbioso a morbido e malleabile), per il colore (verdastro, marrone, rossastro e nero) e per gli effetti (da una leggera euforia alla sedazione pesante).
Queste differenze dipendono dalla pianta di cannabis usata, dalla fascia geografica di coltivazione e dal metodo di lavorazione usato.
Quello con la pianta viva è il metodo più antico. In questo caso, i coltivatori lasciano che avvenga l'impollinazione e che i fiori femminili si gonfino di semi. A questo punto le cime, che sono più dure a causa dei semi, possono venire facilmente strofinate in modo che la resina si appicchi sulle dita e sul palmo della mano. La resina viene così raccolta in palline di hashish fresco, oleoso e scuro, molto malleabile.
Questo tipo di hashish, soprattutto quando è poco, può essere manipolato fino a fargli prendere la forma di una palla. È un'abitudine che ha un fondamento geometrico: a parità di peso, una sfera ha meno superficie esposta all'aria rispetto a un parallelepipedo. E quindi una pallina di hashish si ossida meno rispetto a una panetta rettangolare dello stesso peso. È una differenza importante visto che **il livello di THC diminuisce nel tempo (ogni mese perde il 5% di potenza) e conserva i suoi effetti al massimo per due anni.**
Nelle zone in cui fa troppo caldo o l'aria è troppo umida, si preferisce non raccogliere la resina direttamente nei campi. Si aspetta l'impollinazione e poi si tagliano e si lasciano seccare le piante. Con l'arrivo dell'inverno, col freddo, la resina si secca e così si battono le piante sopra a telai: filtri che trattengono foglie, semi e rametti e che lasciano cadere sul fondo la polvere di resina, che viene raccolta, riscaldata e pressata in mattonelle, chiamate "panette".

Quindi **ci sono due metodi differenti per fare l'hashish.** E di solito si seguono in luoghi diversi, usando piante adatte alla tecnica utilizzata. Quella con la pianta secca è più industriale e permette di produrre molto di più. E si parla di tonnellate in confronto a chili. È il metodo usato in Marocco, che infatti da solo produce il 70% dell'hashish che si fuma nel mondo (il 90% di quello che arriva in Italia).
Per ottenere tutta questa droga, la Valle del Rif (che è un'area di 400 chilometri per 200) è stata trasformata in un'enorme piantagione di cannabis. È una cosa sotto gli occhi di tutti e da cui tutti traggono un guadagno. I campi partono dalla strada principale e si estendono per valli intere. Le fattorie coltivano e lavorano la cannabis in modo industriale, come se fosse grano. È un sistema ben organizzato e le persone che coltivano la droga, che la trasportano in Europa e che la vendono al dettaglio sono spesso legate tra loro da rapporti di clan ma, **come in ogni commercio di sostanze illegali, chi produce fa solo una piccola parte del profitto in confronto a chi trasporta e spaccia.** È il guadagno legato al rischio dell'illegalità.
In un campo da un ettaro ci sono circa 10 mila piante e in Marocco si lasciano crescere sia i maschi che le femmine. Al momento del raccolto i maschi, circa la metà, vengono buttati e le femmine vengono seccate. **Da 5 mila piante, così, si possono ricavare circa 200 chili di fumo finito, lavorato e pronto per essere venduto,** e può essere di due tipi diversi.
Il primo è con la pianta di cannabis che si è diffusa anticamente da quelle parti. È ricca di resina, ma con poche cime fiorite. Quindi più giusta per fare l'hashish che per fumarne i fiori. Ed è l'originario *fumo* marocchino: secco, marroncino e sabbioso.
Negli Anni '90, però, sono arrivati in Marocco molti semi provenienti da Pakistan e Afghanistan. E così, usando sempre la tecnica a secco, ma su piante asiatiche, più grasse, è iniziata la produzione di un hashish più abbondante e forte. È un *fumo* morbido, rossastro scuro e pastoso.
Gli **altri grandi produttori di hashish si trovano in Asia: in particolare Pakistan, Afghanistan e India,** dove il raccolto si fa ancora nel

modo tradizionale, con le piante vive. E anche in Nepal, l'unico posto in Asia in cui si usano entrambi i metodi.
È un hashish molto più potente e pregiato, dal gusto e dal profumo più aromatico, ma non si trova facilmente sul mercato occidentale perché la produzione è così artigianale e scarsa che nella maggior parte dei casi non viene importato da vere organizzazioni, ma da singoli appassionati che dopo un viaggio in Asia ne portano a casa piccoli quantitativi per uso personale o per conoscenti e amici.
Anche in Olanda si produce hashish (con entrambi i metodi, ma soprattutto con le piante a secco) ed è particolarmente potente, poiché viene prodotto a partire da piante di cannabis cresciute in idrocoltura da semi selezionati e con un altissimo contenuto di THC.
Ovviamente la produzione dell'hashish, soprattutto per uso locale, avviene anche in moltissimi altri posti come Libano, Siria, Giordania, Algeria, Iran, Senegal, Gambia, Ghana, Nigeria, Kurdistan, Sudan, Sudafrica e alcune zone del Nord della Cina e del Messico.

L'HASHISH, GLI ASSASSINI E IL PARADISO

In molti sostengono che dall'hashish abbia preso il nome la setta Hashashin, da cui deriva il termine "assassino". Era un gruppo di assassini a pagamento specializzati in omicidi di leader politici in Medioriente (già mille anni fa), azioni che suscitavano grande scalpore perché avvenivano in pubblico. Di solito gli assassini si infiltravano e aspettavano per giorni il momento giusto per colpire. Le tecniche efferate di esecuzione e il fatto che sacrificassero la propria vita nel compiere missioni suicide fanno pensare oggi che i membri della setta fossero sotto l'influsso di droghe nel momento dell'omicidio o che l'hashish causi violenza. In realtà, la droga non era hashish, ma oppio e veniva usata in modo opposto.
Lo racconta Marco Polo nel *Milione* quando spiega che il fondatore della setta, Hasan-ibn-Sabbah, passato alla storia come il Vecchio della Montagna, drogava con l'oppio giovani ragazzi che dopo un lungo sonno

allucinato si risvegliavano in un luogo costruito apposta per loro:

«Egli avea fatto fare tra due montagne in una valle lo piú bello giardino e 'l piú grande del mondo. Quivi avea tutti frutti (e) li piú begli palagi del mondo, tutti dipinti ad oro, a bestie, a uccelli; quivi era condotti: per tale venía acqua a per tale mèle e per tale vino; quivi era donzelli e donzelle, li piú begli del mondo, che meglio sapeano cantare e sonare e ballare. E facea lo Veglio credere a costoro che quello era lo paradiso. [...]
E in questo giardino non intrava se none colui cu' e' volea fare assesin[o]. [...] Lo Veglio tenea in sua corte tutti giovani di 12 anni, li quali li paressero da diventare prodi uomini. Quando lo Veglio ne facea mettere nel giardino a 4, a 10, a 20, egli gli facea dare oppio a bere, e quelli dormía bene 3 dí; e faceali portare nel giardino e là entro gli facea isvegliare.
Quando li giovani si svegliavano e si trovavano là entro e vedeano tutte queste cose, veramente credeano essere in paradiso. E queste donzelle sempre stavano co loro in canti e in grandi solazzi; e aveano sí quello che voleano, che mai per loro volere non sarebboro partiti da quello giardino. E 'l Veglio tiene bella corte e ricca e fa credere a quegli di quella montagna che cosí sia com'è detto.»

In pratica, dopo averli drogati e rapiti da bambini, il Vecchio della Montagna fa crescere i membri della setta in un luogo fantastico pieno di lusso, donne, vino e sollazzi che loro credono essere il paradiso.

«E quando elli ne vuole mandare niuno di quegli giovani ine uno luogo, li fa dare beveraggio che dormono, e fagli recare fuori del giardino in su lo suo palagio. Quando coloro si svegliono (e) truovansi quivi, molto si meravigliano, e sono molto tristi, ché si truovano fuori del paradiso.»

Poi, quando deve mandarli in missione, li droga pesantemente e li fa trasportare da questo luogo segreto sul luogo della missione, dove si risvegliano. È un vero shock per l'adepto che, per ritornare in "paradiso" è disposto a tutto.

«E quando lo Veglio vuole fare uccidere alcuna persona, fa tòrre quello che sia lo piú vigoroso, e fagli uccidire cui egli vuole. E coloro lo fanno volontieri, per ritornare al paradiso; se scampano, ritornano a loro signore; se è preso, vuole morire, credendo ritornare al paradiso. [...]
E in questa maniera non campa niuno uomo dinanzi al Veglio de la Montagna a cu'elli lo vuole fare; e sí vi dico che piú re li fanno trebuto per quella paura.»[28]

Che ci credessero davvero oppure no, era quindi il desiderio di ritornare in questo luogo paradisiaco a motivare la disciplina dei membri della setta. È improbabile che fossero sotto gli effetti dell'hashish al momento dell'azione, anche perché è dimostrato scientificamente che la cannabis diminuisce l'aggressività e il coordinamento. **Perfino i gatti addestrati a uccidere i topi non ci riescono o lo fanno maldestramente, quando sono sotto gli effetti dell'hashish.**

ICE-O-LATOR

L'hashish ottenuto manualmente o battendo le piante secche è il migliore, ma negli ultimi anni si stanno diffondendo metodi più moderni che producono un fumo ancora più potente.
In qualche modo, è lo stesso passaggio già fatto con quasi tutte le altre droghe naturali. Con i metodi tradizionali, infatti, c'è un decadimento della resina perché rimane esposta all'aria per tutto il tempo della lavorazione (seccatura, battitura, stoccaggio, trasporto). Oggi ci sono sistemi scientifici più veloci e puliti che consentono di arrivare a un prodotto meno pregiato ma con un effetto più forte.
Il processo più comune si chiama ice-o-lator (un gioco di parole in inglese tra "ghiaccio" e "isolare") perché per separare la resina dalle cime di cannabis si usa appunto acqua ghiacciata o gas che, quando spruzzati, producono freddo come il butano o l'anidride carbonica.
Lo scopo è sempre quello di raffreddare la resina in modo che perda la

caratteristica collosità, si secchi e si stacchi completamente dalla pianta. Per fare questo le cime di cannabis vengono congelate col ghiaccio oppure messe in tubi speciali e spruzzate con getti di gas che ghiacciano la resina e (a causa della forte pressione) la staccano dalla pianta, spingendola verso un filtro che trattiene le parti verdi.
L'hashish così ottenuto ha una consistenza simile al miele: duro a basse temperature e quasi liquido quando si scalda. Mentre **l'hashish tradizionale di solito ha un contenuto di THC tra il 5 e il 15%, questo ne ha il doppio, tra il 20 e il 40%**, e chi si abitua a fumare queste estrazioni non si sballa più fumando marijuana o hashish normale.

OLIO

I cannabinoidi non sono solubili in acqua, ma lo sono in grassi e alcol. Infatti per fare biscotti e torte, marijuana e hashish vengono scaldati insieme a olio e burro, in modo da sciogliere i principi attivi della resina nell'impasto del dolce che poi viene preparato normalmente. L'alcol, invece, viene usato per fare l'estratto. In pratica, si lascia la marijuana o l'hashish a bagno nell'alcol etilico e dopo qualche giorno si filtra il tutto. Il liquido così ottenuto viene messo in un pentolino e poi scaldato a bagnomaria in modo da separare l'alcol (che evapora prima) da quello che rimane: **olio di cannabis. Ed è il prodotto con la maggiore concentrazione di THC, che può arrivare anche al 70%.**

EFFETTI E DIFETTI

La cannabis stimola il rilascio di dopamina dal *Nucleus accumbens*, provoca euforia e rilassamento, aumenta l'appetito e provoca alterazioni spazio-temporali e disorientamento. In alcune situazioni può aumentare la concentrazione e la percezione sensoriale.
Solo dalla fine degli Anni '80 si è capito anche perché. Sono stati identificati nel cervello alcuni recettori specifici per il THC. E se ci sono i

recettori, vuol dire che il cervello prevede che ci siano anche neurotrasmettitori naturali, prodotti dal corpo, uguali al THC che c'è nella resina della cannabis.
Queste sostanze prodotte dal cervello, chiamate appunto endocannabinoidi, agiscono soprattutto nelle zone che integrano i sensi con le emozioni, influenzano apprendimento, memoria, senso di novità e coordinamento motorio.
Nelle aree che controllano battito cardiaco e respirazione non ci sono molti di questi recettori di endocannabinoidi. Sono più influenzate da neurotrasmettitori come endorfina e norepinefrina. Ecco perché eroina e cocaina agiscono fortemente su battito e respirazione (deprimendoli o accelerandoli) mentre la marijuana no. In pratica, non si può fare overdose di spinelli. Il THC combinato con gli altri cannabinoidi ha un effetto narcotico più forte di quello tossico, fa addormentare a una dose che è di molto inferiore a quella mortale.
La marijuana agisce come depressivo o stimolante: dipende dalla varietà di cannabis, dalla quantità di THC, dalla situazione, dalla personalità e dalla neurochimica del cervello di chi la usa.
Dopo qualche minuto dall'assunzione, il cuore comincia a battere più rapidamente, i passaggi bronchiali si rilassano e diventano più ampi, i vasi sanguigni degli occhi si espandono provocando i caratteristici occhi rossi. In generale produce euforia, migliora l'empatia e la comunicazione, induce un atteggiamento mentale positivo, intensifica i sensi e le percezioni.
È l'impatto del THC sull'amigdala a spiegare alcuni di questi effetti. È una zona del cervello che regola appetito, dolore, ansia, paura, soppressione di ricordi dolorosi e senso di novità. Parte della sua funzione è appunto giudicare il valore di oggetti o idee che incontriamo in ogni momento. Detto male: quando vediamo una cosa nuova, l'amigdala è attivata dal rilascio di neurotrasmettitori che avvisano il cervello di fare attenzione a questa cosa nuova. Può essere un pericolo o una risorsa: una cosa nuova è sempre interessante.[29]
Il THC della marijuana, agendo sugli stessi recettori, stimola l'amigdala rendendo interessanti anche le cose comuni. Ecco perché **quando si**

fuma marijuana tutto sembra più interessante o divertente, anche le televendite notturne. Non sono proprio i sensi a essere resi più acuti, è il modo in cui il cervello valuta le informazioni che riceve, classificandole come nuove e attribuendogli maggiore importanza.
Anche in questo caso, però, quando i recettori sono sovrastimolati dal THC, reagiscono ritraendosi nella membrana. E se la droga viene usata cronicamente, molti di questi recettori si disattivano, riducendosi anche del 60%. Quando i recettori diminuiscono così tanto, la normale quantità di neurotrasmettitori che circolano nel cervello non basta più a stimolarli e quindi, se si smette di fumare, anche le cose effettivamente nuove non sono percepite come originali e interessanti. Ci vogliono almeno due settimane, anche qualche mese nei fumatori cronici, per fare riemergere di nuovo i recettori. Ed è anche per ritrovare un senso di novità, di interesse per le cose, che molti ricominciano a fumare dopo aver smesso per un po'.
Un'altra parte del cervello coinvolta dalla cannabis è l'ippocampo, la zona che influenza la memoria a breve termine. Normalmente le informazioni vengono trattenute qui per l'uso immediato e poi alcune di queste vengono trasferite nella memoria a lungo termine. E sono i neurotrasmettitori che regolano quanta memoria è accessibile in base alla complessità dell'operazione. Il THC limita la quantità di memoria disponibile e riduce la capacità di trasferire le informazioni alla memoria a lungo termine. Per questo fumare marijuana **rende più difficile ricordarsi le cose e riduce la capacità di apprendimento. È un effetto, però, non permanente:** chi smette di usare cannabis recupera in poco tempo il pieno uso della memoria a breve termine.

Un effetto comune della cannabis è anche quello di aumentare l'appetito, un fenomeno conosciuto a tutti i fumatori che però non è facilmente spiegabile, perché in sé la droga non migliora il senso del gusto né altera i sapori, né blocca il senso di sazietà. Semplicemente, in un contesto amichevole, aumenta la desiderabilità del cibo, la produzione di succhi gastrici e velocizza la digestione.
La cannabis, inoltre, **diminuisce la produzione di testosterone e nei**

fumatori cronici può diminuire il numero e la mobilità degli spermatozoi. È un danno importante, soprattutto per chi ha già un deficit o per chi attraversa la pubertà e la maturazione sessuale.
Però non è il danno più grave, perché la cannabis **colpisce ancora più duramente il cervello dei ragazzi.** Fino ai 20 anni di età, infatti, si formano miliardi di connessioni nei lobi frontali, un groviglio di rovi che il cervello mantiene in ordine man mano che queste connessioni si rafforzano o si indeboliscono. I recettori dei cannabinoidi sono molto numerosi in queste zone e la loro sovrastimolazione incasina la capacità di distinguere tra le cose davvero importanti e quelle che non lo sono. Perché la marijuana crea anche un po' di alienazione, aumenta la capacità di vedere le cose da un punto di vista diverso dal solito. Da una parte può essere una cosa positiva riuscire ad andare oltre il proprio io, capire le convinzioni degli altri. Ma d'altra parte, questa sovrastimolazione può rendere difficile riconoscere situazioni pericolose e dare priorità ad azioni e attività.
Fumare cannabis **può anche aumentare l'ansia e in qualcuno causare veri e propri attacchi di panico.** Anche a dosaggi bassi, c'è la possibilità di sviluppare lieve paranoia. In un famoso esperimento hanno sottoposto a una prova di guida un campione di ubriachi e un campione di gente che aveva appena fumato marijuana. Nel test sono andati male tutti e due i gruppi, però i fumatori pensavano di aver fatto peggio di quello che avevano effettivamente fatto e i bevitori pensavano di aver fatto meglio. Bere alcol, infatti, aumenta la fiducia in se stessi, mentre fumare marijuana, soprattutto affrontando compiti del genere, rende un po' paranoici. Esercizi ripetitivi, tipo guidare su una strada molto conosciuta, non sono difficili da fare quando si è "fumati", ma se bisogna prendere una decisione in tempi brevissimi le possibilità di sbagliare sono maggiori.[30]

Anche gli animali di laboratorio sotto gli effetti del THC non sono molto abili a evitare situazioni pericolose. Se il topo ha pochi secondi per schiacciare un bottone che gli eviterebbe di prendere la scossa, quando è drogato con THC non sempre ci riesce. E anche altri animali sotto gli effetti della cannabis hanno difficoltà ad apprendere nuovi compiti, non riescono a risolvere problemi che avevano già risolto in precedenza o lo fanno molto più lentamente, appaiono distratti e seguono con lo sguardo oggetti immaginari.

Quando a una scimmia di laboratorio vengono mostrate una caramella e l'immagine olografica della stessa caramella, normalmente non ha difficoltà a scegliere la caramella vera. Ma se lo stesso test viene fatto a una scimmia drogata con marijuana, è facile che sbagli. Quando la zampa attraversa il vuoto della proiezione, la scimmia ha una chiara reazione di sorpresa e rabbia. Poi rivolge la sua attenzione alla caramella giusta e la mangia. Aumentando le dosi di THC, la scimmia ci mette molto più tempo prima di decidere quale caramella afferrare e anche quando sbaglia (spesso) sembra meno interessata alla caramella vera e più all'ologramma. Ci passa più volte la mano attraverso ed emette suoni normalmente associati al piacere e alla contentezza. In pratica gioca soddisfatta con l'immagine della caramella e si dimentica quella vera.[31]

Fumare in modo cronico infiamma anche le vie respiratorie, causa tosse e bronchiti. I danni maggiori vengono a chi fuma sia sigarette che marijuana, in pratica il 75% dei consumatori di cannabis. Alcuni studi dicono che **cinque spinelli fumati e trattenuti nei polmoni causano danni a mucose e polmoni che equivalgono a fumare un pacchetto di sigarette.**

C'è anche un grande dibattito sul fatto che la marijuana sia causa o effetto di malattie mentali. Perché in alcuni casi persone con preesistenti disturbi mentali si avvicinano alla cannabis per alleviare stress, rilassarsi, aumentare l'autostima e la distrazione. Con il risultato di ottenere gli effetti opposti e peggiorare un equilibrio mentale già precario.

Anche perché la marijuana che c'è in giro in questi ultimi anni è molto più potente di quella del passato e sempre più gente fuma in modo cronico e ha difficoltà a smettere.

Salvia divinorum

È una pianta **usata per secoli dagli sciamani messicani per mandare in trance i pazienti e determinare la causa della loro malattia.**

A differenti dosaggi e in contesti differenti, i suoi effetti sono descritti di volta in volta come simili a quelli di LSD, DMT, ketamina o PCP: quindi delirio, allucinazioni spesso fastidiose ed esperienze extracorporee.

L'ingrediente attivo è il Salvinorin A, un potente allucinogeno di cui non si capisce ancora bene l'esatto funzionamento, ma che dovrebbe attivare il recettore K degli oppioidi.

Quando la *Salvia divinorum* è fumata, gli effetti durano pochi minuti e scompaiono in mezz'ora. Questa rapidità di azione e il fatto che fosse legale in molti Stati l'ha resa un decisamente popolare negli ultimi decenni, soprattutto su Internet.

Belladonna, mandragola e stramonio

Le *Solanacee* sono una famiglia di piante che comprende alcune specie commestibili molto diffuse come patate, melanzane, pomodoro e peperone e altre ancora che contengono sostanze chimiche dal forte effetto tossico, come aconito, giusquiamo e le più famose belladonna, mandragola e stramonio.

Sono piante diverse tra loro per aspetto ed effetti, ma tutte bloccano l'acetilcolina, un neurotrasmettitore che serve a regolare un sacco di cose nel nostro corpo, come riflessi, aggressività, sonno, pressione sanguigna, battito cardiaco, comportamento sessuale, acutezza mentale, memoria e attenzione.

Senza l'acetilcolina il corpo inizia ad andare in cortocircuito, la temperatura aumenta, si ha sete, batte forte il cuore e poi **iniziano le allucinazioni, che sono molto diverse da quelle provocate dalle sostanze che agiscono sulla serotonina, come LSD o i funghi magici.** Assomigliano più a deliri, si ha l'impressione di separarsi dal corpo e volare.

È un'intossicazione molto potente, che dura parecchie ore o anche giorni interi. Bere infusi o fumare le foglie di queste piante è una cosa pericolosissima, basta sbagliare la dose di poco, perché gli effetti da tossici diventino mortali.

Le case farmaceutiche usano alcuni estratti di queste piante per preparare medicinali che curano malattie tipo il Parkinson. E, come spesso accade, i rimedi legali vengono dirottati dal mercato medico al mercato nero delle droghe ricreative. Le pastiglie vengono sbriciolate e fumate per ottenere potenti e pericolose allucinazioni.

Nonostante siano droghe così pericolose, è da millenni che l'uomo

usa queste piante in ogni parte del mondo per i motivi più diversi. In Asia erano così sacre e riverite che, secondo alcune teorie, è proprio il frutto di una di queste piante, probabilmente lo stramonio, il pomo della conoscenza reso celebre da Adamo ed Eva.
In alcune tribù dell'Amazzonia gli adolescenti vengono portati nel bosco, rinchiusi in gabbie e costretti a bere spremute di queste piante dai vecchi del villaggio. È un rito di iniziazione, la droga porta i ragazzi sull'orlo della morte, spazza via i ricordi della giovinezza e li trasporta così all'età adulta.[32]
Gli Aztechi preparavano infusi con cui drogavano le vittime sacrificali, prima di aprirgli il petto e strappare il cuore per offrirlo agli dei.
I sacrifici umani a volte duravano giorni interi, come nel 1487, quando al tempio di Tenochtitlán vennero uccise 80 mila persone. La fila di gente in attesa del proprio turno di essere scannata era lunga chilometri e la droga serviva a tenerle buone.
Questa famiglia di allucinogeni ha avuto successo anche in Europa. Nel Medioevo alcune donne preparavano una ricetta con olio, burro e il succo di queste piante. Una pappetta che non veniva mangiata, ma veniva spalmata su un manico di scopa che le donne cavalcavano avanti e indietro per assorbire la droga con le mucose della vagina. Le allucinazioni, le visioni, la sensazione di volare e il manico di scopa hanno creato da allora l'immaginario associato alle streghe. E qualcuno arriva a sostenere che è dalla loro scopa usata come strumento sessuale che ancora oggi si dice "scopare".
Nel Rinascimento le donne si spremevano negli occhi il succo di una bacca di belladonna per dilatare le pupille e avere così occhioni da cerbiatto e sembrare più belle. Ed **è proprio perché rende le donne apparentemente più "belle", che la belladonna si chiama così.**
È un effetto dovuto all'atropina contenuta nella pianta, la stessa sostanza che oggi usano gli oculisti per dilatare la pupilla prima di una visita.

Anche il *Mandragora*, genere botanico noto come "Mandragola",

appartiene a questo gruppo di piante tossiche che è entrato nell'immaginario collettivo. Machiavelli ha scritto addirittura una commedia sexy intitolata proprio *La mandragola* e, anche di questi tempi, Harry Potter deve coprirsi le orecchie quando maneggia la pianta. Perché, come vuole la tradizione medievale, chi sente il grido delle radici di mandragola muore sul colpo.
Il motivo di questa leggenda è che la radice assomiglia tantissimo a un corpo umano, grassoccio, con braccia e gambe. Questa stranezza ha da sempre colpito la fantasia dell'uomo che, per decine di secoli, l'ha considerata una pianta magica, un essere all'incrocio tra il mondo animale e quello vegetale.
Infatti **la mandragola era famosa nella tradizione popolare e appariva sempre nelle pozioni magiche, soprattutto come afrodisiaco e cura contro la sterilità.** Non perché sia davvero particolarmente eccitante, ma perché le sue radici assomigliano a un corpo.

Una parentesi: questo **mix tra scienza, superstizione e osservazioni strampalate che ha reso famosa la mandragola è alla base del successo di altre sostanze afrodisiache.**
Anche il ginseng, per esempio, ha radici che sembrano proprio un corpo umano paffuto. Infatti, in cinese, il nome Gin-Seng vuol dire "radice-uomo". Questa stranezza, unita al fatto che la pianta ci mette tantissimo a crescere (nei primi tre anni solo 20 centimetri), ha contribuito alla sua fama nel mondo. Almeno quanto i suoi effetti stimolanti.

Oppure **la cantaride, un piccolo coleottero iridescente, che per secoli è stato considerato un afrodisiaco potente.** Sia perché ha la testa a forma di cuore, sia perché si accoppia per ore e ore, dando stantuffate così rapide che sembrano velocizzate al computer. L'uomo non ci ha messo molto a collegare la cantaride al sesso anche perché quando un uccello mangia uno di questi coleotteri, poi smette di volare e passa il resto della giornata a strusciare i genitali per terra, freneticamente.

Ma non è desiderio sessuale: è irritazione. La cantaride, per difendersi dai predatori, contiene una sostanza chimica che infiamma la vescica e l'uretra.
Le eventuali erezioni di chi ha provato la cantaride quindi non sono dovute all'eccitazione, ma a una forma di infiammazione delle vie urinarie che rende il rapporto sessuale e l'orgasmo dolorosi.

CHE ALTRE DROGHE CI SONO?

I gas.
Già respirare l'aria può avere effetti stupefacenti. Facciamo un esempio: quando un'onda del mare sbatte contro gli scogli, le molecole d'acqua si rompono, creando così un'aria ricca di ioni negativi.
Una volta respirati, gli ioni accelerano il trasporto di ossigeno alle cellule, rinforzano il sistema immunitario e aumentano la serotonina, che allevia lo stress e dà una sensazione di benessere.
L'aria pura ha solo 750 ioni negativi per centimetro cubo, ma quando diventa instabile, come in riva al mare, gli ioni arrivano a 2 mila per centimetro cubo. E vicino alle cascate, dove l'acqua si rompe con maggiore forza, la concentrazione di ioni sale a 100 mila.
Certo, respirare quest'aria non dà un vero e proprio sballo, però quella sensazione di pace e rilassatezza che molti di noi provano al mare o davanti a una cascata è anche merito degli ioni negativi.[1]

Quando l'aria invece è contaminata da gas tossici, gli effetti possono essere decisamente molto più stupefacenti.
È una pratica che risale già agli antichi Greci. Molti oracoli, infatti, prima di pronunciare la profezia respiravano vapori dalla terra. C'è chi sostiene che fossero gas naturali come l'anidride carbonica e l'etilene a suggerire le immagini deliranti e le metafore assurde tipiche delle predizioni.

Oggi gas e altre sostanze da respirare sono droghe abbastanza diffuse e vengono usate in modi diversi.
Il metodo più comune è quello di sniffare la droga direttamente dal contenitore, come nel caso di un barattolo di colla. Oppure la sostanza viene messa in un sacchetto di plastica dentro cui si infila la testa. In questo modo si respira non solo la droga, ma anche la stessa aria che

abbiamo già respirato, aumentando così l'effetto stupefacente.
Un altro metodo molto diffuso, soprattutto durante i rave, è quello di riempire palloncini con il gas e poi passarli di mano in mano e respirare da quelli.

Indipendentemente dal metodo di utilizzo, **gli inalanti appartengono a tre categorie: solventi, nitriti e anestetici.**

SOLVENTI

Sono sostanze sintetizzate dal petrolio e combinate con altri ingredienti chimici. Per esempio: colla, benzina, vernici spray, lacche per capelli, deodoranti, ricariche per accendino, lucido da scarpe, spray per la pulizia a secco, solventi per smalto e sverniciant di ogni genere. Contengono sostanze dai nomi buffi come butano e propano e altre impronunciabili come tetracloroetano o tricloroetilene (la trielina). Non farti ingannare dai nomi e dalla facilità con cui si trovano in ogni supermercato. Sono sostanze pericolosissime per il corpo.

Sniffare solventi è una cosa che si fa sempre più spesso, soprattutto nei Paesi poveri.
Nonostante provochi danni devastanti, è un fenomeno ignorato, perché colpisce soprattutto gli emarginati. Benzina e colla sono droghe usate da chi non può permettersi altro, come i bambini molto poveri dei Paesi molto poveri.

I solventi vengono assorbiti immediatamente dai capillari dei polmoni e in soli dieci secondi arrivano al cervello, causando stordimento ed euforia per una manciata di minuti con sogni deliranti e allucinatori.
Subito dopo, iniziano effetti devastanti per tutto il corpo: vertigini, confusione, svenimenti, depressione e allucinazioni.

I solventi colpiscono gravemente il cuore, provocando aritmia e arresto cardiaco. Danneggiano i polmoni, causando asfissia e collassi respiratori. Fanno danni irreparabili anche a fegato e reni, ma soprattutto bruciano il cervello: il 70% di chi sniffa solventi ha disturbi mentali e della personalità, comportamenti autodistruttivi, tendenza a suicidi e omicidi. Insomma, un vero disastro.

NITRITI

Nitrito di amile, butile e isobutile sono sostanze volatili che dilatano istantaneamente i vasi sanguigni in modo che cuore, cervello e altri organi ricevano più sangue.
Questo provoca una sensazione di pienezza nella testa, euforia, ridarola e vertigine. **L'uso continuato, però, danneggia i globuli bianchi del sangue, colpisce il sistema immunitario e causa il cancro.**

I nitriti sono più conosciuti col nome di *popper*. Un nome che deriva dal fatto che una volta erano venduti in fialette di vetro. Prima di sniffare il contenuto, bisognava spaccare la parte superiore della fialetta, che si staccava con un suono caratteristico: pop.

Sono diffusi anche nell'ambiente gay perché provocano il rilassamento dei muscoli dello sfintere. Anche il fatto che spingano per qualche secondo sull'orlo dello svenimento per qualcuno è sessualmente eccitante. Come in tutti gli altri casi, **l'uso combinato con altre sostanze è estremamente pericoloso.**
Il mix di popper, viagra e metanfetamine, una combinazione comune tra chi usa queste droghe per aumentare le sensazioni e l'attività sessuale, colpisce pesantemente la circolazione e causa svenimento e morte.

ANESTETICI

Il protossido di azoto, più conosciuto come gas esilarante, è il gas anestetico più diffuso come droga.
Quando viene inalato, fa effetto in dieci secondi e provoca giramenti di testa, ridarella, disorientamento e leggere allucinazioni.
È stato creato alla fine dell'800 dal chimico Joseph Priestley che, appena lo respira, inizia a correre in giro per il laboratorio ridendo e saltando in modo incontrollato.[2]
Ma **fu James Watt, il papà della Rivoluzione industriale a renderlo famoso,** creando un circolo di medici, filosofi e poeti che insieme iniziano a sperimentare questa nuova sostanza. Ancora una volta la chimica trova la droga, ma sono poeti e filosofi a spiegarne gli effetti sulla mente.
Il gas esilarante diventa subito popolare in Europa e America, dove si diffonde in tutte le classi sociali ed è usato allegramente in bordelli, fiere, esibizioni pubbliche e spettacoli.
È solo dopo cento anni che comincia a essere impiegato come anestetico, soprattutto per uso dentistico. I suoi effetti, infatti, sono di breve durata e perché sia efficace, deve essere somministrato al paziente in modo continuo. **L'uso prolungato, però, danneggia il sistema nervoso e quello circolatorio,** perché il protossido di azoto sostituisce l'ossigeno nel sangue e lo avvelena.
È esattamente per questo motivo che i dentisti somministrano ossigeno alla fine dell'intervento, per ripulire il sangue dal gas.

Oggi è una **droga molto diffusa nei rave, perché amplifica per qualche minuto gli effetti dell'ecstasy.**
Il modo più comune è usare le bombolette argentate con cui si caricano gli spray per montare la panna. Costano pochissimo e contengono protossido di azoto sotto pressione.
Però il gas non viene respirato direttamente dalla bomboletta, perché appena esce è freddissimo e, se inalato, ghiaccia i tessuti di naso, bocca

e polmoni che si gonfiano e si spaccano. In alcuni casi possono anche gonfiarsi così tanto da bloccare il passaggio dell'aria. E così si soffoca. Per evitare questo pericolo, le bombolette vengono usate per riempire un palloncino. E solo **quando il gas è a temperatura ambiente, si apre l'imboccatura del palloncino e lo si respira da lì.**

ALCOL E TABACCO SONO DROGHE?

Sì, secondo la definizione di droga che stiamo usando in queste pagine, anche alcol e tabacco sono droghe. E sono le più pericolose.

Noi, però, in questo volume ci occupiamo soprattutto di sostanze illegali (come cocaina o MDMA) o di sostanze legali (come medicinali o gas) usate e abusate a scopo ricreativo.

I danni dell'alcol sono ben noti e documentati. Forse quello che si sa meno è come si è diffuso sul pianeta. È stato facile: agli animali piace l'alcol. Così tanto che viene usato come esca in trappole per catturarli. I collezionisti di insetti spalmano miscele di zucchero e birra o zucchero e rhum sul tronco di un albero per attirarli, stordirli e raccoglierli più facilmente. In Africa, birra e latte vengono lasciati fuori durante la notte per catturare piccoli roditori. Anche gli uccelli vengono attirati con semi inzuppati nell'alcol. I volatili si ingozzano, collassano a terra e vengono raccolti come sassi.

Tutti gli animali quindi, anche quelli intelligenti come gli elefanti, cercano volentieri le qualità euforizzanti e sedative dell'alcol. E il loro stile di consumo è spesso simile a quello dell'uomo.[1]
Non sorprende, perciò, che l'alcol sia e sia stato la sostanza psicoattiva più popolare di sempre: già 9 mila anni fa c'erano bevande fermentate a base di riso, miele e frutta; 6 mila anni fa si faceva il vino con l'uva.
E sin da allora era chiaro a tutti che l'alcol creava effetti indesiderabili e dannosi per la salute e la comunità.
Perfino Noè, nella Genesi, quando beve il vino esagera: si spoglia nudo e si addormenta per terra ubriaco perso.

Sono spesso i testi sacri a controllare l'abuso dell'alcol. Ci sono più di centocinquanta passaggi della Bibbia che contengono avvisi e consigliano moderazione. Anche i testi religiosi indiani citano l'alcol come causa di falsità e mistero. I geroglifici degli Egiziani (che facevano la birra prima ancora di fare il pane) mettono in guardia sugli abusi. Contrariamente a quello che si può pensare, il Corano fa pochi riferimenti all'alcol, ma il ragionamento è: chi beve si ubriaca, chi si ubriaca fa cose illogiche, chi agisce illogicamente dice bugie e chi dice bugie si allontana dalla religione. Inizialmente non è tanto l'alcol, ma il suo abuso che viene stigmatizzato. Poi, però, prevale la convinzione che se una sostanza è intossicante a dosi alte, deve essere vietata anche in piccole quantità. La temperanza diventa proibizione.[2]

Eppure è un arabo che nel '700 perfeziona la distillazione del vino per produrre l'alcol. Ed è un altro arabo, nel libro *al-Asrār* (I segreti), a chiamare la sostanza "al-koh" e a descriverne la produzione: il calore vaporizza l'alcol e lo separa dalla sua fonte, poi si lascia condensare in un altro recipiente. È una tecnica molto semplice (**è il primo intossicante a essere isolato dall'uomo) e già nell'anno Mille il consumo di alcol esplode nel mondo occidentale.**[3]

Nessun'altra droga ha avuto un effetto così negativo e duraturo sulla storia dell'uomo. La lotta per produrre, controllare e tassare l'alcol e per assorbire le sue conseguenze sociali ha formato gli Stati moderni già dalla scoperta dell'America.
Gli indigeni americani, infatti, hanno un numero di enzimi minori per digerire l'alcol e quindi lo tollerano meno. Non sono in grado di gestirlo e non è solo una questione fisica, è una pratica di intossicazione completamente nuova che abbassa le inibizioni, istiga alla violenza, rompe i tabù interni alle tribù e accelera la caduta di quelle società. Un genocidio che si è ripetuto uguale in Sudamerica, nelle isole del Pacifico e in Australia.

Verso la fine dell'800 il boom dell'assenzio in Francia, che porta tanti bevitori al Bicêtre, l'ospedale psichiatrico di Parigi, allarma la comunità scientifica. Iniziano i primi test sugli animali e confermano quello che da millenni l'uomo aveva già intuito: l'alcol è micidiale.

Gli animali, quando sono intossicati, hanno atteggiamenti esuberanti e aggressivi, si allontanano dal branco, mangiano e bevono meno, fanno meno bagni e hanno meno contatti sociali con gli altri. Anche i fattori ambientali, come nell'uomo, contribuiscono a incentivare l'uso di alcol da parte degli animali. Ne consumano di più quando è buio, quando fa freddo e quando sono stressati.
Diventa chiaro che l'alcol crea dipendenza e terribili crisi di astinenza: svenimenti, convulsioni e anche morte. I cani tremano e seguono stimoli visivi inesistenti, le scimmie si grattano, vomitano e sfuggono alla luce, i topi diventano aggressivi e si mordono la coda.[4]

Anche negli animali, come per gli uomini, la genetica influenza in modo determinante il consumo di alcol. Ma le condizioni sociali possono alterare questa predisposizione biologica: quando topi non alcolisti vengono mischiati con topi alcolisti, gli astemi tendono ad aumentare volontariamente il loro consumo di alcol. E capita anche il contrario: topi geneticamente portati all'alcolismo non bevono, se inseriti in una colonia di topi astemi.
E questo vale soprattutto coi più giovani, che seguono l'esempio prevalente della colonia.

IO SPERIAMO CHE ME LA CAVO

«È una sostanza che ti fa sentire felice, energico», sentivo tra le voci dei miei compagni di liceo, che avevano già avuto un rapporto con le famose canne, gli spinelli di marijuana. Mi dicevano che dava questi effetti di sollievo e allegria e me lo dicevano con gli occhi rossi. Sì, avevano sempre gli occhi rossi e contornati di nero, lo sguardo sempre allegro ma un po' assente. Lì la mia prima obiezione: ti dà tutte queste cose, ma non ti vedo affatto bene gioia mia!

Credo che il primo rapporto con le droghe lo si abbia proprio a scuola. La prima che si prova è la sigaretta: il primo tiro e subito il colpo di tosse del principiante attorniato dal gruppo di amici che ti guarda per vedere se sei capace di aspirare fin dentro ai polmoni. Sì, è una prova da uomo e per farla devi essere deciso; dopo sarai un fumatore e sarai maturo per il gruppo. Io quella volta mi fermai al colpo di tosse con delusione dei presenti. Fu umiliante per me, ma non mi piacque, cosa potevo farci? L'odore era sgradevole e dovetti sputare saliva per un intero giorno, oltre a sopportare la puzza tra le dita. Ma se non ho superato quella prova, secondo voi, come avrei potuto fare un tiro a una canna che per me era ancora più puzzolente?

Ho sempre odiato il fumo (i miei genitori sono fumatori e, dopo essere cresciuto in una casa dove, a causa delle nuvole di fumo, per farmi notare dovevo camminare con il giubbotto fluorescente, soltanto da poco sono riuscito a far fumare tutti sul balcone). Parte della mia adolescenza l'ho vissuta in Sicilia, a Bagheria, e mentre io passavo le mie giornate in bici, molti dei miei coetanei si facevano le canne, ma solo le canne. Dalle mie parti non ho mai visto altre droghe, sempre che i dolci siciliani non lo fossero perché quelli, checché se ne dica, creano elevata dipendenza.

Oltre a non piacermi le droghe, non mi piaceva neanche la vita che facevano i miei compagni di scuola per averci a che fare. Per farsi una canna dovevano allontanarsi per comprarla, poi trovare un posto nel motorino dove nasconderla per sfuggire ai posti di blocco, chiedere in giro una cartina perché non le avevano mai, appartarsi per fumarla e infine cercare di nascondere la puzza del fiato con le Big Babol e gli occhi rossi con il collirio!

L'unica cosa positiva era che le canne piacevano anche alle ragazze e poi mi raccontavano che se le facevi fumare forse avevi speranza che insomma... mi avete capito.

Comunque adesso sono cresciuto e non mi pongo più il problema. Vivo normalmente, davvero, non lo dico perché ho paura che queste mie righe le legga uno della guardia di finanza con tanto di pastore tedesco al guinzaglio. È così.

Quando faccio i miei spettacoli, per esempio, sembro drogato sul serio. Chi non mi conosce personalmente sicuramente penserà che faccia uso di sostanze eccitanti o allucinogene perché, quando sono in teatro con la mia orchestra swing, canto, recito, dondolo e salto a più non posso per due ore. Spesso neanche io mi rendo conto di come ci riesca e dal palco vedo gente che mi guarda con un occhietto strano, come a dirmi: gioia, cosa ti sei preso?

È imbarazzante per me dirlo in un libro che parla di droga, ma vorrei mettere le cose in chiaro e deludervi del tutto: io non solo non mi drogo, ma non bevo alcolici e non prendo neanche caffè! Sì, lo so, sono proprio un caso isolato, ma spero di non migliorare con il tempo e di continuare a deludervi.

Angelo Duro

QUAL È STATA LA PRIMA DROGA?

Si può risalire all'identità della prima droga facendo un ragionamento:

1. Deve essere una pianta che si può trovare in Africa, perché è lì che si è evoluto l'uomo primitivo.
2. Deve fare effetto mangiata cruda, perché cottura ed estrazione e altre tecniche di assunzione appaiono in fasi successive dell'evoluzione umana.
3. Deve essere abbondante e facilmente visibile perché le popolazioni a quel tempo erano nomadi.
4. Deve dare effetti positivi immediati.

Secondo alcuni studiosi, l'identikit di questa pianta corrisponde alla ***Stropharia cubensis*, un funghetto allucinogeno diffuso praticamente in tutto il mondo che contiene psilocibina.**[1]
Però non produce nausea come molti altri funghi allucinogeni e quindi non viene vomitato. Esiste ancora oggi ed è ancora in vendita in moltissimi smart shop ad Amsterdam e nei Paesi in cui è legale (in Italia no) e, ovviamente, su Internet.

CHE EFFETTI HA AVUTO?

L'uso del funghetto allucinogeno ha migliorato le condizioni di partenza degli uomini primitivi e influenzato alcuni aspetti della loro vita:

1. La psilocibina aumenta l'acutezza visiva e quindi la capacità di trovare cose da mangiare.
2. Stimola il sistema nervoso centrale, migliorando l'umore e l'eccitazione, favorendo così la riproduzione e il rimescolamento genetico all'interno della comunità.
3. Aumenta l'empatia, unendo gli individui e sviluppando un senso di responsabilità comune per il gruppo.
4. Agisce sulle capacità del cervello di elaborare il linguaggio.

Come se non bastasse, i funghi crescono seguendo il ciclo lunare. E questo ha creato una specie di calendario comune e rituale, un primo passo verso la nascita della religione.

L'espansione della capacità visiva, un maggiore divertimento sessuale, il modo di pensare a noi stessi dall'esterno, il ricordo, l'immaginazione, la creazione di nomi, il linguaggio magico, il ballo e un senso religioso, tutte queste cose possono essere emerse dalla nostra interazione con le piante, permettendo esperienze che hanno favorito alcune scimmie nella battaglia per la sopravvivenza.
Nel XIX secolo abbiamo dovuto ammettere di discendere dalle scimmie, oggi ci dicono che quelle scimmie erano anche tossiche.[1]

Gli studi antropologici mettono in evidenza che per le tribù primitive è normale parlare agli spiriti, avere visioni e sentire voci. Sono gli individui che non cercano il mondo spirituale a essere considerati strani e diversi.

E infatti culture di tutto il mondo hanno sviluppato meditazione, musiche, balli, posture e tecniche di respirazione pensate proprio per produrre trance, stimolare corpo e mente, alterare la percezione ed evocare esperienze mistiche.
In società del genere, che fanno tutta questa fatica per alterare l'equilibrio del corpo, le piante che permettono esperienze di questo tipo sono molto importanti.
Quando nascono i primi villaggi permanenti, i primi utensili, i primi animali addomesticati, tra le prime piante a essere coltivate ci sono le droghe. Che si diffondono così, insieme all'uomo, su tutto il pianeta.

Secondo queste teorie, oltre a influenzare la salute, la caccia, la socialità, la riproduzione, il dolore e la paura in modo abbastanza evidente – che già non è poco – **le droghe hanno dato origine alla prima spiritualità conosciuta dall'uomo, la nonna di tutte le religioni: lo sciamanesimo.**

Lo sciamano usa digiuno, danza, canto e piante allucinogene per alterare il suo stato di coscienza. E in questa condizione intossicata fa da tramite tra il mondo dei vivi e l'altro mondo, quello di dei, demoni e spiriti dei defunti.
Ma non immaginatevi un mondo spaventoso. Anzi, per come la vedevano a quei tempi, era esattamente il contrario. Il mondo quotidiano, quello degli uomini era disordinato e caotico. L'altro, con cui si entrava in contatto mangiando i funghi allucinogeni, era ordinato e armonico. Il mondo della natura e della magia.
Lo sciamano era l'unico che conosceva esattamente piante e dosaggi ed era lui a somministrarle al resto della tribù, che alcune volte si doveva accontentare di drogarsi bevendo la sua pipì, che comunque conteneva ancora delle tracce di allucinogeni abbastanza forti da mandare fuori.
Lo sciamano, quindi, non è un tipo buffo e sballato che saltella con una pelliccia sulle spalle. È lui che all'interno della tribù guida il gruppo:

decide se bisogna cambiare territorio o cacciare o fare la guerra a un'altra tribù, ma soprattutto interpreta e spiega la realtà agli altri anche attraverso l'uso delle droghe.
Perché per gli uomini di quel tempo il cosmo è come una favola, una storia che diventa reale man mano che viene raccontata. Ed è lo sciamano a raccontarla.
Questo è il ruolo dello sciamano. All'interno della sua tribù incarna nella stessa persona molti ruoli che col tempo si differenzieranno: il politico, il medico, l'inventore, l'artista e il poeta.[2]

COME ABBIAMO SCOPERTO LE ALTRE DROGHE?

Osservando e copiando gli animali.

Ancora oggi, i manuali di sopravvivenza dell'esercito spiegano che quando si è in un ambiente naturale sconosciuto, la strategia migliore è copiare gli animali: mangiare le piante che mangiano ed evitare quelle che evitano anche loro.[1]

L'uomo primitivo, quando arriva in un nuovo territorio fa lo stesso: copia gli animali. Si fa presto a imparare. Anche perché quando muori avvelenato, non succede all'improvviso. Di solito prima vomiti, hai diarrea, contrazioni, spasmi, gridi e poi muori. È una cosa dolorosa e che dura un bel po', una scena che, se la vedi, poi è difficile da dimenticare. E così da quel momento eviti anche tu quella pianta.

D'altra parte, copiare gli animali serve anche a scoprire le proprietà positive delle piante.

In Perú i puma masticano la corteccia della Cinchona e gli Indios li hanno copiati per migliaia di anni. Solo nell'800 gli scienziati hanno scoperto che la pianta combatte la febbre e dalla corteccia hanno isolato il chinino, ancora oggi la migliore cura contro la malaria.

Anche i lama masticano foglie di coca per sopravvivere alla dura vita sulle montagne del Sudamerica e gli Indios fanno lo stesso.

Quando le bacche di pituri cadute in acqua stordiscono i pesci, gli aborigeni australiani capiscono che la pianta ha effetti particolari e iniziano a trattarla con più attenzione. Scoprono così che, mangiata a piccole dosi, allontana fame e fatica; fumata, crea allucinazioni. Scoprono anche che bastano alcune bacche buttate in una pozza per stordire i pesci che salgono a galla e vengono catturati con le mani.

Anche gli effetti del caffè vengono scoperti osservando gli animali. E ci è voluto un sacco di tempo, fino a che nel 600 dopo Cristo, un contadino etiope vede alcune oche mangiare le bacche e poi starnazzare eccitate. E finalmente collega le due cose.

COME SI SONO DIFFUSE LE DROGHE?

L'uomo di Neanderthal usava piante eccitanti per andare a caccia. E da allora tracce di ogni tipo di droga sono state trovate in qualunque parte del mondo.

In Iraq, dentro una tomba di 60 mila anni fa, c'è uno scheletro di maschio e accanto a lui una piantina di efedra, l'erba con proprietà stimolanti da cui 60 mila anni dopo è stata sintetizzata l'anfetamina.

Il papavero da oppio veniva chiamato già dai Sumeri "pianta della gioia" e anche gli Egiziani lo usavano, insieme a marijuana e birra.

In una tomba sulle Ande, 2 mila anni prima di Cristo, è stato sepolto un guerriero e accanto a lui è appoggiata una pipa cilindrica, un cilum, ricavato da un osso di puma scavato. Ci sono ancora dentro, mezze bruciacchiate, foglie di anadenanthera, un tipo di pianta che contiene DMT, un potente allucinogeno (*vedi pag. 170*).

Pur usandola da migliaia di anni, **l'uomo però non ha ben chiaro il concetto di droga come sostanza a sé, pensa sia un tutt'uno con la pianta.**

Finalmente, nei primi anni dopo Cristo, arriva Pedanius Dioscorides, un medico che cura i soldati dell'esercito imperiale di Nerone. Con loro viaggia di guerra in guerra in tutto il mondo allora conosciuto e li cura con tecniche che uniscono le scoperte di Europa, Egitto e India. Scrive *De materia medica*, un'opera in cui elenca le droghe di quel tempo e per ognuna descrive gli effetti oggettivi, quelli che ha osservato lui stesso in anni di uso sui campi di battaglia. Lo fa in base alle dosi di utilizzo. **Ed è proprio questa la sua intuizione: la dose.**

Per la prima volta non si parla più degli effetti della pianta in generale, perché **gli effetti della droga cambiano a seconda della dose in cui è presa.** E cambiano molto. Per esempio, scrive che: 2 grammi di stramonio (*vedi pag. 207*), una pianta che si trova ovunque, producono fantasie non spiacevoli, 6 grammi stendono il paziente per due giorni e 10 grammi sono mortali.[1]

La sua opera rimane la massima autorità sulle droghe per più di 1500 anni, fino a quando cioè, con l'invenzione della stampa, migliorano i manuali e i dizionari di erboristeria. E con la scoperta dell'America esplode il mercato delle droghe.
È un'epoca di esplorazioni, commercio e colonizzazione. Gli Europei raccolgono foglie di tabacco e coca dal Nuovo mondo, chicchi di caffè dalla Turchia e dai Paesi arabi e foglie di tè secco dalla Cina.
Già nel Medioevo c'era stata la passione per le spezie, che venivano consumate a chili nelle cucine dei palazzi ricchi. Pepe, zafferano e cannella avevano prezzi altissimi e creavano profitti e imperi commerciali.
Il successo e la diffusione di queste nuove piante seguono la stessa logica di mercato. All'inizio sono esaltate o demonizzate, ma presto ogni nazione regolamenta con tasse e licenze tutto quello che riguarda le nuove droghe: produzione, importazione, commercio e distribuzione.
E a loro volta esploratori, soldati, mercanti, uomini di chiesa e trafficanti europei di ogni genere esportano nel mondo queste droghe e le loro abitudini di consumo.
È in questo momento che si passa da tante singole culture, ognuna con le sue droghe specifiche, a una cultura planetaria, dove le abitudini del posto sono affiancate e sostituite da prodotti globali che cambiano a turno con varianti sempre più forti.

Sono le scoperte scientifiche a fare esplodere il consumo delle droghe. L'uomo impara a sniffare, fumare e iniettarsi. L'invenzione di droghe sempre più potenti e nuovi metodi d'uso creano il problema sociale.
Negli ultimi duecento anni l'uomo ha abbandonato la strada naturale, quella di mangiare le droghe, come ha fatto per millenni.

Con il progresso della scienza, ha tolto le sostanze dalla pianta e ha creato droghe artificiali potentissime che si introducono direttamente nel naso, nei polmoni e in vena.
L'intossicazione naturale nell'antichità era al centro della tribù. Oggi **la chimica e il commercio hanno creato intossicazioni più forti,** veloci e mortali, incompatibili con la società.
Man mano che gli effetti sono più gravi, evidenti e diffusi, alcune di queste sostanze vengono proibite, ma di volta in volta sostituite da altre più potenti. E la parola "droga" acquista il suo significato moderno.

QUANTO COSTANO LE DROGHE?

Una tabella precisa non si può fare. I prezzi cambiano non solo di anno in anno, non solo di nazione in nazione, ma anche da regione a regione, da quartiere a quartiere e da giro a giro, insomma da chi conosci.
È un mercato illegale, quindi non esistono prezzi ufficiali: cambiano soprattutto per le leggi di mercato, che in questo settore sono rapidissime e molto efficienti rispetto ad altri commerci. Perché non ci sono ammortizzatori statali, incentivi o rottamazioni.
La droga, infatti, segue un solo padrone: la domanda. Non importa quanto una sostanza venga combattuta o sequestrata dalla polizia. O quanto una banda faccia la guerra a un'altra banda. L'offerta c'è sempre fino a quando c'è la domanda.

Un fattore che influenza molto il prezzo e la sua variabilità è la purezza. Per esempio, quando si compra la cocaina di strada, si possono trovare partite tagliate diversamente da spacciatore a spacciatore, con percentuali che variano di molto: dallo 0% al 60%. E il costo varia dai 50 ai 100 euro. Ovviamente quella da 100 euro dovrebbe essere più pura di quella economica. Ma non è detto che sia così.

Anche **il tipo di sostanza può spiegare le differenze di prezzo.** Per alcune droghe, soprattutto quelle chimiche, l'oscillazione non è molto ampia. Un francobollo di LSD non potrà costare molto più di 10 euro. E anche una boccetta di popper, da cui si possono fare almeno un centinaio di sniffate, non potrà costare più di 20 euro.
Sono composti chimici. Hanno un costo preciso in qualche parte del mondo e ci sarà sempre qualcuno disposto a trasportarli da qualche altra parte del mondo dove c'è la domanda. Così è solo questa la variabile

che incide sul loro prezzo: il trasporto.
Diverso invece è il discorso di quelle droghe che crescono in natura, tipo la marijuana. In questo caso la varietà della pianta, il modo in cui viene coltivata, seccata e trattata influiscono notevolmente sulla qualità.
Si vede dal prezzo, che oscilla da 5 euro al grammo per quella base ai 40 euro per le qualità di erba migliori. Anche l'hashish ha variazioni simili nel prezzo: dai 5 euro di quello scadente ai 40 euro delle resine più pure.
Oppure l'eroina: quella più pregiata è l'afghana marrone o bianca, quella più scadente la Mexican Black Tar, di colore molto scuro. E una può costare anche dieci volte più dell'altra. In Italia arrivano soprattutto la "bianca" prodotta nel Triangolo d'oro di Birmania, Laos e Thailandia, che costa sui 60 euro al grammo, e la "brown" afghana o pakistana, che costa meno, circa 40 euro al grammo.
È una differenza questa tra droghe chimiche e naturali che esiste anche tra farmaci e sostanze psicoattive legali. Per esempio, il Valium costa più o meno uguale in tutto il mondo.
Il prezzo del vino o del caffè, invece, varia molto sia per le differenti difficoltà di procurarselo nel posto in cui si vive sia per le diverse modalità con cui la sostanza è stata selezionata, coltivata e trattata.

Forse una cosa che si può fare è tentare di **ipotizzare una tabella su quanto costa l'abitudine di usare una droga.**
Anche in questo caso, però, è difficile stabilire cifre universali, che valgano per tutti. Un cocainomane occasionale può farsi anche solo una riga in una serata. Un cocainomane duro, invece, deve pippare in continuazione, anche dieci, venti volte in una notte. E quindi livelli di consumo e costi cambiano. Anche le cosiddette droghe leggere creano diversi livelli di tolleranza nel tempo. Molti fumatori, dopo anni di uso, possono arrivare a farsi anche dieci spinelli di fila in una sera con gli amici, senza stralunarsi troppo.

Comunque, dovendo fare una tabella, potrebbe approssimativamente essere così:

SOSTANZA	PREZZO	PREZZO A DOSE
Marijuana	1 g ▶ € 10	uno spinello ▶ € 3
Hashish	1 g ▶ € 7	uno spinello ▶ € 1,5
Cocaina	1 g ▶ € 80	una riga ▶ € 8
Crack	1 g ▶ € 50	una pipata ▶ € 10
Anfetamine	1 g ▶ € 30	una pasticca ▶ € 10
Eroina	1 g ▶ € 50	una siringa ▶ € 5
Popper	una boccetta ▶ € 10	una sniffata ▶ € 0,10
Ecstasy	1 g ▶ € 50	una pasticca ▶ € 10
Ketamina	1 g ▶ € 50	una dose ▶ € 10
LSD	1 ml ▶ € 20	un trip ▶ € 10

DA DOVE ARRIVANO LE DROGHE OGGI?

IL TRAFFICO DI EROINA

Il papavero coltivato ufficialmente dalle case farmaceutiche e da cui si ricavano i medicinali legali cresce in India, Australia e Turchia.

Il papavero illegale, invece, cresce quasi tutto in Afghanistan, che da solo produce 7 mila tonnellate di eroina.
Segue con un grandissimo distacco il Triangolo d'oro di Birmania, Thailandia e Laos, che insieme arrivano solo a 40 tonnellate.

Eroina e oppio dall'Afghanistan viaggiano attraverso l'Iran e altri Paesi del Medioriente fino in Turchia e in Europa dell'Est. E da qui raggiungono ogni nazione europea.
Anche il Sudamerica ultimamente sta producendo un po' di eroina, niente in confronto alle coltivazioni asiatiche, però abbastanza da soddisfare il mercato degli Stati Uniti.
Il Messico è il primo produttore del continente, con 18 tonnellate; seguono Colombia, Venezuela e Perú.

IL TRAFFICO DI COCAINA

Tutte le piante di coca crescono in Sudamerica. La Colombia ne produce metà, il Perú un terzo, qualcosa anche Bolivia, Venezuela e Messico. La cocaina colombiana viene spedita con piccoli aerei leggeri fino ai Caraibi, oppure trasportata via camion lungo la costa verso città e porti meno controllati. Da queste tappe intermedie viene poi spedita via

mare o via aria negli Stati Uniti e in Europa.
La cocaina peruviana, invece, passa dal Brasile e da lì viene spedita negli Usa oppure attraversa l'oceano fino alla costa occidentale africana dal Senegal al Sudafrica e da qui raggiunge l'Europa.

IL TRAFFICO DELLE DROGHE CHIMICHE

Negli ultimi decenni erano i Paesi dell'Europa del Nord a fabbricare le pasticche, soprattutto l'Olanda.
Ora **la maggior parte della produzione viene fatta ancora in Olanda, ma è esplosa anche in Europa dell'Est, Asia e Sudamerica.**

I sequestri di anfetamine ed ecstasy sono più che raddoppiati negli ultimi anni, segno che queste droghe sono sempre più diffuse. Ma sono sempre una percentuale bassissima del traffico, sia perché sono droghe facilmente trasportabili ma soprattutto perché ormai queste droghe chimiche si fanno ovunque, in modo sempre più facile ed economico.

IL TRAFFICO IN ITALIA

Per dirla in modo semplice: **in Italia è la 'ndrangheta a controllare la maggior parte del traffico di droga, con forti legami con la mafia russa e quella albanese.** L'eroina è quella afghana; la cocaina è colombiana; l'hashish è marocchino; la marijuana italiana, albanese, svizzera, olandese e le droghe sintetiche arrivano soprattutto dall'Est e dall'Olanda.

La realtà è però molto più sfaccettata, perché **l'Italia occupa una posizione di rilievo nel traffico di droga.**
È al centro del Mediterraneo, con più di 7 mila chilometri di costa, vicino ai Balcani e all'Africa. È la collocazione ideale per la distribuzione di cocaina ed eroina, che dal mondo intero arrivano prima in Italia e

poi da qui raggiungono il resto d'Europa.

I punti di entrata maggiormente usati dipendono dalla sostanza e dal mezzo di trasporto scelto.
Quando la droga arriva via mare ci sono due rotte principali. **Per la cocaina nascosta nei cargo che salpano da Sud e Centroamerica, i porti di destinazione sono quelli liguri** come Genova, Ventimiglia, Savona. Oppure Livorno e Gioia Tauro.
L'eroina invece, che arriva dall'Oriente, segue un'altra rotta ed entra in Italia da Grecia, Turchia e Balcani. Quindi, in questo caso, i porti più interessanti per i trafficanti sono quelli di Bari, Ancona e Venezia. Città in cui arrivano anche l'hashish del Pakistan e la marijuana di Grecia, Albania e Montenegro.

I porti principali vengono usati soprattutto per le spedizioni commerciali e molto spesso con la complicità di chi ci lavora.
Moltissima droga viene trasportata con motoscafi e yacht, che possono attraccare praticamente ovunque. E 7 mila chilometri di costa sono tanti, impossibili da controllare.
L'hashish marocchino, che è praticamente il 90% di quello che si trova in Italia, arriva facilmente in Sardegna, Sicilia e Calabria. E da lì viene distribuito in ogni regione.
Negli ultimi anni, però, anche la cocaina del Centroamerica fa tappa in Nigeria, viene trasportata in Marocco e da lì con motoscafi e barche a vela entra in Europa attraverso l'Italia.

Se invece la droga arriva via aria, gli aeroporti principali sono Malpensa, Fiumicino e Orio al Serio.

Quando è trasportata via terra, sono centinaia le strade che vengono percorse. Si può tracciare una mappa dei punti più caldi guardando dove è stato fatto il maggior numero di interventi e di sequestri delle forze dell'ordine.

L'hashish marocchino passa dalla Spagna per entrare dalla Liguria. E sempre al Nord, i valichi del Brennero e Chiasso vengono usati soprattutto per importare le droghe chimiche. Al Sud, invece, la strada della droga è la Salerno-Reggio Calabria, su cui viaggiano le partite appena arrivate nel porto di Gioia Tauro e destinate in tutta Europa. Il giorno che la concludono siamo finiti.

Nel 2011, l'ultimo anno di cui si hanno i dati ufficiali, in Italia sono stati effettuati dalle forze dell'ordine più di 20 mila interventi antidroga.
È un numero statistico, però significa che ogni giorno ci sono almeno cinquanta operazioni di polizia che coinvolgono la droga in generale. Ma di queste cinquanta operazioni, circa l'80% riguarda non pericolosi trafficanti internazionali ma gente fermata perché in possesso di piccole quantità. Quarantamila persone in tutto, più di cento al giorno, sono identificate e segnalate alla magistratura per questo tipo di reati.
Sono dati in aumento e infatti anche **la droga sequestrata dalla polizia è arrivata a 40 mila tonnellate, un quarto in più dell'anno prima, per un valore di mezzo miliardo di euro.**

COME VENGONO TRASPORTATE LE DROGHE?

I metodi usati dai trafficanti incrociano tutti i mezzi possibili: aria, acqua e terra. Ma non solo sopra, anche sotto. Tunnel sotterranei e sottomarini sono impiegati sempre più spesso per attraversare confini e altre zone molto sorvegliate dalla polizia.

Normalmente i carichi di droga vengono buttati in mare dagli aerei e recuperati da barche che li portano a destinazione. Oppure vengono prima caricati a bordo di grandi navi commerciali che poi si incontrano in alto mare con barche più veloci e sono queste a portare la droga a destinazione. Come in una staffetta. Si usano yacht e grossi motoscafi, soprattutto nel Mediterraneo o sulle coste degli Stati Uniti perché difficilmente destano sospetto e vengono controllati.

Anche le strade sono molto usate: camion, camper, auto... ogni mezzo ha vantaggi e svantaggi.
I camion, per esempio, trasportano tanti chili, ma in caso di controllo, si perde un carico grosso, di grande valore.
Le moto, invece, possono portare solo piccoli carichi, però sono le prime a uscire dai traghetti e di solito non vengono esaminate per bene, per non creare la coda e innervosire gli altri passeggeri che devono ancora scendere.

La maggior parte dei carichi di droga non sono però grosse scatole che contengono ordinati sacchetti di polvere avvolta con lo scotch. Certo, è l'immagine che vediamo nei film o nei tg quando mostrano una partita appena sequestrata, ma in realtà **la droga viene trasportata in modi molto diversi.**

Un metodo è quello di fare confezioni piccole, anche piccolissime e nasconderle dentro gli oggetti che vengono spediti o trasportati. Giusto per fare un elenco dei “contenitori” sequestrati negli ultimi anni dalla polizia ricordiamo: fiori, gomme di auto, bottiglie di vino, mattoni, blocchi di cemento, trasformatori elettrici, bombole del gas, angurie, cadaveri, chupa chups, sapone, bambole, pentole, racchette da sci, barattoli di colla.[1]

Qualsiasi oggetto va bene. Basta aprirlo, metterci la droga dentro e richiuderlo. Ci vuole pazienza, ma i trafficanti ne hanno.
E, soprattutto, hanno un esercito di persone che lavorano più o meno volentieri per loro e soprattutto più o meno quasi gratis. C’è chi apre centinaia di noci a una a una, ci mette una pallina di droga e poi le rincolla insieme. E chi separa delicatamente e poi rincolla i due lati di migliaia di biglietti di auguri natalizi dopo averci nascosto dentro qualche grammo di eroina.

Perfino gli animali esotici delle località in cui cresce la droga sono usati per trasportare pacchetti vari. Sia dentro le gabbie degli esemplari più pericolosi o schifosi, perché nessuno ha tanta voglia di perquisirle, sia dentro gli animali stessi. È il caso di alcuni grossi serpenti a cui vengono fatti mangiare pacchetti di droga e a cui, per essere sicuri che non la espellano durante il viaggio, viene cucito l’ano.[2]

A proposito di animali: **i cani antidroga sono ancora il metodo più usato dalle forze di polizia di tutto il mondo** per scoprire le sostanze illecite. Contrariamente a quanto si crede, i cani non sono drogati. Stanno giocando. Sin da piccoli, infatti, vengono abituati a giocare con piccoli asciugamani arrotolati, chiamati dagli addestratori “manicotti”. Dopo qualche mese il cucciolo si affeziona al manicotto, l’unico gioco che ha a disposizione. E si affeziona anche all’addestratore, visto che ogni poliziotto è abbinato a un solo cane e se ne occupa per tutto il tempo che l’animale rimane in servizio effettivo.

Quando il cane raggiunge l'anno di età viene creata l'associazione tra il gioco e la droga. Al manicotto viene legato un sacchettino che contiene una pseudodroga, una sostanza chimica che simula l'odore di una droga, ma non ne produce gli effetti. E ce ne sono di tanti tipi, uno per ogni droga. All'inizio si usano sostanze all'odore di hashish e marijuana, poi anche quelle che profumano di ecstasy, cocaina ed eroina. Il manicotto odoroso viene usato per giocare al tira e molla col cane oppure nascosto nei posti più impensabili e il cane, facendo di tutto per trovarlo, impara a riconoscere e seguire l'odore della droga.

E così, anche **quando viene portato in missione, il cane è convinto di partecipare a un gioco con il suo addestratore.** Se c'è bisogno di perlustrare una stanza o un veicolo, il poliziotto invita il cane a giocare, a cercare ovunque. E il cane parte a testa bassa e, se fiuta anche il minimo odore di droga, scava e raspa eccitato. A questo punto per premiarlo, l'addestratore gli getta il vero oggetto del suo desiderio, il manicotto con cui di solito giocano insieme. Mentre il cane si sfoga, mordendo e scuotendo l'asciugamano arrotolato, la polizia verifica la segnalazione – che è praticamente certa – e procede al sequestro della droga.
Proprio perché per i cani è un gioco, ogni animale può lavorare solo poche ore al giorno. E dopo un ritrovamento il cane sfoga l'eccitazione e quindi ha bisogno di una piccola pausa prima di essere pronto a giocare ancora.
La carriera di un cane antidroga dura circa dieci anni e quando va in pensione, nell'80% dei casi viene affidato all'addestratore con cui ha lavorato per tutta la vita, che finalmente può portarselo a casa alla sera.

C'è chi non impacchetta neanche la droga. Per esempio, qualcuno sparge la cocaina su un tappeto che arrotola normalmente e poi mette tra decine di tappeti simili. Quando la merce arriva a destinazione basta srotolare il tappeto e passarlo con un normale aspirapolvere per raccogliere la droga, imbustarla e venderla.
E visto che la Colombia esporta ogni anno anche moltissime tonnellate

di caffè, una cosa facile facile è mischiare i due prodotti.
La polvere di cocaina è pressata in palline, che vengono schiacciate leggermente da un lato, appiattite come un chicco di caffè. Un po' di vernicetta marrone per simulare la tostatura e così, mischiata col caffè vero, viene spedita in sacchi in ogni parte del mondo.
Anche la farina è molto usata per fare questo giochetto, sia per trafficare cocaina che eroina. È un prodotto venduto a sacchi, legale, innocente, molto usato e molto distribuito: in ogni angolo del mondo c'è una pizzeria. E non è che si possano controllare tutte.
Oppure c'è il metodo più diffuso adesso: abiti, tessuti e altri prodotti vengono impregnati di droga con un procedimento chimico che lascia poche tracce. Poi queste merci vengono spedite e solo a destinazione, dall'altra parte del mondo, con un procedimento chimico inverso, la droga viene di nuovo estratta, imbustata e venduta al consumatore.

Anche l'uomo è un mezzo di trasporto per i trafficanti di droga. Gli insospettabili corrieri che si muovono per canali diplomatici, i politici che saltano sempre i controlli e di cui solo raramente si sente qualche scandalo. E poi: vecchietti, famiglie in vacanza, piloti e hostess. Tutti quelli che passano da un Paese all'altro possono trasportare droga: alcuni corrieri sono handicappati che nascondono la droga nelle carrozzine o all'interno di stampelle e protesi artificiali cave come gambe o braccia. È un metodo che funziona su una doppia statistica: normalmente queste persone hanno bisogno di soldi e normalmente un poliziotto si sente in imbarazzo a ispezionare accuratamente un handicappato.
Oltre agli accessori come borsette, collane, cappelli, si possono usare anche reggiseni imbottiti, abiti con tasche segrete e tacchi delle scarpe cavi.

Le droghe si possono infilare anche nel corpo. Un primo modo è quello di mettere la droga in un piccolo cilindro di lattice che viene cosparso di vasellina e infilato nel retto o nella vagina. Non è un metodo per tutti, però consente di passare alcuni controlli.

Un altro modo è quello di **inghiottire la droga, tenerla nella pancia durante il viaggio e poi espellerla con le feci arrivati a destinazione. È il lavoro dei "muli".** E, a mille euro a viaggio, non è una carriera facile.
Il primo passo è quello di allenarsi a inghiottire chicchi d'uva sempre più grossi, senza masticarli. Quando gli aspiranti corrieri riescono a mandar giù una quarantina di grossi acini di fila, senza strozzarsi, sono pronti per incominciare il lavoro vero: inghiottire ovuli di droga.

La droga viene messa dentro preservativi, chiusi all'estremità con un nodo robusto fatto col filo interdentale, che resiste meglio ai succhi gastrici rispetto al normale filo di cotone. E questo è fondamentale. Se un solo ovulo di questi si apre nello stomaco l'overdose è sicura.
Nel tempo i corrieri sono diventati sempre più bravi: una volta inghiottivano una media di trenta ovuli. Negli ultimi arresti, invece, la media si è alzata fino a 50-60 ovuli, circa 2 chili di peso, che vanno trattenuti in pancia per voli di dieci, dodici ore in cui non si può mangiare, bere o andare in bagno.
Non è un bel mestiere. Anche se non si apre un ovulo ed eviti l'overdose, sei comunque un pacchetto con dentro una cosa che ha molto valore e si sa come fa la gente quando è di fretta e vuole aprire un pacchetto. E infatti **qualche mulo muore, qualcuno viene salvato in extremis, qualcun altro viene trovato sbudellato.**

Di solito i muli cambiano più di un aereo di linea e fanno qualche tappa prima di giungere nel Paese di destinazione. In Italia arrivano a Fiumicino, Linate, Orio al Serio, ma soprattutto a **Malpensa, che è l'aeroporto più usato dai trafficanti, ma anche il meglio difeso dalle forze dell'ordine.**
Lì vengono sequestrati ogni anno più di 500 chili di droga e fermati così tanti muli che all'interno dell'aeroporto è stato anche realizzato un centro, tra i più avanzati in Europa, per controllare questo fenomeno. **C'è un'infermeria che fa le radiografie a quelli sospettati** di aver

inghiottito ovuli e delle celle in cui vengono trattenuti in attesa che evacuino la droga. A volte ci mettono settimane a evacuare tutto quello che hanno ingerito, sotto gli occhi delle telecamere. Fanno la cacca in un water speciale collegato a una macchina che la filtra, separa gli ovuli dagli escrementi, li disinfetta, li pesa e li imbusta.
La droga diventa una prova a carico del mulo, che di solito da lì finisce direttamente in galera per almeno cinque anni.

LE CANNE

Avevo 16 anni e una sera un gruppo di amici di mia madre venne a cena a casa. C'era questo ragazzo molto simpatico – mi pare fosse toscano – che, a un certo punto, in cucina se ne uscì con un: «Ci sono problemi se faccio una canna?». Guardai mia madre, curioso di vedere come avrebbe reagito, ma lei scrollò le spalle: «Per me non c'è problema». Poi mi guardò e, con l'espressione più naturale del mondo, mi chiese: «Vuoi provarla anche tu?».
«Mamma... ma sei sicura?»
«Certo, tanto prima o poi te ne farai una, perciò tanto vale che la prima volta ci sia anch'io.»
Ricordo che quella volta non mi fece un grande effetto. Poi la marijuana (insieme all'hashish l'unica sostanza che abbia mai provato) su di me ha avuto effetti diversi a seconda del periodo e della situazione. Dai viaggi incredibili in zone dell'immaginazione che nemmeno pensavo esistessero alle risate isteriche, fino alla paranoia totale.
Una volta l'ho pure rischiata grossa. Stavo girando un documentario nella capitale di un Paese dell'Africa occidentale famoso in tutto il mondo per la sua polizia corrotta e violenta.
Una sera uscii con un amico e comprai l'equivalente di un paio di canne di erba, che poi nascosi in un fazzoletto arrotolato in tasca. Facemmo tardi e ci ritrovammo a cercare un taxi tra le strade completamente deserte. A un certo punto, passò un tizio con la macchina mezza scassata e le luci rotte. Contrattammo il prezzo e salimmo in macchina. Dopo un chilometro, arrivai a un posto di blocco della polizia (in molti Paesi africani i posti di blocco servono per chiedere mazzette agli automobilisti). Ma il tizio che ci aveva tirato su non voleva pagare, perciò accelerò e quasi travolse uno sbirro. Dopo meno di un minuto, mentre correvamo via a tutta velocità, sentii un clacson alla mia sinistra. Mi girai e

quasi mi venne un infarto: accanto a noi c'era un furgoncino pieno di sbirri col mitra puntato che urlavano come pazzi. La nostra macchina inchiodò e questi ci saltarono letteralmente addosso.
«Uscite subito fuori!», gridarono.
Mi ritrovai in piedi sul marciapiede, le braccia alzate e uno di loro che mi ficcava le mani nelle tasche, nelle mutande e nei calzini, convinto di trovarmi qualcosa addosso.
Il loro capo, un omone grasso e grosso, mi puntò contro il suo ditone, imprecando e accusandomi di non essermi fermato. Il fatto che non stessi nemmeno guidando non gli interessava.
Con il cuore in gola cominciai a pensare a cosa sarebbe potuto succedere se ci avessero trovato l'erba. Ci avrebbero chiesto migliaia di dollari in "regalo", che non avevamo, e saremmo finiti per chissà quanti mesi o anni in una cella di 3 metri per 3 a dividerci un secchio pieno di piscio ed escrementi insieme ad altri quindici detenuti. Ma, alla fine, non trovarono nulla. Il fazzoletto con dentro le due canne era stretto nella mia mano, e nessuno lo notò.
I poliziotti continuavano a urlarmi le peggio cose. Poi gli buttai lì un paio di espressioni nella loro lingua locale, tipo: «Amico mio, come stai?», e si bloccarono.
Il capo mi guardò incredulo, poi scoppiò a ridere come un matto, mi abbracciò e mi diede persino il suo numero di telefono, pregandomi di chiamarlo e di andare a cena a casa sua.
Ricordo di non essermi mai sentito così sollevato. È successo anni fa, ma ogni tanto, quando ci penso, ho ancora i brividi.

Pablo Trincia

COME SI FA A CAPIRE SE È DROGA O È UN PACCO?

Non si può. Ed è anche per questo che è micidiale, se non fatale, prendere le droghe. Perché non si è in grado di controllare quale droga si sta prendendo e in quale dose esatta. Come dimostrano le analisi sui campioni sequestrati dalla polizia, ma anche come abbiamo sperimentato nei servizi delle "Iene" in cui abbiamo analizzato la droga comprata in varie piazze italiane, non c'è una regola.

Eroina, cocaina, ecstasy e ogni tipo di polverina da fumare o pasticca da ingerire sono tagliate in modo diverso, in posti diversi e da spacciatori diversi. E a seconda della sostanza e del metodo di assunzione, questa procedura provoca effetti e danni molto gravi.

La maggior parte delle sostanze usate per il taglio sono innocue. Servono solo ad aumentare il volume della droga.
Per esempio, mischiando un grammo di cocaina e un grammo di lassativo per bambini si raddoppia la quantità di polvere che si può vendere e si guadagna di più. E il lassativo per bambini, sniffato in quella quantità da un adulto, non ha nessun effetto collaterale.
In altri casi, si taglia la droga con sostanze che ne simulano una qualche caratteristica, tipo il colore, l'odore, il sapore amarognolo o dolciastro, la sensazione di anestesia locale e altro.
Alcune volte, però, **il taglio della sostanza ha effetti molto dannosi sul corpo. È il caso, per esempio, dell'ecstasy.**
Nonostante produrre MDMA costi pochissimo, tipo un euro per una pasticca che poi viene rivenduta a 20 euro, ai trafficanti non basta questo guadagno. Infatti, metà delle pasticche di ecstasy sequestrate sul mercato non contiene per niente MDMA e l'altra metà ne contiene

solo una percentuale bassa, circa il 24%.

In realtà, molte di queste pasticche sono un mix di altre anfetamine, ketamina, caffeina e allucinogeni come PCP, PMA, MDA e MDE. Tutte sostanze chimiche stimolanti e allucinogene molto dannose, molto più pericolose dell'MDMA pura e in dosaggio controllato.
E così, **chi è convinto di prendere una pastiglia di ecstasy spesso si ritrova a consumare miscugli ancor più velenosi** per il corpo e il cervello, fabbricati da chimici improvvisati e soprattutto senza scrupoli. Sostanze che creano molti più danni e dipendenza.

Anche l'hashish è tagliato con materiali che servono ad aumentarne la quantità o migliorarne la consistenza. Tradizionalmente si usa henné, tabacco triturato, tè, miele, olio di palma o di cocco. Oggi, invece, si usa di tutto: sabbia, paraffina, lucido da scarpe, estratti del petrolio. Anche sostanze che non hanno nulla a che fare con gli effetti della cannabis, ma contribuiscono a dare una sensazione di stordimento come Valium e altri tranquillanti oppure cannabinoidi sintetici.

La cocaina di strada è pura al 60% circa, il resto sono sostanze di taglio come lattosio, vitamina B, aspirina, borotalco, mannitolo e zucchero.
Certe qualità sono così scadenti che non contengono per niente cocaina, ma sono composte solo da anfetamine, anestetici locali e polvere varia. È un mix che inganna il consumatore occasionale perché le anfetamine danno un'eccitazione simile e l'anestetico locale fa addormentare naso e bocca, una cosa tipica di quando si sniffa cocaina.
Ovviamente più la droga è potente e viene assunta con un metodo potente, maggiore è il pericolo che le sostanze di taglio siano pericolose per il corpo.
Il fatto che l'eroina di strada abbia una purezza che varia dal 2% al 90% è la causa principale delle overdose da iniezione. È una roulette russa: impossibile sapere esattamente cosa ci sta iniettando.

Un modo per tutelarsi è quello di farsi la droga da sé, ma questo in molti Paesi è illegale. Un altro modo è quello di acquistare kit che testano le droghe. Ce ne sono tantissimi, per tutte le sostanze in circolazione, anche le più nuove e stravaganti. Se proprio devi sperimentare qualcosa, comprali. Costano poco e riducono il rischio.
Di solito questi test si fanno su polveri e pasticche, dove è più facile prendere un pacco. Basta mettere una quantità piccolissima di droga in una fialetta che contiene un liquido di reazione.
Agitando la fialetta, il liquido a contatto con la droga si colora. Basta confrontare il risultato ottenuto seguendo le istruzioni del kit e si capisce subito che tipo di droga si ha in mano. E non occorre essere un chimico, i colori sono ben diversi: nero, rosso, verde, giallo, eccetera.

Sono test attendibili, simili a quelli che usano le forze dell'ordine. I più semplici non specificano le diverse percentuali di sostanze contenute nel campione, però danno indicazioni chiare e possono impedire un viaggio indesiderato e pericolosi effetti collaterali.

COSA DEVO FARE SE QUALCUNO STA MALE?

Non farti prendere dal panico e chiedi aiuto.
Quando qualcuno sta male perché ha preso troppa droga, dipende tutto dal tipo di droga che ha preso.

Se è una droga che manda giù (come l'eroina) i rischi maggiori sono difficoltà cardiorespiratorie, perdita di coscienza e collasso.
All'inizio della crisi si appare pallidi, perché il sangue circola più lentamente e le pupille di chi ha appena usato eroina sono contratte, a spillo (contrariamente a quelle di chi ha una crisi di astinenza che invece le ha molto dilatate).

Se è una droga che manda su (come la cocaina) è la circolazione a essere più colpita, quindi forte tachicardia e poi arresto cardiaco. Oppure si può rompere un capillare nel cervello e viene un ictus. In questo caso, le pupille sono dilatate.
L'overdose di cocaina non sempre è fatale. Una minoranza dei pazienti ricoverati in pronto soccorso con dolori al petto dopo l'assunzione di troppa cocaina presentano davvero segni di infarto. Però, la sensazione è così terribile che sembra effettivamente di morire e bisogna intervenire al più presto possibile.
Il decesso può avvenire sia nella fase iniziale, quella di stimolazione – con convulsioni, ipertensione, ipertermia, tachicardia e infarto – sia nella fase finale, quella depressiva, quando le difficoltà respiratorie portano a coma e morte.

Se è una droga che manda fuori, dipende molto dalla sostanza. Alcune procurano difficoltà respiratorie, altre circolatorie, altre tutte e due.

E anche le visioni e le allucinazioni possono provocare effetti letali. Distorcere la realtà non è mai una buona cosa se poi si guida una macchina o ci si tuffa in una piscina dal settimo piano di un albergo.

Di solito chi prende la droga lo fa lontano da occhi indiscreti o insieme a qualcun altro che a sua volta sta prendendo droga. E perciò quando qualcuno sta male o è da solo o è insieme ad altri un po' fatti come lui. Sono i primi ad accorgersene, ma spesso non hanno la prontezza e la lucidità per intervenire subito.
In discoteca è difficile a volte capire se un amico sta male, perché c'è casino e in molti sono in uno stato alterato. È quindi fondamentale avere ben chiaro cosa fare.

Il primo pensiero che bisogna tenere a mente è che **in alcuni casi solo l'intervento di qualcuno specializzato, che sa cosa fare e che ha le medicine giuste per farlo, può salvare la vita.**
Non sottovalutare gli effetti della droga, non aver paura di **chiamare il 118. È un numero di emergenza gratuito** e puoi comporlo anche se non hai credito nel telefonino.
Non è necessario che tu dica il tuo nome, i tuoi dati o il motivo per cui ti trovi in quel luogo. **È possibile conservare l'anonimato.** Anche se tutte le telefonate sono registrate, non c'è un modo semplice di risalire al nominativo di chi ha fatto la chiamata. È già difficile farlo per i criminali internazionali, nessuno si prenderà la briga di risalire a te.
Quindi chiarisciti le idee e chiama il 118. Ti chiederanno il posto in cui si trova la persona in difficoltà e le sue condizioni. Cerca di essere semplice e preciso. Dai subito le informazioni necessarie perché in questa fase stai parlando con un centralinista, la cosa importante è che tu dica dove si trova la persona e come raggiungerla.
Per capire il tipo di emergenza ti potranno chiedere informazioni sulla respirazione, i battiti, il colore, la temperatura della persona in difficoltà. Sii il più possibile preparato.
Il secondo pensiero è che **anche tu puoi fare qualcosa sin da subito.**

Cerca di capire quale droga è stata usata. Chiedilo direttamente a chi sta male o a chi lo conosce o cerca di capire da solo se si tratta di una dose eccessiva di sedativi o eccitanti.

Se la persona è cosciente e cammina da sola, portala in un posto rilassante e tranquillo. Fai in modo che la gente non si accalchi su di lei, ma non lasciarla sola. Coprila se ha freddo e se invece è calda accompagnala in un posto fresco e ventilato.
Rassicurala che tutto andrà bene e falla concentrare sulla respirazione. In certi casi, la gente prova una distorsione temporale e ha l'illusione di stare male per sempre. Digli che ore sono, tra quanto si sentirà meglio, dai parametri che possano tranquillizzare.

Se, invece, la persona è incosciente ma respira ancora, mettila in posizione di sicurezza: sdraiata sul fianco destro, con un braccio e le gambe raccolte. Apri la bocca e controlla che continui a respirare.
Non cercare di farla camminare.
Non cercare di farla vomitare, potrebbe strozzarsi.
Non darle caffè né alcolici. Acqua sì, solo se ha sete.
Sbottona gli abiti stretti al collo, al torace o alla vita per facilitare la respirazione.

LE DROGHE FANNO BENE AL SESSO?

Alcune sostanze hanno un impatto sulla vita sessuale, dalla pubertà alla vecchiaia. Dal primo bicchiere di alcolico in discoteca, per sciogliersi un po' e trovare il coraggio di abbordare un possibile partner, all'accendersi una sigaretta per darsi un tono dopo aver fatto sesso.

Sin dall'adolescenza le droghe influenzano decisamente l'attività sessuale: secondo una ricerca del CDC, il centro per il controllo e la prevenzione delle malattie del governo americano, i ragazzi di 13 e 14 anni che bevono almeno una volta alla settimana hanno dieci volte in più la possibilità di fare sesso rispetto a chi non beve.
Anche gli adulti usano le droghe per gli stessi motivi: **dal popper per intensificare un'erezione e l'orgasmo alle anfetamine per rallentare l'eiaculazione.** Dalla marijuana per rilassarsi all'ecstasy per aumentare l'empatia, eccetera.
Insomma, ogni droga si adatta a varie età e culture. I più giovani le usano per superare la timidezza, la mancanza di sicurezza e l'ansia da prestazione. Gli adulti per potenziare le sensazioni e l'attività. E si è scoperto che anche gli anziani in questi ultimi anni ci danno dentro parecchio per aumentare il desiderio e recuperare prestazioni che sarebbero impossibili per l'età che hanno.
Il Viagra e gli altri farmaci che aumentano il desiderio e l'erezione hanno dato il via a una nuova rivoluzione sessuale per i vecchietti di tutto il mondo.
Si tratta di sostanze che aumentano l'afflusso di sangue al pene e apparentemente non hanno effetto sul cervello in assenza di stimolazione sessuale. Ma in realtà quello che accade, soprattutto a pazienti anziani, è che si crea presto una specie di frenesia.

Questa rinnovata energia modifica il loro appetito sessuale e la volontà di provare nuove esperienze prima che il corpo decada definitivamente. **È un po' come l'ultima grande occasione e ne approfittano come possono. Questo spiega il boom dei divorzi della terza età,** una volta impensabile. E soprattutto il boom delle malattie sessualmente trasmissibili, non tra i ragazzini, ma tra gli ultrasessantenni. Malattie legate soprattutto alla promiscuità e alla prostituzione.
La grande diffusione di queste malattie in una fascia d'età così anziana è una grossa novità storica. E infatti in America, dove sono avanti di qualche anno, i nonni sono già al centro di protocolli per la prevenzione di malattie veneree, campagne che invitano a comportamenti sessuali responsabili e all'uso del preservativo.

Però, a parte i medicinali per facilitare l'erezione, **le droghe eccitanti come la cocaina e le anfetamine (se usate a lungo o in grandi dosi) dopo un po' producono l'effetto opposto:** mancanza di interesse, depressione, incapacità di raggiungere erezione e orgasmo.

Ovviamente l'effetto sul sesso dipende dalle singole persone, dalle dosi e dai mix e a volte basta un anno per giocarsi la propria potenza sessuale. Volendo però fare un discorso generale, si può dire che:

1. Oppio e oppioidi non vanno bene col sesso, diminuiscono il desiderio, desensibilizzano, causano impotenza. Soprattutto l'eroina.
2. L'alcol a basse dosi disinibisce e facilita, ma in quantità superiori e a lungo andare deprime sensibilità ed erezione.
3. Gli steroidi aumentano il testosterone e l'aggressività sessuale, ma poi provocano impotenza.
4. Cocaina e anfetamine inizialmente e a basse dosi aumentano sicurezza, erezione, durata del rapporto e potenza dell'orgasmo. Con l'uso regolare e all'aumentare delle dosi, invece, si diventa dipendenti dalla droga per provare piacere sessuale. Inizia così la disfunzione: diminuzione del desiderio, difficoltà ad avere erezione e orgasmo.

5. LSD e funghi magici non aumentano il desiderio e l'attività sessuale. Anche i tranquillanti abbassano il desiderio e inibiscono l'erezione e l'eiaculazione.
6. Qualche sostanza, come i sedativi ipnotici, all'inizio e a basse dosi, ha un'azione disinibente e rilassante, che può favorire le esperienze sessuali; ma anche questa, a lungo andare, porta disfunzioni e apatia.
7. Il tabacco è un veleno per il sesso: provoca la diminuzione del testosterone, disfunzioni erettili e riduzione di fertilità in uomo e donna.

Alle "Iene", qualche anno fa, abbiamo fatto uno stupido esperimento. Preso dello sperma, l'abbiamo diviso in due barattoli. In uno ci abbiamo soffiato dentro del fumo di sigaretta e l'altro, invece, l'abbiamo lasciato in pace. Poi abbiamo analizzato gli spermatozoi nei due contenitori. Nel primo erano quasi tutti morti, mentre nel secondo stavano ancora benone.

Eppure il fumo ha giocato per decenni un ruolo importante nella seduzione. Anzi, la sigaretta dopo l'amplesso era un cliché così diffuso che al cinema veniva usato proprio al posto della scena di sesso, per far capire che i due personaggi l'avevano appena fatto. E non era una cosa casuale. **Le multinazionali investivano parecchi miliardi di dollari nell'industria del cinema, che diffondeva in tutto il mondo modelli di consumo di sigarette e alcolici.** Il messaggio era chiaro: fumare e bere erano cose da gente figa. E ogni occasione era buona per farlo. Sei soddisfatto? Accendi una bella sigaretta e goditela. Sei nervoso? Accendi una sigaretta e fumala pensieroso. Sei felice? Festeggia bevendo. Lei ti lascia? Annega la tua disperazione nell'alcol.
Insomma, poi si è scoperto che **gli attori erano esplicitamente invitati a fumare sullo schermo con veri e propri contratti** tra i loro agenti, le case di produzione e le aziende di alcol e sigarette.
Nel 2006, nei film americani sono state contate circa 4 mila scene in cui compare un personaggio che fuma. **La lotta alle sigarette degli ultimi anni ha fatto scendere drasticamente queste scene,** che già nel 2010

erano meno della metà.[1] E **a fumare, ora, sono soprattutto i cattivi e gli sfigati.**

GLI AFRODISIACI NATURALI

Il caso degli afrodisiaci è diverso. Non sono droghe vere e proprie. **Sono sostanze più o meno appropriate per ottenere un determinato effetto fisico.**

E dipende tutto da cosa si vuole ottenere: maggiore desiderio? Eccitazione prolungata? Maggiore lubrificazione? Un'erezione più vigorosa? Il ritardo nell'orgasmo? Sensazioni più potenti?

Nei secoli l'uomo ha scoperto diverse sostanze naturali che hanno un'influenza sui rapporti sessuali.

Alcune, come la cantaride o il corno di rinoceronte tritato e polverizzato, irritano l'uretra e la vescica. Questa infiammazione interna produce calore e una maggiore circolazione sanguigna negli organi genitali, una specie di eccitazione pseudosessuale.

E i rinoceronti in Kenya, Zimbabwe, Tanzania, Sudafrica e Vietnam sono praticamente estinti, anche per questo motivo. Un grammo di polvere di corno vale quanto un grammo d'oro. I bracconieri ormai li abbattono, tagliano il corno e lasciano la carcassa dell'animale lì a marcire, prima che arrivino i guardacaccia. Il corno è così ricercato che i trafficanti di queste polverine hanno iniziato a rubare anche le teste di rinoceronte impagliate che si trovano nei musei. È un'attività molto meno rischiosa.

Da noi ci sono i tartufi, che contengono uno steroide afrodisiaco. Lo stesso che nei cinghiali regola l'accoppiamento, rende il maschio più aggressivo e gli permette così di immobilizzare la scrofa per accoppiarsi. La concentrazione di questo steroide nei tartufi è doppia rispetto a quel che si può trovare nelle ghiandole degli animali, ed è per questo che cinghiali e maiali sono i più bravi a cercarli e ne sono ghiotti.

Anche l'uomo sintetizza questo steroide dalle ghiandole ascellari, le stesse che secernono anche i feromoni, sostanze che aumentano il desiderio e la stimolazione sessuale. Recentemente si è scoperto però che questi agiscono come afrodisiaco solo se la persona ha un sistema immunitario differente. In pratica, sono un'invenzione della natura che ci spinge a scegliere un partner con un DNA molto diverso dal nostro, per aumentare gli incroci genetici e migliorare la specie.

Tra gli afrodisiaci naturali un posto di rilevo è occupato dallo yohimbe (*vedi pag. 141*), una pianta africana usata anticamente per aumentare l'afflusso di sangue al pene e curare così l'impotenza.
È l'unica pianta che il registro americano dei medicinali classifica sotto la voce "afrodisiaci".

Ovviamente c'è l'altro lato della medaglia. L'abbassamento delle inibizioni e l'aumento dell'aggressività e del desiderio sessuale sono una miscela pericolosa per alcune persone.
Negli studi anglosassoni su aggressioni e violenze sessuali non solo il 50% delle vittime aveva tracce di droga nel sangue (soprattutto alcol) ma anche il 60% degli assalitori. In pratica, **almeno nella metà dei casi di stupro, vittima o carnefice erano sotto l'effetto di stupefacenti.**[2]

FUNZIONA LA GUERRA ALLA DROGA?

No. La produzione e il consumo di droga negli ultimi quarant'anni sono sempre aumentati. Oggi la cocaina è più abbondante e a buon mercato che mai e la produzione di marijuana e anfetamine supera ogni anno il record dell'anno precedente.

Però la guerra alla droga è solo una cosa degli ultimi anni. Molte delle sostanze che si combattono oggi per secoli sono state vendute e comprate liberamente.

Il termine vero e proprio nasce **negli Anni '70 quando il presidente americano Richard M. Nixon inizia una forte attività repressiva contro i trafficanti.** L'idea di questa strategia è che riducendo l'offerta si riduce anche la domanda.

Ogni mossa del governo americano, però, genera una contromossa dei trafficanti e la guerra alla droga diventa una vera guerra esportata in tutto il mondo.

Oggi coinvolge FBI, DEA, CIA, servizi segreti di tutto il mondo, centinaia di dipartimenti governativi, eserciti, poliziotti di ogni tipo, dagli agenti in borghese agli infiltrati, dai finanzieri alle guardie forestali. È una guerra costosissima che non ha confini e si combatte a terra e in mare. E con l'arrivo di droni e satelliti anche dallo spazio.

Non riuscendo a sconfiggere i trafficanti e a ridurre l'offerta, il presidente americano **Ronald W. Reagan, dieci anni dopo, inizia la seconda guerra alla droga: quella contro il consumo.**[1] **E quindi contro i cittadini.** E anche questa guerra viene esportata in tutto il mondo.

Le tattiche principali sono due: quella di fare arresti per strada – per creare paura e paranoia tra i consumatori – e quella di fare campagne di informazione ai giovani che non hanno ancora provato le droghe:

conferenze nelle scuole, libri di testo, spot in tv, **tutto per dire "no alla droga".** È proprio questo lo slogan più usato qualche anno fa. L'idea è che **se insegni ai bambini a dire no alla droga, anche quando saranno più grandi diranno no alla droga.**
Le prime generazioni esposte a questo bombardamento mediatico non sembrano avere capito il messaggio. A quanto pare, non si riesce a bloccare né la produzione di droga né la domanda dei consumatori.

Da una parte gli enormi profitti dell'economia della droga hanno creato gruppi criminali molto ben organizzati e ramificati. Dall'altra, la produzione domestica di droga è esplosa: libri, cataloghi, attrezzature... Internet è una fonte pressoché infinita di risorse per chi vuole produrre, vendere o consumare droga.
E così, oggi, in molti Paesi, almeno metà dell'erba è prodotta localmente. E per quanto i governi studino le bollette della luce per scoprire le piantagioni casalinghe, per ogni misura c'è una contromisura. Anche perché in alcuni casi, come quando basta soltanto un armadio o una scatola di scarpe per far crescere la droga, è davvero impossibile contrastare il fenomeno. Ed è per questo che negli ultimi anni si è diffusa molto la coltivazione dei funghi allucinogeni, che sono diventati la seconda e più popolare droga casalinga, dopo la marijuana.

Anche la fabbricazione delle droghe chimiche è cambiata. Con le informazioni, le ricette, le apparecchiature e gli ingredienti resi disponibili da Internet, dal monopolio di pochi siamo arrivati al passatempo di troppi. E anche **la qualità ne risente quando qualsiasi vasca da bagno può trasformarsi in laboratorio.**[2]

COSA DICE LA LEGGE?

La legge italiana in tema di droga (DPR 309/90 e successivi aggiornamenti) è tra le più severe d'Europa.
In linea di massima, considera **il drogato una persona da punire con una multa e il trafficante di droga un criminale da punire con il carcere.**
Negli ultimi trent'anni la legge è cambiata, passando dalla forte repressione iniziale a un momento in cui veniva considerato il concetto di uso personale e modica quantità.
Significa che se ti trovavano con poca droga, quella che presumibilmente consumavi tu personalmente, non passavi guai.
Oppure si faceva distinzione tra droghe pesanti e droghe leggere. Qualche anno fa la legge puniva diversamente chi trafficava con l'eroina e chi vendeva un pezzo di *fumo* al parco.
Oggi tutte queste cose non esistono più. **La legge in vigore adesso divide le sostanze soltanto in due tipi: le droghe e i medicinali che contengono principi attivi derivati dalle droghe.** Quindi, agli occhi della legge italiana, tutte le droghe illegali sono uguali, sono tutte pericolose e inaccettabili allo stesso modo.

SE USI LA DROGA

In teoria, non è reato farsi una riga di cocaina e poi uscire a far due passi per strada (ovviamente senza averne in tasca, perché la detenzione è severamente punita dalla legge). **È però reato prendere droga e mettersi al volante. Anche perché l'uso di droghe, soprattutto alcol e pastiglie, è la prima causa di incidenti stradali in Italia.** E quindi se sei al volante di una macchina e la guidi da drogato, sei veramente un coglione e potresti anche trovarti nei guai o causarne di seri ad altri.
Guidare la macchina da drogati è anche il modo più facile per essere

beccati dalla polizia. Gli accertamenti di solito vengono fatti a campione, fuori dalle discoteche, appena la gente si è messa al volante. Oppure lungo le strade e agli incroci più pericolosi. Oppure dopo, ai guidatori di auto che già hanno fatto un incidente, quando le forze dell'ordine arrivano sul luogo e devono stabilire la dinamica e le responsabilità.
Un poliziotto può chiederti, oltre ai documenti personali e del veicolo, di effettuare un test antidroga. Se ti rifiuti, ti considerano positivo, col massimo del valore. È un reato grave, che viene punito con ritiro della patente, multe e anche l'arresto da sei mesi a un anno.

SE TI TROVANO CON LA DROGA

Siccome non esiste più la differenza tra droghe leggere e pesanti né l'uso personale, qualsiasi tipo di droga e qualsiasi tipo di quantità sono uguali agli occhi della legge.
E la polizia applica la legge alla lettera: non pensare di cavartela giustificandoti che hai in tasca solo una canna ed è solo per te. Uno spinello o un chilo di cocaina non fa differenza. È davvero così: tutte le droghe e tutti i quantitativi sono uguali.
La procedura legale che si attiva è identica per tutti. Poi, lungo la strada, le posizioni legali dei due soggetti avranno un'attenzione diversa, ma all'inizio, quando la polizia compila il primo verbale di sequestro della droga, non c'è differenza.
La legge infatti punisce chiunque coltiva, produce, fabbrica, estrae, raffina, vende, offre, procura, passa, spedisce, consegna, importa, esporta, acquista, riceve o detiene la droga.

La legge dice che, per capire se si è davanti a un semplice consumatore o un trafficante, bisogna valutare gli elementi raccolti nel corso del sequestro e delle perquisizioni – che sono legittime anche senza mandato del giudice – a casa o in macchina o in altri posti riconducibili al trasgressore.
Gli indicatori comuni per considerare qualcuno uno spacciatore sono

il quantitativo totale di droga trovata, la divisione della droga in confezioni già pronte per lo spaccio e il possesso di strumenti legati alla vendita come bustine e bilancini di precisione.

Se vieni considerato solo un consumatore ed è la prima volta che ti beccano e ti va benissimo, ma proprio benissimo, vieni convocato dal prefetto, che ti invita a non commettere più questo illecito.
Se invece non è la prima volta, ci sono sospensione della patente, del porto d'armi, del passaporto e l'invito a seguire un programma terapeutico di riabilitazione.

SE VENDI LA DROGA

Se, invece, a causa del quantitativo che hai in casa e altre prove raccolte durante le indagini, vieni considerato uno spacciatore, le pene sono molto più severe: **da sei a venti anni di prigione e da 26 mila a 260 mila euro di multa. E questo se ti considerano uno spacciatore solitario.**
Se non sei da solo, ma sei all'interno di un'associazione, un gruppo di persone che partecipata al traffico e allo spaccio di droga, come spesso accade, le pene sono ancora più alte: almeno dieci anni. Se l'associazione è armata, non meno di ventiquattro.
Una cosa interessante è che se uno spaccia la droga ed è anche drogato, cioè la usa abitualmente, come possono dimostrare i test antidroga fatti dalla polizia, lo spaccio viene considerato anche un modo per mantenere l'abitudine, uno dei pochi lavori che un tossicodipendente può fare per continuare a drogarsi.

Il 60% delle persone che oggi sono recluse nelle carceri italiane lo è proprio per motivi legati alla droga: traffico, spaccio oppure reati compiuti per procurarsela. È una percentuale altissima, se consideriamo la grande quantità di reati che viene commessa ogni giorno nel nostro Paese.

COME SI RICONOSCE UN DROGATO?

L'uso ricreativo delle droghe è molto più diffuso di quanto raccontano i dati.

Le statistiche, infatti, sono fatte solo su persone a cui è andata male: gente che è finita in tribunale, in prigione, dallo psicologo, in centri di recupero, al pronto soccorso, all'obitorio e in tutti gli altri posti in cui si ritrovano tutti quelli che hanno avuto un problema con la droga.

E anche la maggior parte delle cose che conosciamo su effetti, comportamenti, danni fisici e psicologici la sappiamo grazie a studi fatti su chi abusa della droga, non su chi la usa saltuariamente o in modo controllato.

Allora come si fa ad accorgersi se uno si droga? **Bisogna chiederglielo. Tutti gli altri mezzi sono illegali perché esistono leggi che tutelano la privacy,** per cui nessuno può entrare in possesso di informazioni sulla salute (ma anche sulle abitudini intime e private) di ciascuno di noi.

Ovviamente, però, **ci sono vari sistemi (trasgredendo la legge) che ci permettono di rispondere a questa domanda.** Esiste, per esempio, uno strumento che si chiama DrugWipe. È un pezzo di plastica simile a un pennarello. Passandolo sul corpo e assorbendo impercettibili particelle di sudore è in grado di analizzare in pochi minuti se quel sudore appartiene a una persona che nelle 24-36 ore precedenti ha fatto uso di sostanze stupefacenti, indicando anche se queste siano oppiacei, cocaina, anfetamina o cannabis.
Costa intorno ai 20 euro ed è facilissimo da usare sia con una persona

consenziente che con chi non ha nessuna intenzione di farsi analizzare (basta passarlo sulla fronte della persona che stai indagando, ma anche soltanto sul suo cellulare). Si trova facilmente in Internet e te lo spediscono a casa.

Nel 2005 in un servizio delle "Iene" abbiamo testato l'intera popolazione di una discoteca milanese mettendo negli orinatoi una spugnetta che veniva raccolta e analizzata a ogni diversa minzione. A fine serata nessuno si è accorto del nostro esperimento, che ci ha fatto scoprire che **uno su due era positivo a cocaina e/o cannabis.**

COME FUNZIONANO I TEST ANTIDROGA?

I più diffusi sono i test che analizzano i liquidi del corpo. Perché sangue, urina, saliva e sudore trattengono tracce di droga anche per molto tempo dopo che gli effetti sul cervello sono passati.
Anche il capello trattiene tracce della droga usata. E siccome cresce un po' alla volta, un centimetro, un centimetro e mezzo al mese, è come se conservasse un registro di tutte le volte che la droga è entrata nel corpo. Analizzando qualche centimetro di capello, infatti, non solo si scopre se la persona è drogata oppure no, ma studiando la stratificazione è possibile capire quante volte l'ha fatto negli ultimi mesi, che sostanze ha preso, in quali quantità: è come se si sfogliasse la storia passata dell'individuo e della sua dipendenza.
Alcuni test sono sensibili anche alle tracce più lievi, però fanno fatica a distinguere sostanze che hanno proprietà simili.

Altri sono molto rapidi, facili da fare e possono testare contemporaneamente molte droghe. Però sono così sensibili che non distinguono bene il grado di concentrazione della sostanza. Usandoli, infatti, si risulta positivi agli oppiacei sia se si è presa eroina sia se si è mangiato pane con semi di papavero. Anche se si va a un concerto con qualcuno che ha fumato marijuana e se ne respira un po' in modo passivo, si risulta comunque positivi al test.

Ci sono anche **altri test, più accurati e costosi, però sono lunghi da eseguire e richiedono capacità interpretative,** bisogna cioè essere in grado di leggere i risultati per capire se c'è stato un uso effettivo o semplicemente un'esposizione ambientale.

Test diversi vengono usati per scopi diversi. Quello del capello serve per ricostruire la storia del paziente ed è difficile da ingannare.
Su strada, ai posti di blocco o in caso di incidente, si usano più facilmente quelli che analizzano saliva, sudore e fiato. Sono comodi, veloci e servono anche a capire se la droga è stata presa da poco.
Ci vogliono anche due ore prima che molte droghe appaiano nella pipì.

Nella saliva invece, se fumi o sniffi, appaiono subito ed è una grande differenza. Chi viene analizzato nei primi trenta minuti dopo l'assunzione può risultare pulito al test dell'urina, ma essere già sotto l'effetto della droga. Con i test del fiato o della saliva, invece, si risulta subito positivi, anche se la droga è stata appena presa. Viceversa, nelle urine, le tracce di droga rimangono più a lungo rispetto a sangue e saliva.

Con il diffondersi dei test si sono diffuse anche le tecniche per cercare di truccare i risultati. L'obiettivo è quello di risultare negativi, anche se si è presa droga. O comunque, sballare il test e invalidarne il risultato.
Alcune tecniche, nel caso degli esami delle urine, sono molto creative. C'è chi porta con sé un campione di urine pulite, come la pipì di un amico che non fa uso di droga. **E campioni di pipì pulita, che sicuramente passano il test, si possono comprare anche su Internet.**
Per nascondere questo campione di urina pulita, alcuni usano un normale barattolo, altri nel timore che il contenitore venga scoperto a un controllo, comprano provette inventate apposta per questo scopo. Come cilindri di gomma che si infilano nella vagina o nel sedere, si stappano facilmente e permettono di versare la pipì pulita nel contenitore di raccolta, come se fosse la propria.

Ci sono anche falli di gomma, di varie dimensioni e colori, che simulano la pelle nelle sue diverse sfumature: dal rosa pallido al nero. Sono cavi all'interno e nascondono una pompetta con cui si può spruzzare la pipì pulita nel raccoglitore. Se si azzecca il giusto colore della carnagione,

l'effetto è molto realistico. E visto che lo schizzo parte proprio dalla punta, sembra davvero che si stia facendo pipì nel contenitore.
Quelli che sono sottoposti a controlli molto rigidi e accurati, che non consentono trucchetti del genere, **arrivano a iniettarsi la pipì pulita direttamente nella propria vescica.** Così al momento del test, possono urinare nel contenitore come farebbe chiunque.

Un altro metodo è quello di **mischiare al proprio campione sostanze che mascherano le droghe.** Internet è pieno di ricette, alcune vere, altre solo leggende urbane, che consigliano anche di usare sostanze comuni come aspirina, niacina, solfato di zinco, candeggina, acqua ossigenata, succo di limone, sapone liquido e aceto.

È una cosa da non fare. Primo perché la maggior parte di questi rimedi non funziona. Secondo perché **i tentativi di sballare i test sono così comuni che molti kit ormai cercano non solo le droghe, ma anche queste sostanze.** E può capitare che chi risulta positivo viene segnalato come sospetto e sottoposto a un maggiore approfondimento.

Per quanto sofisticati e in grado di migliorare di anno in anno, i test non riescono a rispondere alle domande fondamentali: in che occasione si è drogati? Perché? Quali sono stati gli effetti?
Non possono raccontare la storia personale del drogato. Che è l'unica cosa fondamentale per capire se l'uso di droga è diventato abuso, per stabilire piani di cura, per aiutare veramente qualcuno.[1]

Ovviamente risultare positivi o meno a un test dipende da tanti fattori. A parità di corporatura, metabolismo e abitudini d'uso, le droghe rimangono presenti nei fluidi del corpo (sangue, urina, saliva e sudore) per un tempo variabile dopo l'assunzione.

SOSTANZA	RILEVAMENTO
Alcol	24 ore
Nicotina	12 ore
Anfetamine	4 giorni
Tranquillanti (a breve azione)	24 ore
Tranquillanti (a lunga azione)	30 giorni
Cocaina	24 ore
Marijuana (uso singolo)	3 giorni
Marijuana (uso quotidiano)	30 giorni
MDMA-Ecstasy	2 giorni
Oppio ed eroina	4 giorni
PCP (uso casuale)	8 giorni
PCP (uso cronico)	30 giorni
LSD	2 giorni
Funghi allucinogeni	2 giorni

COME SI FA A SMETTERE DI DROGARSI?

Oggi **la scienza ha identificato nella dipendenza dalla droga una malattia, una predisposizione che la volontà non può controllare. Questo in qualche modo crea un alibi,** libera il drogato dalla colpa, perché in fondo nessuno vuole sentirsi responsabile di una malattia che eredita o che prende strada facendo.

Lo studio dei meccanismi di dipendenza e di quello che accade nel cervello e nel corpo di chi prova a smettere hanno anche mostrato come per un drogato, per quanto assurdo possa sembrare, i benefici derivanti dal continuare a prendere droga siano maggiori dei costi che lo smettere di farlo comporta. Almeno per i primi tempi.[1]

Comunque già scoprire e ammettere a se stessi di avere una dipendenza è un buon punto di partenza. Solitamente chi ha questo problema tende a non riconoscerlo. Questo non serve a disintossicarlo. Se davvero vuole smettere, deve farsi aiutare da qualcuno in grado di farlo. Da soli non si riesce.

Chi si droga deve ammettere di avere un problema e riuscire a parlarne. Così si diventa più forti. E più coscienti. È un buon inizio. Contemporaneamente bisogna cambiare abitudini. Fare sport e avere obiettivi quotidiani, ma soprattutto bisogna allontanarsi dalle persone con le quali si è condiviso la droga. È quasi impossibile farcela mantenendo relazioni con luoghi e socialità nei quali è nata la dipendenza. Smettere significa rivoluzionare la propria vita, ma soprattutto iniziare a darle un senso.
Una possibilità è **rivolgersi a una struttura sanitaria come il Ser.T,**

il Servizio per le tossicodipendenze che è presente in tutte le ASL. Non si verrà né schedati né segnalati alle autorità. Le cure sono gratuite ed è possibile richiederle anche in regime di totale anonimato. Il medico che si cura di te è obbligato alla privacy. Nessuno vuole né può denunciarti a nessuno.

Ci sono anche strutture private che possono andar bene. Quelle di norma si pagano e stanno al Ser.T come una clinica sta all'ospedale. Fai attenzione, però, a chi propone soluzioni rapide, prodigiose e costose, è molto probabile che siano fregature. **Non si esce da una dipendenza con un miracolo.**

Solo una piccola parte di chi è dipendente da droghe finisce in comunità. Questo perché moltissime persone riescono a gestire o a convivere con la malattia fino a che non succede qualcosa che le obbliga a porsi il problema. Pensa a un fumatore incallito: sa perfettamente che prima o poi gli verrà un infarto o un cancro al polmone. Eppure si barcamena nel vizio, fino a che l'infarto o il cancro al polmone non arrivano davvero. Solo allora troverà la forza e la convinzione per farla finita col fumo. E, ovviamente, non è detto che sia ancora in tempo.

La stessa cosa succede al tossicodipendente. **È quasi impossibile che si presenti autonomamente al Ser.T se non costretto da cause di forza maggiore.** Nessuno ammette volentieri le proprie debolezze ed è convinto che la dipendenza sia un problema per stupidi, deboli e perdenti.

Le cause di forza maggiore possono essere di due tipi.

Ci sono quelli che ci vanno spontaneamente perché hanno una situazione così compromessa dal punto di vista fisico, famigliare, sociale ed economico da **non riuscire più a tirare avanti** (esattamente come il fumatore incallito che ha appena avuto un infarto e in più non ha neanche i soldi per comprarsi le sigarette).

Oppure quelli che sono stati **beccati dalle forze dell'ordine** e per i quali è conveniente iniziare un programma terapeutico.

Vediamo meglio di cosa si tratta. Nel primo caso, quando qualcuno si rivolge spontaneamente al Ser.T, siamo di fronte a situazioni esplose. Il tossicodipendente ha altre patologie associate come disturbi psichiatrici, HIV, epatite. Spesso ha interrotto i rapporti con la famiglia, ha perso il lavoro e la sua casa e, per rimediare i soldi per la droga, vive d'espedienti (piccoli furti, prostituzione).
Insomma, è arrivato al capolinea.
Nel secondo caso, invece, è incappato in un incidente di percorso. Ha commesso un reato (una gran parte di reati comuni come furti e scippi è commessa da tossicodipendenti) ed è stato condannato a una pena che lo porterà in carcere. Se dimostrerà di essere un tossicodipendente (è il Ser.T a certificarlo) e la sua pena sarà inferiore ai sei anni, potrà presentare un'istanza al giudice che, quasi certamente, commuterà la sua pena in un programma terapeutico. In altre parole, uscirà di galera e inizierà a frequentare Ser.T, comunità terapeutiche, assistenti sociali e psicologi. È una cosa molto conveniente per chi ha commesso reati comuni e circa il 30% delle persone che si rivolgono al Ser.T arriva da questa strada.
Anche coloro che vengono fermati in possesso di piccole quantità di droga finiscono al Ser.T per convenienza. Non vengono accusati di spaccio, ma vengono segnalati dalle forze dell'ordine alla prefettura, che li condanna a una pena amministrativa (tipo la sospensione della patente o, per gli extracomunitari, il ritiro del permesso di soggiorno). Entrare in un circuito di cura fa sì che la punizione venga decurtata.

Al Ser.T il tossicodipendente inizia ad approfondire la sua malattia con medici, psicologi e assistenti sociali. Contemporaneamente, la droga viene sostituita con farmaci in grado di attenuare le crisi di astinenza (per esempio il metadone per gli eroinomani). Il percorso di disintossicazione proseguirà in modo diverso a seconda del profilo del paziente, che non necessariamente finirà in comunità.

COME SI FA AD AIUTARE QUALCUNO A SMETTERE?

Se davvero vuoi aiutare qualcuno a smettere, il consiglio che possiamo darti è di **non prendere la cosa "di punta". Armati di pazienza** perché pretendere che i tuoi convincimenti siano sposati solo perché sensati, ragionevoli, logici e maturi sarebbe davvero un grande errore. Soprattutto se sei un genitore e la persona da aiutare è tuo figlio. Un atteggiamento troppo energico e autoritario potrebbe addirittura provocare l'effetto paradossale in cui la droga viene presa per affermare la propria indipendenza e la propria capacità di fare scelte autonome. Neanche il continuo ripetere "la droga fa male" servirebbe a qualcosa. Il rischio è una delle cose che si scelgono scegliendo la droga. È una parte del piacere.

E allora bisogna ascoltare, ascoltare, ascoltare. Evitare posizioni che si contrappongano inutilmente. Meglio aprirsi, essere sinceri e cercare di sviluppare un dialogo, un confronto. **In poche parole, mettersi in gioco.** Fare per primi delle confidenze affinché l'altro risponda con confidenze, con aperture. Fare domande anche stupide, domande del tipo: «Sei felice? Sei soddisfatto della tua vita?». Quel che non capisci ti allontanerà, ma quel che riuscirai a condividere ti avvicinerà. In questi casi, bisogna ragionare, approfondire, mettersi nei panni, convincere, spiegarsi e dedicare tempo, energia, intelligenza e amore.
Il problema non si risolve facilmente, non si risolve da solo e non si risolve senza la volontà di tutti di riuscirci.

È GIUSTO FARSI LE CANNE COI PROPRI FIGLI?

No.
Anche se i genitori quando erano giovani gli spinelli se li sono fatti?
No.
Anche se hanno confessato di esserseli fatti e tutt'ora qualche volta se li fanno?
No.
Anche se sanno che i loro figli se li fanno?
No. Le canne coi figli non vanno fumate.

I genitori sono l'esempio per i figli. **Dai genitori ci si aspetta coerenza.** Su questi argomenti devono essere severi, normativi e non rinunciare mai alla loro funzione di educatori, anche a rischio di essere ipocriti. Devono fare la parte loro.
Preoccuparsi per il proprio figlio non significa diventare suo amico e coetaneo. Da ragazzi si esplora e si sperimenta. È possibile che si incontri la droga. Le inchieste che le "Iene" hanno fatto nelle scuole in questi ultimi sedici anni ci confermano che i ragazzi di quarta e quinta delle superiori hanno provato almeno una volta a fumare hashish o marijuana, in una percentuale che s'avvicina al 70%.

In genere, i ragazzi hanno bisogno di trasgredire perché così facendo accrescono la loro autonomia decisionale. **E anche se il genitore sa che per tutelare suo figlio dovrebbe impedirgli di trasgredire, deve pure sapere che impedendogli di trasgredire gli impedisce di crescere.**
Allora, come si risolve il problema? Facendogli credere che la sua sia una trasgressione, mentre invece il genitore l'ha prevista come possibile. Cosa fa un padre quando vuole che suo figlio torni all'una? Gli dice

di tornare a mezzanotte, perché sa benissimo che comunque lui arriverà in ritardo.

I ragazzi, ma anche i tossicodipendenti, sono molto bigotti. Apparentemente sono quelli che rompono gli schemi, ma se l'adulto assume una posizione di rottura, sono i primi a volere delle regole. Questo, in qualche modo, svela il fatto che dentro di loro l'esigenza di una norma è importante ed è importante che qualcuno la tuteli e la rappresenti. **I figli non chiedono ai genitori di essere come loro. Chiedono di essere capiti e di non esser tenuti troppo stretti.** E i genitori danno sicurezza proprio nell'essere diversi.
Un figlio trasgredisce comunque. Lo deve fare. Ma lo deve poter fare sapendo che c'è un porto sicuro dove troverà le regole e la direzione. I genitori rappresentano questo: sono i tutori del loro muoversi all'esterno e sono destinati a esser lasciati indietro e a esser considerati un po' antiquati. E un po' dei rompicoglioni. Purtroppo è così.

Inoltre, c'è un altro aspetto che è importante tenere in considerazione. Nei confronti delle sostanze stimolanti (la droga, ma anche tutto ciò che è in grado di dare un'esperienza emozionante come il sesso, il cinema e tutto il divertimento in senso lato) esiste la tolleranza. Se pensate cos'era eccitante nell'700... bastava che una signorina scoprisse una caviglia! Oggi, invece, per qualcuno non sono sufficienti le immagini di tutti gli accoppiamenti possibili che facilmente si trovano su Internet. Pensate a un parco di divertimenti dei primi dell'900, con i cavalli a dondolo. Nei parchi di oggi le giostre ti fanno girare a mille all'ora e ti sbattono a centinaia di metri d'altezza!
La tolleranza, man mano che lo stimolo aumenta, sale e quindi ci vogliono stimoli sempre più forti. Allora **diventa sempre più importante che i ragazzi cerchino gli stimoli e li trovino in un contesto che all'educatore possa andar bene.** Un genitore vero non guiderà a 200 all'ora con suo figlio in macchina. E non solo per questioni di sicurezza, ma perché il figlio, programmato per trasgredirgli, sarà portato

sempre a **fare un passo oltre... e a che velocità dovrà andare?** I genitori devono fare in modo che quel passo oltre cada in un territorio accettabile per la sua incolumità (e ovviamente anche per quella degli altri).

Per cui **se un genitore si fa le canne, continui a farsele da solo se crede, almeno fino a che suo figlio non abbia iniziato una vita realmente autonoma,** fuori di casa, con una sua nuova famiglia.

IO NON MI DROGO (MA NON SI DIREBBE)

Ma tu ce l'hai presente chi sono io tra tutte "Le iene"? Sono quello con gli occhi storti e il naso grosso. Sono anche alto, ma dalla tv non si capisce. Ecco, se hai presente la mia faccia, potresti pensare che a 40 anni io le droghe le abbia già provate tutte, anche perché si dice che la mia Perugia è il centro di smistamento dell'eroina in Italia. E invece io niente. Ma neanche una cannetta, proprio. E se non ci credi puoi serenamente andare a cagare. Ho provato una volta una sigaretta, m'ha fatto schifo e ho detto: «Ok, fine, meglio così».

Sono talmente egocentrico che non credo mi serva niente per essere al meglio e ho paura che qualunque sostanza dopante possa alterare il mio stato di perfetta simpatia comunicativa. Quindi non permetto a sostanze di penetrarmi e alterarmi.

Quelle poche volte che mi girano intorno i cannoni, io mi vanto di essere quello che non li prende neanche in mano (il doppio senso sessuale serve al tuo inconscio per andare avanti nella lettura). Se prendo due caffè al giorno è già tanto, ma non mi fanno una cippa, comunque. Però spesso mi chiedo quale sia il limite tra una droga e una non droga. Se una barretta di carboidrati e un Gatorade mi fanno correre di più, mi sto drogando? Certo che quei cannati che conosco stanno tutti bene da venti anni. Dall'eroina si esce? Dipende qual è la tua eroina: per esempio la mia è Raffaella Fico, ma non sono riuscito neanche a entrarci. Magari se hai letto il libro hai già le risposte, ma io devo ancora leggerlo. Oh, ma lo sai che se lecchi le pagine 26, 58 e 97 stampate con un inchiostro "simpatico" riesci a vedere i servizi che vengono citati???

Ma adesso torno a spiegarti come si cresce così puri e drug free. La prima volta che la droga è entrata nella mia vita (senza chiedere permesso) fu una venticinquina di anni fa, quando un mio giovane parente fu trovato nella sua macchina, vicino al campo sportivo del mio paese, in

preda a un'overdose. Ora sta bene, grazie soprattutto alla sua famiglia.
La seconda volta è stata al liceo scientifico Galileo Galilei di Perugia, all'interno del parco di Santa Margherita, dove di notte si appartavano a farsi dei tossicodipendenti e sulle scalette dovevamo stare attenti a non infilarci le siringhe nelle suole delle scarpe e tutti a comprarsi gli scarponi da montagna.... Adesso evidentemente non esiste più questo pericolo se la Geox può fare le scarpe che respirano, già coi buchi sul fondo.
La terza volta è sempre al liceo, quando la mia classe partecipò a un concorso nazionale per realizzare uno spot antidroga da trasmettere in tv. Lo realizzai con la collaborazione di una cinquantina di persone. Per vederlo *clicca qui*. Ah no, cazzo... è un libro stampato... Vabbè, te lo spiego.
Eravamo tutti in fila per i vicoli del centro storico a passarci delle bustine (sì: di droga!) con lo sguardo perso nel vuoto, tutti come in una catena di montaggio. Poi uno degli zombie si sveglia, interrompe la catena, va verso una bella terrazza panoramica della città e guarda avanti e indovina quale scritta compare nel cielo? "Guardiamo avanti." Un capolavoro didascalico che però non vinse niente perché poi scoprimmo che il preside Prospero Castiglione neanche inviò la videocassetta al concorso! Ma adesso i miei video sono alle "Iene" e tu sei morto, farabutto!
Comunque anche le droghe risentono della crisi. Pensa che Lapo Elkann una volta assumeva sostanze stupefacenti, ma adesso le sta licenziando!

Mauro Casciari

CI SONO "DROGHE" PER COMBATTERE LA DROGA?

Gli scienziati negli ultimi cento anni hanno sempre cercato di combattere la droga utilizzando altra droga. Anzi, molti degli stupefacenti più pericolosi ancora in commercio, come eroina e cocaina, sono stati inizialmente usati come rimedio contro l'abuso di altre droghe.
In questo momento ci sono molte sostanze impiegate per combattere la dipendenza da droga e agiscono in modi diversi.

- **Il primo approccio è quello di ridurre le crisi di astinenza e il desiderio, usando la stessa droga che ha creato la dipendenza.** È il metodo tipico dei cerotti per smettere di fumare. In pratica, somministrano nicotina, la stessa droga che c'è nelle sigarette, però lo fanno in modo più lento e con un metodo di assunzione meno pericoloso.
Anche il metadone funziona in modo simile. È un oppioide come l'eroina, solo che non dà la botta subito, agisce più debolmente e lentamente.

- **Il secondo approccio è creare sostanze che rendono così sgradevole drogarsi, che è molto meglio non farlo.** Tipo il disulfiram, che è usato dagli Anni '50 come cura per l'alcolismo. Altera la metabolizzazione dell'alcol e quindi le sbronze sono molto dolorose e nauseanti. Non ferma la dipendenza, però aiuta a rimanere sobri, perché basta bere pochissimo per stare molto male. E allora uno ha meno voglia di tornare a bere.

- **Un terzo approccio è creare sostanze che impediscono alla droga di entrare nel cervello e quindi esercitare i suoi effetti.** Non provando gli effetti, non c'è alcun gusto a prendere la droga.

Le ricerche vanno soprattutto verso i vaccini che obbligano il sistema immunitario a identificare, bloccare e distruggere la droga appena entra nel sangue, prima che arrivi al cervello. Ne stanno già testando alcuni contro la nicotina, le anfetamine e la cocaina. E pare che funzionino.[1]

Ci sono però anche due strade intraprese da poco, che sono molto promettenti. La prima è quella di **sostanze diverse dalla droga iniziale, che riducono le crisi di astinenza e il desiderio** per la droga.
Alcuni rimedi sono già in commercio, altri ancora in fase sperimentale. Sono tutte sostanze da considerare bene e con cautela. Perché non sarebbe la prima volta che le case farmaceutiche prendono delle cantonate terribili in tema di droga. Però sono una speranza per molti che non riescono a superare le crisi di astinenza.
Altri farmaci, invece, anche se danno buoni risultati nella maggior parte dei pazienti, in alcuni soggetti hanno effetti collaterali. Ci sono, per esempio, prodotti per smettere di fumare sigarette che possono provocare in soggetti predisposti allergie, convulsioni ma anche paranoie e manie suicide. Sono una cosa seria e quindi non vanno usati alla leggera, ma sotto stretto controllo medico.

La seconda strada è quella che agisce sullo **stress, uno dei motivi principali per cui si ricomincia a far uso di una droga.**
Ovviamente una vita sana, riposo e meditazione aiutano. Ma questa non è esattamente la vita di uno che sta cercando disperatamente di smettere di drogarsi. E allora le sostanze che si stanno studiando adesso non risolvono il problema dello stress, ma si limitano a bloccare i suoi recettori nel cervello. Si prova meno stress e quindi anche il desiderio per la droga diminuisce.
Le ricerche stanno orientandosi sul glutammato, che però regola tantissime cose nel nostro cervello e quindi c'è un alto rischio di effetti collaterali indesiderati. E allora si restringe il campo ai singoli recettori. Ce n'è uno in particolare, si chiama mGluR5, che è ben distribuito nella zona del *Nucleus accumbens* e nell'area del piacere. Bloccando questo

recettore si ottiene un effetto sorprendente e tutt'ora al centro di molti esperimenti.
Per dirla in modo semplice: i topi modificati geneticamente, animali creati in laboratorio senza questo recettore, sono indifferenti alla cocaina. E non è che la cocaina non funzioni. Se gli viene somministrata, la droga fa effetto e il livello di dopamina nel cervello aumenta. Tutto agisce come dovrebbe. I topi provano le sensazioni di eccitazione tipiche della cocaina, ma non sviluppano la dipendenza. Non tornano a premere la levetta che inietta la droga in modo ossessivo, come fanno tutti gli altri animali.
Sentono gli effetti della droga, ma non diventano drogati. E pare che funzioni così anche per anfetamine, alcol e nicotina.[2]

Ovviamente sono soluzioni ancora molto sperimentali. Per combattere la tossicodipendenza oggi purtroppo **bisogna ancora basarsi sulla motivazione del drogato di smettere.**

È GIUSTO LIBERALIZZARE LE DROGHE?

Se consideriamo la storia della droga, è chiaro che per migliaia di anni classi dirigenti, governi e industrie hanno fatto di tutto per crescere, produrre, distribuire e tassare le droghe.
E anche quando con l'esplosione della chimica e dei nuovi metodi di assunzione molte droghe naturali sono diventate droghe pesanti, la situazione non è cambiata, anzi. Sono rimaste legali, pubblicizzate e disponibili a tutti come medicine, tonici e rimedi per la salute.

È solo agli inizi del XX secolo che le droghe ricreative sono diventate illegali e, man mano che nascevano nuove sostanze, la lista di quelle proibite è aumentata.
Gli affari passano dalle industrie alle industrie criminali. Nel senso che se le droghe sono illegali, chi le fa, le compra, le vende e le usa è per la stessa definizione un criminale.
Ci sono molte ragioni e interessi che hanno portato a questo cambiamento. Come i severi danni provocati dalle nuove droghe chimiche inventate dall'uomo e la paura di minoranze etniche a cui ciascuna droga è stata associata: gli oppiacei ai cinesi, la cocaina ai neri e la marijuana ai messicani.
Da allora molte droghe sono diventate illegali e **i governi hanno iniziato un'azione di controllo e contrasto sia contro queste droghe illecite sia contro altre, come alcol e tabacco**, che sono legali ma i cui effetti sono oggettivamente dannosi per la salute e la collettività.

IL PROIBIZIONISMO

Cento anni fa la cocaina veniva pubblicizzata e venduta in decine di prodotti per tutte le occasioni, la cannabis era un ingrediente comune negli elisir rilassanti e gli sciroppi per la tosse all'eroina erano sui banconi di ogni farmacia.

Eppure la droga più pericolosa in quel tempo non era nessuna di queste tre sostanze: era l'alcol. E anche **oggi ci sono 2 miliardi di persone che bevono alcol nel mondo, una cifra che da sola è pari a dieci volte il numero di tutte le persone che usano tutte le altre droghe illegali** messe insieme. E tutti questi bevitori non stanno bene. In 76 milioni hanno problemi legati all'alcol e 3 milioni ci lasciano le penne ogni anno.

E non è che non hanno provato a proibirlo.

Tra il 1870 e il 1915 metà del budget degli Stati Uniti arriva dalle tasse sui liquori. Metà del budget statale dell'intera nazione. Una percentuale altissima.

Ma in America e nel mondo a quei tempi inizia un grande dibattito: l'alcol è causa o risultato della povertà? Molti dicono che è una causa e così **nel 1920 inizia il proibizionismo. I tredici anni che cambiano la storia delle droghe per sempre.** A livello statistico, i risultati sono buoni: diminuiscono i ricoveri per cirrosi e i casi di violenza domestica.[1]

Però, a livello sociale, la cosa è stata ben diversa. L'alcol è rimasto sempre disponibile, anzi, è diventato più forte.

Negli anni precedenti al proibizionismo, birra e vino erano le bevande alcoliche più vendute. Con la clandestinità, la grandezza della merce diventa importante. Quando si parla di contrabbando, infatti, più la droga è concentrata, meglio è. Si guadagna di più a trasportare cento casse di whisky, rispetto a cento casse di birra.

E quindi **c'è una vera e propria rivoluzione nei consumi:** bevande più leggere in gradi alcolici vengono sostituite dai superalcolici che, a parità di litri, costano di più. Non solo. **Cessando i controlli statali, le**

distillerie clandestine producono ogni tipo di veleno.
La maggior parte dei superalcolici è così forte e sgradevole, che proprio in questo periodo vengono inventati i cocktail. Servono a mascherare il sapore cattivo delle bevande alcoliche clandestine. Mischiare liquori di scarsa qualità con succhi di frutta o bevande gassate zuccherate è il modo migliore anche per farle bere alle donne. Che, in questi anni, iniziano a ubriacarsi esattamente come gli uomini.[2]
È proprio questo il fallimento del proibizionismo. Il fatto che la gente abbia continuato a bere come e più di prima. La legge è vista come un'invasione della propria libertà personale dalla maggior parte dell'opinione pubblica americana.

Quando, **nel 1933, finisce il proibizionismo,** malattie, superalcolici potenti e alcolismo femminile non sono le conseguenze peggiori di questo periodo. Il proibizionismo è stato soprattutto **responsabile della coalizione tra trafficanti, delinquenti armati e mafia** italiana, irlandese ed ebrea. Un pericoloso incrocio di criminalità, armi e droga. I soldi che giravano erano tantissimi e hanno costruito la fortuna del crimine organizzato che arrivava a controllare città intere come Chicago, corrompendo anche politici, poliziotti, giudici e controllando i sindacati dei lavoratori.[3]
Se la società occidentale è stata capace di sopravvivere alla legalizzazione di una droga micidiale come l'alcol, se possiamo tollerare la sua disponibilità in ogni bar e supermercato, quale altra droga non può essere tollerata?
La legalizzazione delle droghe è una risposta? È una soluzione economica e più salubre della repressione? Abbasserebbe i costi sociali dovuti alla criminalizzazione delle droghe, come indagini, arresti, processi e detenzione di decine di migliaia di consumatori e piccoli spacciatori? Toglierebbe soldi alla criminalità organizzata e aumenterebbe le entrate dello Stato con le nuove tasse sulle droghe ormai legali? Oppure aumenterebbe in modo esponenziale il numero dei consumatori e dei tossicodipendenti?

Legalizzare le droghe significherebbe comunque togliere alla criminalità una grossa parte delle sue entrate, sprecare meno soldi statali e offrire al drogato sostanze migliori e controllate. Il problema è che nessuna droga è sicura, alcol compreso.

IL FUTURO DEL DNA

La genetica conta per il 50% nei casi di dipendenza da droghe. Sia i geni del recettore D2 per tutte le dipendenze da sostanze o comportamenti sia geni specifici per singole dipendenze e non altre, come quelli legati agli oppioidi e agli endocannabinoidi, prodotti dal cervello, oppure all'ossitocina nel caso delle dipendenze sessuali o al neuropeptide Y in quelle da cibo.
Lo screening genetico non è invasivo. Basta passare un batuffolo di cotone nell'interno della guancia e raccogliere qualche cellula. Ora costa ancora abbastanza, ma diventerà sempre più economico. E anche su Internet ormai ci sono siti che offrono questo tipo di servizio. Sulla cui affidabilità, ovviamente, nessuno può garantire.

Visto che la tradizionale guerra alla droga degli ultimi anni non ha avuto successo, **qualcuno sostiene che si potrebbero identificare sin dalla nascita gli individui predisposti alla dipendenza** e quelli che non lo sono. E a quel punto decidere di intervenire in modo mirato sui soggetti più a rischio. Concentrando su di loro l'attenzione: attività di prevenzione sin da giovani, informazione corretta, monitoraggio e consulenza. C'è anche chi ipotizza una vaccinazione da fare sin da bambini, visto che ora ci sono sostanze che spingono il sistema immunitario a distruggere la droga appena entra nel sangue, come se fosse un virus.[4]
Lo scenario di una schedatura di massa, di vaccinazioni obbligatorie, sembra fantascientifico. Ma non come quello che prevede la manipolazione genetica: **sapendo su quali geni lavorare, infatti, si potrà creare uomini e donne il cui DNA sarà modificato in modo da non provare**

dipendenza, così come si sta già facendo coi topi.
Ovviamente sono orizzonti molto inquietanti, ma ancora lontani. Perché prima di arrivare a quel punto si sarà già sperimentato con successo su circuiti più semplici ed essenziali. Creando uomini che non sono in grado di provare emozioni come paura o dolore.

QUALI SONO LE DROGHE PIÙ SICURE?

In teoria, sarebbe bello insegnare alla gente come controllare la propria intossicazione. Come andare fuori in modo innocuo. Nello stesso modo in cui si insegna un'alimentazione sana o a fare sesso sicuro. Ma non si può. **Le droghe più diffuse e popolari non sono sicure. Nessuno può consigliarne l'uso, nemmeno limitato.**
Perché fanno male davvero. Fanno male. Davvero.

Eppure ogni anno milioni di persone provano a drogarsi. È difficile convincerli a non farlo. Però forse è possibile chiarire quali sono le minime precauzioni da prendere per non trovarsi subito nei guai.

- **È meglio partire da una dose bassa** poiché non si sa mai come il corpo reagirà alla sostanza, soprattutto se è la prima volta.
- **È bene informarsi sugli effetti, le dosi,** le cose da fare e quelle da evitare. Non buttarsi alla cieca su una sostanza che non si conosce, non sottovalutarne la potenza.
- **Non farlo da soli,** se qualcosa va storto e si sta male, è meglio essere con qualcuno in cui si ha fiducia.
- Non mischiare le sostanze. Gli effetti delle droghe combinate sono imprevedibili, molto potenti e molto dannosi. Se proprio si vuole provare una droga, è bene provare solo quella, non fare mix.

E, soprattutto, **non bisogna aver paura di chiedere aiuto** se la situazione sfugge di mano. Perché con le droghe succede sempre.

CI SONO DROGHE CHE FANNO BENE?

In qualche misura tutte le droghe fanno bene, altrimenti non sarebbero usate da milioni di anni.
Ma **il problema è trovarne una che non faccia anche male.** Una sostanza che agisca in modo positivo e preciso sul cervello, senza avere effetti negativi sia sul cervello che sul corpo. E questa sostanza ancora non esiste.

Negli ultimi anni si parla molto di smart drink e smart drug. Sono due cose molto diverse.
Gli smart drink sono bevande dai nomi esotici come Cloud 9, Brain Tonix, Brain Booster e Nirvana. Sono pubblicizzati come bevande naturali e legali. Dicono che migliorano intelligenza e memoria, aumentano energia e attenzione, rallentano il processo di invecchiamento e purificano il corpo dopo gli abusi di alcol e altre droghe. Sembra troppo bello per essere vero.[1]
E infatti gli studi non confermano ancora tutte queste qualità positive, la botta di energia viene attribuita soprattutto alla caffeina. E le ricerche invitano a fare attenzione: non sono bevande indicate per chi ha problemi di cuore o di alta pressione.

Le smart drug invece sono sostanze che aumentano le capacità cognitive, migliorando l'apporto di ossigeno al cervello, stimolando la crescita nervosa e aumentando il rilascio di neurotrasmettitori, enzimi e anche ormoni.
Spesso sono sostanze chimiche usate in medicinali per curare persone affette da difficoltà di apprendimento, malattie degenerative o deficit di ossigeno al cervello.

Chi le usa dice che migliorano la capacità di trasferire le informazioni dalla memoria a breve termine a quella a lungo termine, aiutando così a ricordare nuove informazioni. E inoltre aumentano concentrazione, abilità di calcolo, creatività e umore senza effetti dannosi per il sistema nervoso e con bassa tossicità anche in dosi elevate.

QUAL È LA DROGA IDEALE?

L'identikit della droga ideale – che ancora non esiste – è questo: **deve procurare stimolazione e piacere senza conseguenze tossiche sul corpo.**

Deve essere facile da prendere. Quindi meglio evitare iniezioni che sono traumatiche per le vene, il fumo che è irritante per le vie respiratorie e la sniffata che danneggia le mucose. Potrebbe essere una pillola, un liquido da bere o un gas da respirare.

Deve avere effetto immediato, senza aspettare i tempi della digestione e della metabolizzazione. E la durata degli effetti deve essere fissa, così uno sa che va fuori per un tempo che può prevedere e controllare.

Deve anche contenere sostanze che impediscano l'uso eccessivo e l'overdose.

Anche gli effetti devono essere più controbilanciati. Se è eccitante, non dovrebbe impedire di addormentarsi. Se è un tranquillante, dovrebbe agire solo sull'ansia, senza rendere inebetiti. Se è ricreativa, non dovrebbe impedire le normali attività.[1]

Secondo alcuni scienziati, però, **potremo costruire presto dei microscopici robot, anzi nanoscopici robot, chiamati nanobot, che si muoveranno nel cervello in modo non invasivo,** attraverso i capillari. Servono per stimolare aree danneggiate, ripristinare funzioni motorie o sensoriali in pazienti che ne hanno bisogno per tornare a muoversi o parlare, vedere o sentire meglio.

Attivando o disattivando con precisione la parte chimica o elettrica del cervello, sarà possibile anche regolare artificialmente e in modo computerizzato il processo cognitivo, la memoria. Ma anche gli istinti e le emozioni.

Il piacere potrà essere configurato su misura, regolato da un software, magari un'applicazione per il telefono. Agendo su tutte le aree del

cervello, si potranno combinare sensazioni diverse, che stimolano vari sensi contemporaneamente: una botta di allegria, con profumo di limone e sapore di menta. Oppure eccitazione sensuale con un po' di sensazione di rischio e un pizzico di dolore per renderla memorabile. E per una serata rilassante davanti al caminetto, una scarica di sazietà e calma, visioni naturali e qualche bel ricordo d'infanzia.
Alla fine dell'esperienza, il nanobot potrebbe ripulire il cervello e resettare la memoria, in modo da non sviluppare dipendenza.[2]
Questa sequenza di stimoli chimici ed elettrici, un mix di emozioni e attività neuronali, potrà essere personalizzata e perfezionata. E a quel punto si potrà anche metterla in Rete per condividerla e farla scaricare e provare da altri. Oppure si potrà fare in due, tre, in migliaia, tutto in tempo reale. O in modo interattivo, io sballo te e tu sballi me, contemporaneamente.
E in tutto questo ci sarà sempre qualcuno più bravo di altri a capire e creare queste nuove combinazioni sensoriali, uno sciamano digitale che tiene aperte le porte della percezione per mostrare a tutti le cose così come sono: infinite.
Clic.

COSA SI PUÒ FARE INVECE DI DROGARSI?

Dopo aver letto questo libro costruito dagli amici delle "Iene", durante una cena passata a discutere dell'argomento, mi sono imbarcato in un'impresa impossibile. Sarà stato per via della mortadella o della sequenza del buon vino, ma la conclusione è stata: «Voglio scrivere cosa si può fare di buono invece di drogarsi». Ingaggiato al volo. E adesso, allora, ci provo.

Abbiate pazienza, però. Non concludete subito che di idee ne avreste fin troppe anche senza le lezioni di qualche maestro improvvisato, pure vecchio e per di più prete.

Ovvio che ciascuno ha da farsi i fatti suoi, ha i propri gusti e coltiva i propri desideri. Però, poiché posso pensare che saranno soprattutto le ragazze e i ragazzi a leggere il libro, dall'alto (o dal basso) dei miei tanti anni e dopo aver visto qualche decina di migliaia di ragazze e ragazzi al Beccaria (non il liceo, il carcere minorile), mi sono avventurato.

La prima cosa che mi viene in mente è l'amore e forse è il primo pensiero che è venuto in mente anche a voi. Anche l'amore inteso come sesso? Certamente. E poi anche l'amicizia, l'amore per la famiglia, la passione per un'impresa bella di studio, di lavoro, di solidarietà, forse la passione per qualche personaggio e così via.

Per dire "fare sesso" si dice normalmente "fare all'amore" e può essere veramente così. La dolcezza, la tenerezza, l'intimità dei corpi, la cura dell'uno per l'altra o l'altro, insieme al piacere, sono una delle esperienze più belle della vita per giovani di ogni età.

A patto che ci siano tutti e due, che il desiderio non diventi ricerca soltanto del proprio piacere. Mi viene spontaneo dire anche: «Che vi conosciate da più di venti minuti». Sesso è bello, ma un minimo di chiacchiera prima e dopo non è male... almeno per il tempo di mettersi il preservativo, visto che i tempi sono bui e le frequentazioni, anche

sessuali, numerose e diverse. E le malattie ci sono.
Saranno importanti le duecento posizioni del kamasutra, ma la bellezza di fare sesso con una persona – alla quale vuoi bene, che conosci, con la quale ti intendi e incominci a sognare di passare insieme del tempo e per la quale inizi ad avere pensieri seri e intimi – è il massimo della vita. Solo che la relazione è un obiettivo che devi darti, un progetto che devi costruire, un percorso di ascolto, di sguardo e comprensione reciproca per conoscersi e accettarsi, con le cose belle insieme a qualche difettuccio, come è umano che sia.
Ci vuole impegno, pazienza, durata. Ci si innamora in un momento, si diventa amici e amanti col corpo e col cuore con più tempo, se ci si mette impegno, fatica, fiducia.
Senza fare drammi, occorrerà anche dire che l'amore a pagamento in strada o in qualche stanza non è proprio un granché, soprattutto considerando che una donna o un uomo mettono in vendita, con il proprio corpo, anche un po' della persona che sono.
L'amicizia quasi sempre sta prima, anche senza la sessualità. È il sentimento che provi per un altro ragazzo o un'altra ragazza. Molti maschietti dicono che non si può essere amici di una ragazza, mentre le ragazze spesso hanno molti amici. Io credo sia sbagliato negare l'amicizia tra un uomo e una donna, basta impegnarsi: anche l'amicizia nasce spesso perché si fa qualcosa insieme, perché si hanno idee e desideri condivisi e, come l'amore, è una pianticella che deve essere coltivata.
Le amicizie non vivono senza ascoltarsi, guardarsi, conoscersi e poi condividere la festa come la tristezza, la ricerca del lavoro come la partita di calcio. Qualcuno ha perfino la pretesa di calcolare il tempo e le energie che spende coi suoi amici e poi di pesare i vantaggi che ne trae, come se fosse un'operazione commerciale. Ma l'amicizia è una forma di amore e l'amore è gratuito o non esiste. Nei rapporti tra persone di solito capitano incidenti, incomprensioni. La vera amicizia è capace di capire e di ricominciare.
Insomma, amare è un'arte. La capacità di amare è il segreto della vita

bella e buona. L'amore amicale o di coppia è difficile e meraviglioso, possibile ma non improvvisato. Non si va da nessuna parte da soli, insieme si moltiplicano le energie.

A proposito di energie, sento spesso ragazzi e ragazze lamentarsi dei propri genitori, della scuola, della società, della Chiesa. Può essere che abbiano ragione, spesso ne hanno molta, ma io mi permetto di darvi un consiglio.

Quando qualcosa che vi riguarda non funziona – siano gli orari del rientro la sera, un insegnante che vi maltratta, un'offesa che subite, un diritto non rispettato o semplicemente un problema che vi tocca – il primo passo non deve essere la ricerca del colpevole o di chi lo risolverà. Piuttosto chiedetevi subito: «Come si risolve questo problema? Io cosa posso fare?».

Si diventa grandi quando si decide in proprio e si paga di tasca propria, non quando mamma provvede. Voi che mi leggete siete capaci di fare molte più cose di quanto crediate, se vi mettete a fare gli imprenditori di voi stessi. Alleatevi con gli amici, pensateci su, rinforzatevi eventualmente chiedendo a qualche competente, ma poi partite da voi stessi come responsabili.

Al Beccaria mi tocca la parte di dire a tanti ragazzi: «Ma anche tu sei intelligente, anche tu sai fare tante cose, anche tu puoi riuscire con forza nella vita». Ed è così vero che, su otto ragazzi usciti dal Beccaria coi quali abbiamo fatto un percorso di autoimprenditorialità, cinque sono piccoli imprenditori e guadagnano bene.

C'è un'impresa che a me piace molto ed è quella di difendere i diritti di chi è più debole, di procurare strumenti a chi è nelle povertà più sole. Non chiamerò mai questa impresa gesto di bontà. Io la chiamo gesto di dignità, perché se vedo una persona che sta male, soprattutto se è ingiustamente trattata, che sia bambino o vecchio, straniero o italiano, il mio essere uomo mi chiede di esserci. Però bisogna scegliere dove stare: nessuno di noi è salvatore di tutto il mondo, ma di una parte, magari anche piccola, sì. Indignarsi non basta.

Da quattordici anni con la mia associazione Bambini in Romania accogliamo in Romania bambine e bambini abbandonati. Più di cento ragazze e ragazzi italiani ogni anno vanno d'estate, a Natale e a Pasqua ad animare le vacanze dei nostri bambini. Capita che alcuni bambini abbandonati vengano chiamati per la prima volta con il loro nome, presi in braccio, coccolati, ascoltati. Io dico ai giovani volontari italiani che non devono sentirsi benefattori ma fortunati, perché possono far sorridere e un po' sperare chi non ha potuto crescere con la propria mamma.

Infine, da un prete dovevate pur aspettarvi una predica! Ve la dico così: io non credo né nel papa né nei vescovi né nei preti. Credo a Gesù Cristo e a quello che mi ha detto e perciò ascolto e, talvolta, seguo le indicazioni del papa e dei vescovi... Ho detto "talvolta" perché le indicazioni di papi e vescovi sono indiscutibili quando si tratta del ristretto numero di dogmi o indicazioni morali fondamentali, sul resto si discute e il libro di testo da seguire si chiama *Vangelo*.

È faticoso anche per un prete stare nella Chiesa che, talvolta, sembra aver letto il *Vangelo* a gambe all'aria, ma io non ho altre case e quindi rimango in questa. Voglio fare la mia parte per migliorarla e, spero, per cambiarla. La Chiesa è come un grande paese con un centro e molte periferie: da Madre Teresa di Calcutta allo IOR, dal missionario delle favelas al ricco monsignore del Vaticano.

In mezzo, a fare da guida, un grande eroe dell'umanità che ha voluto parlare della tenerezza di Dio e della dignità di ogni uomo e donna, pagando prima con l'opposizione violenta dei potenti e poi con la sua stessa vita. Se provate a leggere il *Vangelo di Marco* con la voglia di capire che uomo era Gesù Cristo, vi prenderà la voglia di conoscerlo meglio e di esserne ammirati. Ha gradito il vino buono a Cana e, poco prima di essere arrestato, gli unguenti profumati; aveva qualche simpatia per le donne poco di buono e per gli irregolari. Sembra si possa ricavare dalle poche parole dette da Gesù sul crocifisso che il primo invitato e portato in Paradiso sia stato un delinquente reo confesso. Ma non è

sceso a nessun compromesso di fronte a una religione (e una politica) della facciata, senza cuore, respingendo le lusinghe del potere, del danaro e della forza.
Scrivono che Dio, il quale non abbandona mai il bene al fallimento, lo abbia fatto risorgere e che anche ora sia vivo, vicino a ogni uomo di buona volontà.
Con tutto il rispetto, è per questo che io mi sento in buona compagnia in questa Chiesa, è per questo che parlo di Lui.
Io non ho dubbi che una buona vita sta nella qualità, nel calore, nella forza delle nostre relazioni. Non ho neanche dubbi che le imprese di ogni giorno, della giovinezza come di ogni età, chiedono intelligenza e assunzione di responsabilità per diventare nostre e positive.
Vorrei rassicurare ognuno di voi chiedendovi di guardarvi dentro: vi scoprirete più belli e migliori di quello che immaginate. Certo, qualche volta un po' anche brutti, e allora deve scattare la domanda: «Come si risolve questo problema? In compagnia di chi? Non è detto che sempre si trovi la risposta, ma spesso vedrete che nascerà da voi».

Don Gino Rigoldi

NOTE

PERCHÉ QUESTO LIBRO?

[1] Inaba D. S., Cohen W., *Uppers, Downers, All Arounders: Physical and Mental Effects of Psychoactive Drugs*, Cns Productions 2011
[2] Haskins M., *Drugs: A User's Guide*, Ebury Press 2011
[3] Jay M., *High Society: Mind-Altering Drugs in History and Culture*, Thames & Hudson 2010

COSA SONO LE DROGHE?

[1] Jay M., *High Society: Mind-Altering Drugs in History and Culture*, Thames & Hudson 2010

PERCHÉ L'UOMO SI DROGA?

[1] Linden D. J., *Pleasure: How Our Brains Make Junk Food, Exercise, Marijuana, Generosity and Gambling Feel so Good*, Gardner Press 2012
[2] Inaba D. S., Cohen W., *Uppers, Downers, All Arounders: Physical and Mental Effects of Psychoactive Drugs*, Cns Productions 2011
[3] Jay M., *High Society: Mind-Altering Drugs in History and Culture*, Thames & Hudson 2010

ANCHE GLI ANIMALI SI DROGANO?

[1] Siegel R. K., *Intoxication: The Universal Drive for Mind-Altering Substances*, Park Street Press 2005
[2] G. Samorini, *Animali che si drogano*, Telesterion 2000
[3] Siegel R. K., *Intoxication: The Universal Drive for Mind-Altering Substances*, Park Street Press 2005

COME SI PRENDE LA DROGA?

[1] Inaba D. S., Cohen W., *Uppers, Downers, All Arounders: Physical and Mental Effects of Psychoactive Drugs*, Cns Productions 2011

COSA ACCADE SE LA DROGA ENTRA IN CIRCOLO?

[1] Kuhn C., Swartzwelder S., Wilson W., *Buzzed: The Straight Facts about the Most Used and Abused Drugs from Alcohol to Ecstasy*, W. W. Norton & Company 2008 (trad. it., *Strafatti: nient'altro che fatti sulle droghe più usate e abusate*, Springer Verlag 2009)
[2] Kuhar M., *The Addicted Brain: Why We Abuse Drugs, Alcohol and Nicotine*, FT Press 2011
[3] Inaba D. S., Cohen W., *Uppers, Downers, All Arounders: Physical and Mental Effects of Psychoactive Drugs*, Cns Productions 2011

COME SI DIVENTA DROGATI?

[1] Kuhn C., Swartzwelder S., Wilson W., *Buzzed: The Straight Facts about the Most Used and Abused Drugs from Alcohol to Ecstasy*, W. W. Norton & Company 2008 (trad. it., *Strafatti:*

nient'altro che fatti sulle droghe più usate e abusate, Springer Verlag 2009)
[2] Inaba D. S., Cohen W., *Uppers, Downers, All Arounders: Physical and Mental Effects of Psychoactive Drugs*, Cns Productions 2011

PERCHÉ SOLO ALCUNI DIVENTANO DROGATI?

[1] Jay M., *High Society: Mind-Altering Drugs in History and Culture,* Thames & Hudson 2010
[2] Siegel R. K., *Intoxication: The Universal Drive for Mind-Altering Substances*, Park Street Press 2005

PERCHÉ SI DIVENTA DIPENDENTI?

[1] Kuhar M., *The Addicted Brain: Why We Abuse Drugs, Alcohol and Nicotine,* FT Press 2011
[2] Jay M., *High Society: Mind-Altering Drugs in History and Culture*, Thames & Hudson 2010
[3] Inaba D. S., Cohen W., *Uppers, Downers, All Arounders: Physical and Mental Effects of Psychoactive Drugs,* Cns Productions 2011

QUAL È IL FATTORE PRINCIPALE DELLA DIPENDENZA?

[1] Inaba D. S., Cohen W., *Uppers, Downers, All Arounders: Physical and Mental Effects of Psychoactive Drugs*, Cns Productions 2011
[2] Haskins M., *Drugs: A User's Guide*, Ebury Press 2011
[3] Linden D. J., *Pleasure: How Our Brains Make Junk Food, Exercise, Marijuana, Generosity and Gambling Feel so Good*, Gardner Press 2012

DA DOVE ARRIVANO LE DROGHE?

[1] McKenna T., *Food of the Gods: The Search for the Original Tree of Knowledge. A Radical History of Plants, Drugs and Human Evolution*, Bantam 1993
[2] G. Samorini, *Animali che si drogano*, Telesterion 2000
[3] Linden D. J., *Pleasure: How Our Brains Make Junk Food, Exercise, Marijuana, Generosity and Gambling Feel so Good*, Gardner Press 2012

COME ABBIAMO SCOPERTO LE DROGHE?

[1] McKenna T., *Food of the Gods: The Search for the Original Tree of Knowledge. A Radical History of Plants, Drugs and Human Evolution*, Bantam 1993
[2] Haskins M., *Drugs: A User's Guide*, Ebury Press 2011

COME FUNZIONANO LE DROGHE?

[1] Inaba D. S., Cohen W., *Uppers, Downers, All Arounders: Physical and Mental Effects of Psychoactive Drugs*, Cns Productions 2011
[2] Kuhn C., Swartzwelder S., Wilson W., *Buzzed: The Straight Facts about the Most Used and Abused Drugs from Alcohol to Ecstasy*, W. W. Norton & Company 2008 (trad. it., *Strafatti: nient'altro che fatti sulle droghe più usate e abusate*, Springer Verlag 2009)
[3] Linden D. J., *Pleasure: How Our Brains Make Junk Food, Exercise, Marijuana, Generosity and Gambling Feel so Good*, Gardner Press 2012

CHE EFFETTI HANNO LE DROGHE SUL CERVELLO?

[1] Kuhar M., *The Addicted Brain: Why We Abuse Drugs, Alcohol and Nicotine*, FT Press 2011
[2] Linden D. J., *Pleasure: How Our Brains Make Junk Food, Exercise, Marijuana, Generosity and Gambling Feel so Good*, Gardner Press 2012
[3] Inaba D. S., Cohen W., *Uppers, Downers, All Arounders: Physical and Mental Effects of Psychoactive Drugs*, Cns Productions 2011
[4] G. Samorini, *Animali che si drogano*, Telesterion 2000
[5] Siegel R. K., *Intoxication: The Universal Drive for Mind-Altering Substances*, Park Street Press 2005

QUALI SONO LE DROGHE CHE FANNO ANDARE GIÙ?

[1] Inaba D. S., Cohen W., *Uppers, Downers, All Arounders: Physical and Mental Effects of Psychoactive Drugs*, Cns Productions 2011
[2] Siegel R. K., *Intoxication: The Universal Drive for Mind-Altering Substances*, Park Street Press 2005
[3] Inaba D. S., Cohen W., *Uppers, Downers, All Arounders: Physical and Mental Effects of Psychoactive Drugs*, Cns Productions 2011
[4] Haskins M., *Drugs: A User's Guide*, Ebury Press 2011
[5] Jay M., High *Society: Mind-Altering Drugs in History and Culture*, Thames & Hudson 2010
[6] Kuhar M., *The Addicted Brain: Why We Abuse Drugs, Alcohol and Nicotine*, FT Press 2011
[7] Siegel R. K., *Intoxication: The Universal Drive for Mind-Altering Substances*, Park Street Press 2005
[8] Herer J., *The Emperor Wears No Clothes: The Authoritative Historical Record of Cannabis and the Conspiracy against Marijuana*, Ah Ha Publishing 2010
[9] Haskins M., *Drugs: A User's Guid*e, Ebury Press 2011
[10] Kuhn C., Swartzwelder S., Wilson W., *Buzzed: The Straight Facts about the Most Used and Abused Drugs from Alcohol to Ecstasy*, W. W. Norton & Company 2008 (trad. it., *Strafatti: nient'altro che fatti sulle droghe più usate e abusate*, Springer Verlag 2009)
[11] Haskins M., *Drugs: A User's Guide*, Ebury Press 2011
[12] Haskins M., *Drugs: A User's Guide*, Ebury Press 2011
[13] Inaba D. S., Cohen W., *Uppers, Downers, All Arounders: Physical and Mental Effects of Psychoactive Drugs*, Cns Productions 2011
[14] Haskins M., *Drugs: A User's Guide*, Ebury Press 2011
[15] King S., *On Writing: A Memoir of the Craft, Scribner 2000* (trad. it., *On Writing. Autobiografia di un mestiere*, Sperling & Kupfer 2001)
[16] Inaba D. S., Cohen W., *Uppers, Downers, All Arounders: Physical and Mental Effects of Psychoactive Drugs*, Cns Productions 2011
[17] Jay M., *High Society: Mind-Altering Drugs in History and Culture*, Thames & Hudson 2010
[18] Gahlinger P., *Illegal Drugs: A Complete Guide to Their History, Chemistry*, Use and Abuse, Plume 2003
[19] Inaba D. S., Cohen W., *Uppers, Downers, All Arounders: Physical and Mental Effects of Psychoactive Drugs*, Cns Productions 2011
[20] Ibidem

QUALI SONO LE DROGHE CHE FANNO ANDARE SU?

[1] Jay M., *High Society: Mind-Altering Drugs in History and Culture*, Thames & Hudson 2010

[2] Haskins M., *Drugs: A User's Guide*, Ebury Press 2011

[3] Freud S., *Über Coca, Zentralblatt für die gesamte Therapie* Juli 1884 (trad. it, *Sulla cocaina,* Newton & Compton editori 2007)

[4] Siegel R. K., *Intoxication: The Universal Drive for Mind-Altering Substances*, Park Street Press 2005

[5] Kuhar M., *The Addicted Brain: Why We Abuse Drugs, Alcohol and Nicotine*, FT Press 2011

[6] Linden D. J., *Pleasure: How Our Brains Make Junk Food, Exercise, Marijuana, Generosity and Gambling Feel so Good*, Gardner Press 2012

[7] Haskins M., *Drugs: A User's Guide*, Ebury Press 2011

[8] Siegel R. K., *Intoxication: The Universal Drive for Mind-Altering Substances*, Park Street Press 2005

[9] Haskins M., *Drugs: A User's Guide*, Ebury Press 2011

[10] Ibidem

[11] Kuhn C., Swartzwelder S., Wilson W., *Buzzed: The Straight Facts about the Most Used and Abused Drugs from Alcohol to Ecstasy*, W. W. Norton & Company 2008 (trad. it., *Strafatti: nient'altro che fatti sulle droghe più usate e abusate*, Springer Verlag 2009)

[12] Gahlinger P., *Illegal Drugs: A Complete Guide to Their History, Chemistry, Use and Abuse*, Plume 2003

[13] Inaba D. S., Cohen W., *Uppers, Downers, All Arounders: Physical and Mental Effects of Psychoactive Drugs*, Cns Productions 2011

[14] Kuhn C., Swartzwelder S., Wilson W., *Buzzed: The Straight Facts about the Most Used and Abused Drugs from Alcohol to Ecstasy*, W. W. Norton & Company 2008 (trad. it., *Strafatti: nient'altro che fatti sulle droghe più usate e abusate*, Springer Verlag 2009)

[15] Inaba D. S., Cohen W., *Uppers, Downers, All Arounders: Physical and Mental Effects of Psychoactive Drugs*, Cns Productions 2011

[16] Jay M., *High Society: Mind-Altering Drugs in History and Culture*, Thames & Hudson 2010

[17] Ibidem

QUALI SONO LE DROGHE CHE FANNO ANDARE FUORI?

[1] Siegel R. K., *Intoxication: The Universal Drive for Mind-Altering Substances*, Park Street Press 2005

[2] Jay M., *High Society: Mind-Altering Drugs in History and Culture*, Thames & Hudson 2010

[3] McKenna T., *Food of the Gods: The Search for the Original Tree of Knowledge. A Radical History of Plants, Drugs and Human Evolution*, Bantam 1993

[4] Haskins M., *Drugs: A User's Guide*, Ebury Press 2011

[5] www.psiconautica.in

[6] Lattin D., *The Harvard Psychedelic Club*, HarperOne 2011

[7] Gahlinger P., *Illegal Drugs: A Complete Guide to Their History, Chemistry, Use and Abuse*, Plume 2003

[8] Haskins M., *Drugs: A User's Guide*, Ebury Press 2011

[9] Lattin D., *The Harvard Psychedelic Club*, HarperOne 2011
[10] Siegel R. K., *Intoxication: The Universal Drive for Mind-Altering Substances*, Park Street Press 2005
[11] Inaba D. S., Cohen W., *Uppers, Downers, All Arounders: Physical and Mental Effects of Psychoactive Drugs*, Cns Productions 2011
[12] Haskins M., *Drugs: A User's Guide*, Ebury Press 2011
[13] Inaba D. S., Cohen W., *Uppers, Downers, All Arounders: Physical and Mental Effects of Psychoactive Drugs*, Cns Productions 2011
[14] Bennet D., *Dr. Ecstasy, New York Times Magazine* 30 Jan. 2005
[15] Jay M., *High Society: Mind-Altering Drugs in History and Culture*, Thames & Hudson 2010
[16] Linden D. J., *Pleasure: How Our Brains Make Junk Food, Exercise, Marijuana, Generosity and Gambling Feel so Good*, Gardner Press 2012
[17] Haskins M., *Drugs: A User's Guide*, Ebury Press 2011
[18] Inaba D. S., Cohen W., *Uppers, Downers, All Arounders: Physical and Mental Effects of Psychoactive Drugs*, Cns Productions 2011
[19] McKenna T., *Food of the Gods: The Search for the Original Tree of Knowledge. A Radical History of Plants, Drugs and Human Evolution*, Bantam 1993
[20] Watson C. K., *Cultivating Cannabis in the 21st Century*, Green Candy Press 2010
[21] Inaba D. S., Cohen W., *Uppers, Downers, All Arounders: Physical and Mental Effects of Psychoactive Drugs*, Cns Productions 2011
[22] Herer J., *The Emperor Wears No Clothes: The Authoritative Historical Record of Cannabis and the Conspirancy against Marijuana*, Ah Ha Publishing 2010
[23] Siegel R. K., *Intoxication: The Universal Drive for Mind-Altering Substances*, Park Street Press 2005
[24] Inaba D. S., Cohen W., *Uppers, Downers, All Arounders: Physical and Mental Effects of Psychoactive Drugs*, Cns Productions 2011
[25] Haskins M., *Drugs: A User's Guide*, Ebury Press 2011
[26] Herer J., *The Emperor Wears No Clothes: The Authoritative Historical Record of Cannabis and the Conspirancy against Marijuana*, Ah Ha Publishing 2010
[27] Watson C. K., *Cultivating Cannabis in the 21st Century*, Green Candy Press 2010
[28] Polo M., *Il milione*, CastelloVolante-Mur 2011 (e-book)
[29] Inaba D. S., Cohen W., *Uppers, Downers, All Arounders: Physical and Mental Effects of Psychoactive Drugs*, Cns Productions 2011
[30] Ibidem
[31] Siegel R. K., *Intoxication: The Universal Drive for Mind-Altering Substances*, Park Street Press 2005
[32] Ibidem

CHE ALTRE DROGHE CI SONO?

[1] Nestor J., *Get High Now*, Chronicle Books 2009
[2] Jay M., *High Society: Mind-Altering Drugs in History and Culture*, Thames & Hudson 2010

ALCOL E TABACCO SONO DROGHE?

[1] G. Samorini, *Animali che si drogano*, Telesterion 2000
[2] Inaba D. S., Cohen W., *Uppers, Downers, All Arounders: Physical and Mental Effects of Psychoactive Drugs*, Cns Productions 2011
[3] Muhammad ibn Zakariya al-Razi
[4] Siegel R. K., *Intoxication: The Universal Drive for Mind-Altering Substances*, Park Street Press 2005

QUAL È STATA LA PRIMA DROGA?

[1] McKenna T., *Food of the Gods: The Search for the Original Tree of Knowledge. A Radical History of Plants, Drugs and Human Evolution*, Bantam 1993

CHE EFFETTI HA AVUTO?

[1] McKenna T., *Food of the Gods: The Search for the Original Tree of Knowledge. A Radical History of Plants, Drugs and Human Evolution*, Bantam 1993
[2] Ibidem

COME ABBIAMO SCOPERTO LE ALTRE DROGHE?

[1] McKenna T., *Food of the Gods: The Search for the Original Tree of Knowledge. A Radical History of Plants, Drugs and Human Evolution*, Bantam 1993

COME SI SONO DIFFUSE LE DROGHE?

[1] Jay M., *High Society: Mind-Altering Drugs in History and Culture*, Thames & Hudson 2010

COME VENGONO TRASPORTATE LE DROGHE?

[1] Kuhn C., Swartzwelder S., Wilson W., *Buzzed: The Straight Facts about the Most Used and Abused Drugs from Alcohol to Ecstasy*, W. W. Norton & Company 2008
[2] Haskins M., *Drugs: A User's Guide*, Ebury Press 2011

LE DROGHE FANNO BENE AL SESSO?

[1] Inaba D. S., Cohen W., *Uppers, Downers, All Arounders: Physical and Mental Effects of Psychoactive Drugs*, Cns Productions 2011
[2] Ibidem

FUNZIONA LA GUERRA ALLA DROGA?

[1] Siegel R. K., *Intoxication: The Universal Drive for Mind-Altering Substances*, Park Street Press 2005
[2] Kuhn C., Swartzwelder S., Wilson W., *Buzzed: The Straight Facts about the Most Used and Abused Drugs from Alcohol to Ecstasy*, W. W. Norton & Company 2008

COME FUNZIONANO I TEST ANTIDROGA?

[1] Siegel R. K., *Intoxication: The Universal Drive for Mind-Altering Substances*, Park Street Press 2005

COME SI FA A SMETTERE DI DROGARSI?

[1] Linden D. J., *Pleasure: How Our Brains Make Junk Food, Exercise, Marijuana, Generosity and Gambling Feel so Good*, Gardner Press 2012

CI SONO "DROGHE" PER COMBATTERE LA DROGA?

[1] Siegel R. K., *Intoxication: The Universal Drive for Mind-Altering Substances*, Park Street Press 2005
[2] Linden D. J., *Pleasure: How Our Brains Make Junk Food, Exercise, Marijuana, Generosity and Gambling Feel so Good*, Gardner Press 2012

È GIUSTO LIBERALIZZARE LE DROGHE?

[1] Inaba D. S., Cohen W., *Uppers, Downers, All Arounders: Physical and Mental Effects of Psychoactive Drugs*, Cns Productions 2011
[2] Jay M., *High Society: Mind-Altering Drugs in History and Culture*, Thames & Hudson 2010
[3] Gahlinger P., *Illegal Drugs: A Complete Guide to Their History, Chemistry, Use and Abuse*, Plume 2003
[4] Linden D. J., *Pleasure: How Our Brains Make Junk Food, Exercise, Marijuana, Generosity and Gambling Feel so Good*, Gardner Press 2012

CI SONO DROGHE CHE FANNO BENE?

[1] Inaba D. S., Cohen W., *Uppers, Downers, All Arounders: Physical and Mental Effects of Psychoactive Drugs*, Cns Productions 2011

QUAL È LA DROGA IDEALE?

[1] Siegel R. K., *Intoxication: The Universal Drive for Mind-Altering Substances*, Park Street Press 2005
[2] Linden D. J., *Pleasure: How Our Brains Make Junk Food, Exercise, Marijuana, Generosity and Gambling Feel so Good*, Gardner Press 2012

BIBLIOGRAFIA

TESTI ACCADEMICI E SCIENTIFICI

Becker H. S., *Becoming a Marihuana User, American Journal of Sociology* Nov. 1953 (trad. it., *Come si diventa consumatori di marijuana in Outsiders. Saggi di sociologia della devianza*, Edizioni Gruppo Abele 2003)

Bennet D., *Dr. Ecstasy, New York Times Magazine* 30 Jan. 2005

Charvet P. A., *Proposition sur l'action de l'opium chez l'homme et les animaux*, Imp. Didot Jne 1826

Freud S., *Über Coca, Zentralblatt für die gesamte Therapie* Juli 1884
(trad. it, *Sulla cocaina*, Newton & Compton editori 2007)

Inaba D. S., Cohen W., *Uppers, Downers, All Arounders: Physical and Mental Effects of Psychoactive Drugs*, Cns Productions 2011

Kuhn C., Swartzwelder S., Wilson W., *Buzzed: The Straight Facts about the Most Used and Abused Drugs from Alcohol to Ecstasy*, W. W. Norton & Company 2008
(trad. it., *Strafatti: nient'altro che fatti sulle droghe più usate e abusate*, Springer Verlag 2009)

Mantegazza P., *Sulle virtù igieniche e medicinali della coca e sugli alimenti nervosi in generale*, Società per la pubblicazione degli annali universali delle scienze et dell'Industria 1859

Moreau De Tours J. J., *Du haschisch et de l'aliénation mentale. Etudes psychologiques*, Fortin, Masson et cie 1845
(trad. it., *L'hachisch, Sensibili alle foglie*, Roma 1996)

Kuhar M., *The Addicted Brain: Why We Abuse Drugs, Alcohol and Nicotine*, FT Press 2011

Linden D. J., *Pleasure: How Our Brains Make Junk Food, Exercise, Marijuana, Generosity and Gambling Feel so Good*, Gardner Press 2012

Siegel R. K., *Intoxication: The Universal Drive for Mind-Altering Substances*, Park Street Press 2005

Wasson G. R., *Seeking the Magic Mushroom, Life* 13 May 1957

TESTI LETTERARI

De Quincey T., *Confessions of an English Opium-Eater, London Magazine* Sept.-Oct. 1821
(trad. it., *Confessioni di un mangiatore d'oppio*, Battezzati 1889)

Doyle A. C., *The Sign of Four*, Penguin 1996
(trad. it., *Il segno dei quattro*, Mondadori 2005)

King S., *On Writing: A Memoir of the Craft*, Scribner 2000
(trad. it., *On Writing. Autobiografia di un mestiere*, Sperling & Kupfer 2001)

Machiavelli N., *La mandragola*, Rizzoli 1980

Polo M., *Il milione*, CastelloVolante-Mur 2011 (e-book)

TESTI SPECIFICI SULLA CANNABIS

Herer J., *The Emperor Wears No Clothes: The Authoritative Historical Record of Cannabis and the Conspirancy against Marijuana*, Ah Ha Publishing 2010

Watson C. K., *Cultivating Cannabis in the 21st Century*, Green Candy Press 2010

TESTI STORICI

Jay M., *High Society: Mind-Altering Drugs in History and Culture*, Thames & Hudson 2010

Gahlinger P., *Illegal Drugs: A Complete Guide to Their History, Chemistry, Use and Abuse*, Plume 2003

TESTI VARI

Dipartimento politiche antidroga, *Relazione annuale al Parlamento 2012 sull'uso di sostanze stupefacenti e sulle tossicodipendenze in Italia*, Agosto 2012

Haskins M., *Drugs: A User's Guide*, Ebury Press 2011

Lattin D., *The Harvard Psychedelic Club*, HarperOne 2011

McKenna T., *Food of the Gods: The Search for the Original Tree of Knowledge. A Radical History of Plants, Drugs and Human Evolution*, Bantam 1993

Nestor J., *Get High Now*, Chronicle Books 2009

G. Samorini, *Animali che si drogano*, Telesterion 2000

ALTRE FONTI

Tra le preziose testimonianze raccolte per la stesura di questo libro ricordiamo quella di Franco Loja, manager della Green House Seed Company di Amsterdam, una delle banche del seme di cannabis più conosciute al mondo.

Finito di stampare nel mese di febbraio 2013
presso Rotolito Lombarda S.p.A.
stabilimento di Seggiano di Pioltello (MI)